郑州大学
ZHENGZHOU UNIVERSITY

法律硕士专业学位研究生案例教程系列丛书
主　编◎苗连营
副主编◎王玉辉　李

刑法学
案例教程

主　编◎张　阳
副主编◎吴林生

知识产权出版社
全国百佳图书出版单位
—北京—

图书在版编目（CIP）数据

刑法学案例教程/张阳主编；吴林生副主编．—北京：知识产权出版社，2023.1
（法律硕士专业学位研究生案例教程系列丛书/苗连营主编）
ISBN 978-7-5130-8528-1

Ⅰ.①刑… Ⅱ.①张… ②吴… Ⅲ.①刑法—案例—中国—研究生—入学考试—自学参考资料
Ⅳ.①D924.05

中国版本图书馆 CIP 数据核字（2022）第 247424 号

内容提要

本书以案例研析为主题，以培养学生的法律实践应用能力为目标，通过对司法实践中有争议、有影响的真实案例进行研习评析，分十章阐释了刑法学总则重要知识点和分则主要罪名。各案例的编写内容主要包括基本案情、主要法律问题、主要法律依据、理论分析等模块，并通过关联思考题的设置给学习者留下研习的空间，有利于高等院校法律硕士学位研究生及相关专业学生拓展思维，逐步培养实务性思维习惯、提升解决实践问题的能力。

责任编辑：李芸杰　　**责任校对**：谷　洋
封面设计：杨杨工作室·张冀　　**责任印制**：刘译文

法律硕士专业学位研究生案例教程系列丛书

刑法学案例教程

主　编◎张　阳
副主编◎吴林生

出版发行：知识产权出版社有限责任公司　　**网　　址**：http://www.ipph.cn
社　　址：北京市海淀区气象路 50 号院　　**邮　　编**：100081
责编电话：010-82000860 转 8739　　**责编邮箱**：liyunjie2015@126.com
发行电话：010-82000860 转 8101/8102　　**发行传真**：010-82000893/82005070/82000270
印　　刷：三河市国英印务有限公司　　**经　　销**：新华书店、各大网上书店及相关专业书店
开　　本：720mm×1000mm　1/16　　**印　　张**：14.5
版　　次：2023 年 1 月第 1 版　　**印　　次**：2023 年 1 月第 1 次印刷
字　　数：330 千字　　**定　　价**：78.00 元

ISBN 978-7-5130-8528-1

编 委 会

丛 书 主 编　苗连营

丛书副主编　王玉辉　李建新

本 书 主 编　张　阳

本书副主编　吴林生

本 书 编 委　许桂敏　李淑娟　毛乃纯

本书审稿人　韩　谦

本书统稿人　张　阳

本 书 校 对　赵　妍　田小雨　王　玮

总 序

高等院校是培养法治人才的第一阵地，高校法学教育在法治人才的培养中发挥着基础性作用。中共中央印发的《法治中国建设规划（2020—2025年）》明确提出：深化高等法学教育改革，优化法学课程体系，强化法学实践教学，培养信念坚定、德法兼修、明法笃行的高素质法治人才。法学学科是实践性极强的学科，法学实践教学改革是促进法学理论与法学实践有机融合、推动法学高等教育改革的重要路径和抓手。

案例教学是法学实践教学的重要组成部分，以学生为中心，通过典型案例的情境呈现、深度评析，将理论与实践紧密结合，引导学生发现问题、分析问题、解决问题，进而掌握理论、形成观点、提高能力。强化案例教学是培养法律硕士专业学位研究生实践能力的重要方式，也是促进教学与实践有机融合、推动高等院校法学实践教学模式改革、提高法治人才培养质量的重要突破点。《教育部关于加强专业学位研究生案例教学和联合培养基地建设的意见》（教研〔2015〕1号）明确指出，重视案例编写，提高案例质量。通过撰写案例教程，开发和形成一大批基于真实情境、符合案例教学要求、与国际接轨的高质量教学案例，是推进案例教学的重要基础，对法学理论及各部门法的学习与知识创新具有重要意义。

作为国内较早招收法律硕士专业学位研究生的高等院校之一，郑州大学法学院始终致力于培养复合型、应用型专门法律人才，高度重视法律硕士实践教学与案例教学改革，先后组织编写了“卓越法治人才教育培养系列教材”“高等法学教育案例教学系列教材”等系列高水平教材。为进一步深化新时代法律硕士专业学位研究生培养模式改革，培养德法兼修、明法笃行的高素质法治人才，我院组织相关学科骨干教师编写了这套“法律硕士专业学位研究生案例教程系列丛书”。

本套丛书内容全面、体系完备，涵盖了《法理学案例教程》《行政法学案例教程》《刑法学案例教程》《民法学案例教程》《商法学案例教程》《经济法学案例教程》《诉讼法学案例教程》《环境法学案例教程》《国际法学案例教程》《知识产权法学案例教程》《法律职业伦理案例教程》《卫生法学案例教程》等法律硕士专业学位教育教学基础课程教学用书。

丛书具有四个特点：其一，坚持思想引领。各学科团队始终以习近平法治思想为指导，努力推动习近平法治思想进教材、进课堂、进头脑，充分保证系列教材坚持正确的政治方向、学术导向、价值取向。其二，理论与实践紧密结合。各教程所涉案例的编写立足真实案情，关注社会热点、知识重点和理论难点，引导学生运用法学理论，分析现实问题，着力培养和训练学生的法学思维能力。其三，知识讲授与案例评析有机统一。各教程既整体反映了各学科知识体系，又重点解读了相关案例所涉及的理论问题，真正做到以案释法、以案说理，着力实现理论知识与典型案例的有机互动。其四，多元结合的编写团队。案例教程的编写广泛吸纳实务部门专家参与，真正实现高等院校与法律实务部门的深度合作，保证了案例的时效性、针对性、专业性。

衷心希望本套丛书能够切实推进法律硕士专业学位研究生教学模式、培养方式的改革，为培养具有坚定的中国特色社会主义法治理念，以及坚持中国特色社会主义法治道路的复合型、应用型高素质法治人才发挥积极作用。

本套丛书的出版得到了知识产权出版社总编及相关编辑的鼎力支持，在此深表感谢！

郑州大学法学院编委会
2022 年 3 月 9 日

前 言

本教材由主编拟定写作计划和要求，全体作者集体讨论确定撰写内容和章节，并根据各自的研究专长，分工如下：

吴林生（郑州大学法学院副教授，刑法学博士）：第一章，第三章第一节，第四章第三节；

许桂敏（郑州大学法学院教授，刑法学博士）：第二章第三节，第四章第一节，第七章第一、二节；

李淑娟（郑州大学法学院副教授，刑法学博士）：第二章第一、二节，第四章第二节，第五章；

张 阳（郑州大学法学院教授，刑法学博士）：第八、九、十章；

毛乃纯（郑州大学法学院讲师，刑法学博士）：第三章第二节，第六章，第七章第三节；

韩 谦（郑州大学法学院讲师，刑法学博士）承担本书的审稿工作，郑州大学法学院刑事法研究中心赵妍、田小雨、王玮为本书的校对工作付出辛勤努力，在此一并深表谢忱。

《刑法学案例教程》编委会

2022年5月7日

>>CONTENTS 目 录

CHAPTER 1 第一章

刑法解释方法

本章知识要点

(1) 刑法解释理论案例；(2) 刑法解释的适用案例。通过对行贿案、抢夺案两个案例进行论证，以期说明刑法解释方法之重要性。

第一节 刑法解释概述

案例一 张某某、刘某某对非国家工作人员行贿案[1]

【基本案情】

2009年11月19日至30日，经某县人民政府批准，某县国土资源局挂牌出让地块国有建设用地使用权。某省煤炭检测有限公司法定代表人杨某借用圣火公司名义申请参加该宗土地使用权挂牌出让竞买活动，利华公司、春盛公司、国利公司、金沙公司均报名获得竞买资格。同年11月29日，杨某与被告人张某某商议，以承诺给付补偿金的方式，让其他竞买人放弃竞买。当日，张某某先后与其他竞买人商谈，春盛公司副经理马某某同意接受200万元退出；金沙公司法人代表邵某某、国利公司皇某某（其妻系该公司法定代表人）均同意单位接受250万元退出。利华公司提出接受500万元退出，杨某向张某某表示最多给付450万元让利华公司退出。张某某即通过被告人刘某某与利华公司商谈，利华公司同意接受300万元退出竞买。此后，张某某仍告知杨某利华公司同意接受450万元退出。

法院认为，我国刑法所规定的对单位行贿罪中的“单位”仅限于国有单位，在当

[1] 案例来源：《刑事审判参考》第1136号。毛煜焕，吴献平．国有土地挂牌出让中串通竞买构成串通投标罪［J］．人民司法，2013（2）：67-71.

前经济往来中，作为市场主体的非国有单位作为商业受贿主体的，目前刑法只能以对非国家工作人员行贿罪对行贿人定罪处罚，无法对非国有单位受贿行为进行法律评价。

【主要法律问题】

非国有单位作为商业受贿主体的，是否追究单位及相关自然人的刑事责任？

【主要法律依据】

《中华人民共和国刑法》

第164条第1款　为谋取不正当利益，给予公司、企业或者其他单位的工作人员以财物，数额较大的，处三年以下有期徒刑或者拘役，并处罚金；数额巨大的，处三年以上十年以下有期徒刑，并处罚金。

第387条　国家机关、国有公司、企业、事业单位、人民团体，索取、非法收受他人财物，为他人谋取利益，情节严重的，对单位判处罚金，并对其直接负责的主管人员和其他直接责任人员，处五年以下有期徒刑或者拘役。

前款所列单位，在经济往来中，在账外暗中收受各种名义的回扣、手续费的，以受贿论，依照前款的规定处罚。

【理论分析】

1. 刑法解释方法概述

刑法解释方法，即查明刑事法律真实含义的具体规则和手段。按照解释结论是否直接依据法条的字面含义得出，解释结论分为两种，“一为字面意思，一为推测含义”❶，分别对应文义解释和论理解释。根据推测法条含义过程中的具体依据，论理解释又主要分为体系解释、历史解释、比较解释、目的解释、社会学解释和合宪解释。

（1）文义解释。又称为文理解释、文意解释，是指依据刑法条款用语的字面含义以演绎方法阐释刑法规定含义的解释方法。文理解释分为狭义和广义两种：狭义的文理解释是指，依据一般用语的通常含义、专业用语的专业含义来解释法条用语的方法，其结果就是平义解释。广义的文理解释是指，依据一般用语的可能含义或者在生活中“任何曾经意旨”来解释法条用语的方法。文义解释为解释结论设定了最大和最小范围，解释结论不得超越用语的可能含义进行扩张或损及用语的核心含义进行限缩。文义解释设定了解释结论的界限，超出法条用语可能含义的解释，被认定为违背了罪刑法定原则。

（2）体系解释。即把某个特定法领域内的其他关联规范作为解释特定规范的依据。体系解释有以下四个要求：其一，无矛盾要求，即解释结论不得使法律自相矛盾。包括同一律原则，即同一法律中，尤其是同一法条或者相邻法条中，使用同一用语时，

---

❶ 格劳秀斯. 战争与和平法［M］. 何勤华，等，译. 上海：上海出版社，2005：230.

若无特殊理由，应作同一解释；同类解释原则，即对于刑法条文在列举具体要素后使用的“等”“其他”用语，应按照所列举的内容、性质进行同类解释。当然，立法者基于特殊理由对同一用语或同类用语有意作区别对待的，不受同一律原则和同类解释原则的限制。其二，不赘言要求，即解释结论不得使法律条文出现无意义的话。立法者使用任何用语都是有意义的，意图使其产生实际约束力，如果某种解释使得部分立法用语成为可有可无的赘言，这种解释结论原则上应当被排除。其三，无漏洞要求，即解释结论不得使法律出现违反计划的处罚漏洞。在进行法律解释时，如果存在数种可选的解释方案，其中有的造成处罚漏洞、有的未造成处罚漏洞时，法官应当依公平、正义的基本法理念，选择不存在法律漏洞的解释方案。其四，协调性要求，即解释结论应体现立法体系的合计划性。解释的协调性包括价值协调原则、犯罪的属种客体之间协调原则等。当然解释是价值协调原则的体现，即虽然形式逻辑上刑法没有明文规定将某个事项包含于特定法条内，但依据规范目的、事物属性将属性相同、程度不同的事物对比，该事项理所当然应包含于某个法条内。当然解释原则大致可以表述为“入罪，举轻以明重；出罪，举重以明轻”。

（3）历史解释。又称法意解释或沿革解释，是指根据某一刑法规定制定的历史背景以及以往同类规定的沿袭与发展的情况阐明其含义的解释。一般根据以下三方面的情况：一是制定被解释对象时的历史材料，具体包括作出该规定的原因、该规定在起草过程中讨论与修改的情况、立法机关关于作出该规定的说明等情况；二是被解释对象即某一规定的源流发展、借鉴移植等情况；三是历史上有关某一制度或现象的习惯法、司法惯例、善良风俗。法律解释的最终任务在于通过法律适用去满足时代精神和时代需要的要求，“法律解释的任务在探求法律意旨，而这个意旨即追求正义在人类共同生活上的体现。亦即在正义及其延伸价值的指引下，以衡平的、可以被理解的方式去满足由人类共同生活所发生的法律上需要”。[1] 而查明立法者的历史原意是查明时代精神和时代需要的必要路径和过程。虽然立法者的历史原意并非当然符合时代精神和时代需要，但是立法者原意通常最能反映时代精神和时代需要，在没有特殊情况下，立法者原意应推定与时代精神相符。理由是：一方面，权力区分原则决定了，立法者的意思应是决定性的因素，立法者的意见更应该被尊重；另一方面，程序促进实体公正原理决定了立法者原意通常更契合时代精神。基于人民代表的职责要求，立法过程的严肃性，立法程序的民主性、科学性，立法者在立法程序中发表的意见、作出的决策，往往出于更具全局性、根本性的考量，更符合伦理正义和功效功利要求，通常比其他解释观点和解释文献更应被慎重对待。“立法过程中之一切资料，不过是法意解释时参考的资料而已，必须经价值判断，始可以了解法律意旨之所在”，“立法者意思，并非指立法者当时之意思而言，而系指依当时立法者处于今日所应有的意思。其解释之目的，系在发现客观之规范意旨，而非探求立法者主观之意思，此即为立法意思之

[1] 黄荣茂．法学方法与现代民法（第五版）［M］．北京：法律出版社，2007：301.

现代化及客观化”。[1] 相反，客观说往往不可信任。“法律解释者依客观说所作成之解释，常是极主观的，反映解释者所主张之当代的普世价值。因而也危害了法的安定性……常在当代的客观意旨的掩护下，依据所谓的法律感情来了解法律。而光凭法律感情无法提供法的安定性与法律效果的可预见性，则是显然的”。[2]

（4）比较解释。是指将国际、区际与外国立法和判例等法律实践作为参考资料，结合本国实际，借以阐明刑法规定的真实含义的解释。使用比较解释方法时，要根据中外立法规定和立法背景的差异，斟酌其他国家或地区法律实践的可参考性。刑事立法规定或立法背景的差异，加上罪刑法定主义的限制，在分则问题的解释中，比较解释方法的运用相对较少。运用比较解释时，要对外国立法例有充分的了解，对参考资料及其参考理由加以说明。

（5）目的解释。是指根据文义之外刑法立法之主客观目的阐明刑法规定含义的方法。法律目的是支撑法律规则的框架、指示制度运行的方向和法律解释的坐标。法律目的，或者法律解释的一般目的，是追求与时代精神和时代需要的契合度，致力于以符合时代正义观念的方式去满足人类共同生活的需要。每个法条都有其立法时的规范目的，有的通过字面含义就可以判断出来，有的则需要根据法律的基本价值判断才能够推理出来。

（6）社会学解释。是指侧重于社会效果的预测和社会利益的衡量，根据各种社会因素对法律规范的社会目的和社会效益进行解释。在数种不同解释单纯从法律上看均属合适，但可能产生不同的社会效果、起到不同的社会引导作用时，解释者应“根据公平、正义的基本理念，作出有利于促进社会发展、有利于促进文明进步的价值判断和选择”。[3] 要“坚持严格依法办案，确保办案质量和办案效率的统一，确保政治效果、法律效果和社会效果的统一”。[4] 社会学解释，也有论者称之为目的解释，但二者还是存在一定差异的，一方面，目的解释之“目的”，是指制定法律的法律目的，而社会学解释的目的更为宽泛，不限于制定法律的特别目的，还包括法律之外的其他目的。另一方面，社会学解释不仅仅限于目的考量，还偏重对解释所产生的社会效果的预期，重视解释结果获得民意、社会舆论和社会公众的广泛认同以及其他公共政策考量。[5]

（7）合宪解释。又称违宪解释，是以宪法为指导进行解释的解释方法和解释原则，对刑法条文的解释结论必须符合宪法规定和意旨。强调解释法律时应遵循宪法的平等、依法治国、基本权利和人格尊严保障等原则；对于公民行使宪法所赋予的权利的行为，即使行使方式、程序不当，也不得轻易解释为犯罪；对法条的解释既要合乎本规范的规定，还要合乎其他比本规范位阶高的规范意旨。

---

[1] 杨仁寿. 法学方法论［M］. 北京：中国政法大学出版社，1999：163.

[2] 黄荣茂. 法学方法与现代民法（第五版）［M］. 北京：法律出版社，2007：330.

[3] 上海市高级人民法院《上海法院民事办案要件指南》（沪高法民一〔2003〕10 号）。

[4] 中共中央、国务院《关于开展扫黑除恶专项斗争的通知》（中发〔2018〕3 号）。

[5] 杨仁寿. 法学方法论［M］. 北京：中国政法大学出版社，1999：263.

2. 本案例中刑法解释方法的应用

在本案中，非国有单位而非其工作人员作为受贿主体，不能以单位受贿罪来规制，亦不能以非国家工作人员受贿罪来追究负直接责任的自然人的责任。主要理由是：

（1）从犯罪客体和目的解释上，非国有单位的受贿行为，不危及职务行为的廉洁性和公共利益，并不具备职务行为所要求的社会危害性。单位受贿罪的主体要求必须是国家机关、国有公司、企业、事业单位、人民团体。之所以单位受贿罪的主体皆要求具有国有性质，是因为这些国有性质单位行使国家权力或者掌握国家资源，它们可能会为了本单位的利益而损害国家利益。非国家工作人员受贿罪的主体是国有单位之外的工作人员，是因为要防止他们为了个人利益而侵害单位利益。

（2）根据罪刑法定原则和当然解释原则，不应将非国有单位的受贿行为入罪。刑法中没有规定非国有单位受贿罪，仅仅规定了（国有）单位受贿罪，对前者行为定罪违背了罪刑法定原则。同时，（国有）单位受贿罪法定刑是五年以下有期徒刑，对危害程度更轻的非国有单位受贿的行为，要么应该认定无罪，要么应该处刑更轻。如果对危害程度更轻的非国有单位受贿的行为，按照非国家工作人员受贿罪追究直接责任人员的刑事责任，判处其十年以下有期徒刑，显然违背了罪责刑相适应原则，也违背了出罪举重以明轻的当然解释原则。[1]

【思考题】

非国有单位的受贿行为，是否可以对其追究除单位受贿罪以外的其他刑事责任？

第二节 刑法解释的适用

案例二 王某某抢夺案[2]

【基本案情】

被告人王某某与靳某（另案处理）商议从熟人屠某处骗取手机，然后卖掉手机换钱。某日，王某某、靳某两人在一电子游戏室内碰到正在打电子游戏的屠某，王某某谎称自己手机没电了有事要与朋友联系，向屠某借手机（价值人民币1330元）。王某某用屠某的手机打了一个电话，随后把手机交给了一旁的靳某。靳某边打电话边往门口走，当快

[1] 毛煜焕，吴献平. 国有土地挂牌出让中串通竞买构成串通投标罪［J］. 人民司法，2013（2）：67-71.

[2] 案例来源：浙江省舟山市定海区人民法院（2005）定刑初字第103号。

走到门口时，靳某拔腿就跑。一旁已有警觉的屠某见状马上去追，但没追上。当其返回电子游戏室再找王某某时，王某某早已离去。屠某以手机被骗为由向公安机关报案。后王某某因涉嫌寻衅滋事罪（寻衅滋事的事实在此省略）被公安机关抓获。

公诉机关以王某某涉嫌寻衅滋事罪、抢夺罪向法院提起公诉。法院经审理后认定，被告人王某某犯抢夺罪，判处有期徒刑六个月，并处罚金人民币1000元；犯寻衅滋事罪，判处有期徒刑八个月；决定执行有期徒刑一年，并处罚金人民币1000元。判决后被告人服判未提出上诉，公诉机关也未抗诉。

【主要法律问题】

以借用财物为名骗取财物后乘人不备公然携财物逃跑的，是构成诈骗罪、盗窃罪还是抢夺罪？

【主要法律依据】

《中华人民共和国刑法》

第264条　盗窃公私财物，数额较大的，或者多次盗窃、入户盗窃、携带凶器盗窃、扒窃的，处三年以下有期徒刑、拘役或者管制，并处或者单处罚金；数额巨大或者有其他严重情节的，处三年以上十年以下有期徒刑，并处罚金；数额特别巨大或者有其他特别严重情节的，处十年以上有期徒刑或者无期徒刑，并处罚金或者没收财产。

第266条　诈骗公私财物，数额较大的，处三年以下有期徒刑、拘役或者管制，并处或者单处罚金；数额巨大或者有其他严重情节的，处三年以上十年以下有期徒刑，并处罚金；数额特别巨大或者有其他特别严重情节的，处十年以上有期徒刑或者无期徒刑，并处罚金或者没收财产。本法另有规定的，依照规定。

第267条第1款　抢夺公私财物，数额较大的，或者多次抢夺的，处三年以下有期徒刑、拘役或者管制，并处或者单处罚金；数额巨大或者有其他严重情节的，处三年以上十年以下有期徒刑，并处罚金；数额特别巨大或者有其他特别严重情节的，处十年以上有期徒刑或者无期徒刑，并处罚金或者没收财产。

【理论分析】

盗窃罪与抢夺罪区分的标准在于是秘密窃取还是公然夺取，以借用财物为名骗取财物后乘人不备公然携财物逃跑的，属于公然夺取，构成抢夺罪。“平和窃取说”[1]认为，无论公开还是秘密，只要采取了平和取财的手段，就构成盗窃，这种观点难以成立。主要理由为：从文义解释来看，把盗窃解释为隐蔽性的秘密窃取行为，是一种最为自然的解释。在现代汉语中，“盗”有“偷”的意思，“窃”是“竊”的简化，借形声造字取其“虫掘穴盗米”，以喻“盗窃行为如虫之潜行”之意。“盗窃”一般理解为

---

[1] 张明楷．刑法学（第三版）［M］．北京：法律出版社，2007：722-723.

“偷偷”“私下”“暗中”“瞒着人”地将别人之物据为已有。盗窃明确具有平和、秘密之性质，与公然、暴力等情形迥然有别，排除了行为人基于公然为之的主观犯意。❶❷从历史解释来看，中国刑法自古以来就有将盗窃罪手段界定为“秘密窃取”的历史传统。无论是绝对秘密说还是相对秘密说，盗窃罪在立法上一直坚持秘密窃取的标准，并不以松弛占有之物为限制；传统的“秘密窃取说”，更符合体系解释的原则。盗窃要求的“秘密窃取”与抢夺中的“乘人不备”在外延上并不交叉。“平和窃取说”认为，既然抢夺罪要求乘人不备夺取财物，“乘人不备”也是“秘密窃取”，秘密窃取说无法区分盗窃与抢夺。所谓“乘人不备”，是指行为人在受害人没有觉察其犯罪意图从而没有采取防范措施的情况下，突然发力，夺侵财物。“不备”，是指在抢夺行为发动前，受害人没有对其做防备，而不是侵财过程中行为人根本没有觉察到该行为。虽然受害人对抢夺发动没有防备，但是抢夺的公然性，使得抢夺一旦发动就为受害人所觉察，不具有秘密性，因此不存在与盗窃罪标准交叉问题。比较解释的结果更支持“秘密窃取说”。张明楷教授提出“平和窃取说”时，采用了比较解释的方法，认为德日刑法值得我国借鉴。然而，在进行比较解释和理论借鉴时，不可忽视中外刑法在实质、内容、体例上的差异，要注重法律条文在刑法体系中的地位，注意解释与法律文本和法律语境的协调性。从比较法的角度看，凡是没有规定抢夺罪的国家的刑法，为了不至于形成处罚漏洞，一般都承认盗窃可以采用公开的方式进行；而规定了抢夺罪的国家的刑法一般都规定盗窃罪只能是秘密窃取。在我国，“平和窃取说”不仅不会起到填补处罚漏洞的作用，还会造成既有理论的混乱。德日刑事立法的具体内容和国民观念与我国不同，存在支撑该说的条件，而我国并不具备这些条件，所以适用于前者的解释理论并不适用于后者。

具体到本案中，靳某用屠某的手机打电话时，该手机处于屠某的控制之下，欺诈手段并未导致被害人处分财物以及丧失对财物的控制权，靳某不构成诈骗罪。诈骗罪的特点是采用虚构事实或隐瞒真相的欺骗方法，使被害人陷入认识错误并“自愿”交出财物，从而骗取公私财物。本案中，从表面上看，被告人王某某和靳某以非法占有为目的，客观上也采取了虚构事实的手段，并从屠某处骗得了手机，屠某也是“自愿”将手机交给两被告人。两被告人的行为似乎符合诈骗罪的构成。但是，实质上，两被告人虚构事实的结果只是从屠某处借得手机暂时使用，屠某在将手机借给两被告人后，始终在一旁等待两被告人使用完毕后及时归还。虽然两被告人在使用屠某的手机，但是，屠某一直密切注视着手机的动向。在本案中，两被告人非法占有了屠某的手机，取得的手段主要不是诈骗，而是公然夺取。两被告人骗得手机进行暂时使用是为下一步公然夺取手机做准备。“公然夺取”应理解为在财产所有人或保管人在场的情况下，当着财产所有人或保管人的面，采用使其可以立即发觉的方法夺取财物。本案中，被

---

❶ 中国社会科学院语言研究所词典编辑室. 现代汉语词典［Z］. 北京：商务印书馆，1996：258，1024，1269.

❷ 张嘉文. 辞海［W］. 台北：钟文出版社，1996：775.

告人靳某边打电话边往门口走时已引起屠某的警觉，当靳某拔腿而逃时，两被告人非法占有手机的目的立即得到反映。屠某发觉两被告人欲非法占有其手机，就立即追赶。此时，手机虽然已经离开手机所有人屠某的人身直接控制的范围，但是，屠某一直密切注视着手机，手机始终处于屠某的视线范围内，屠某随时可以要求被告人归还手机。应该认为，手机一直处于屠某的支配、控制之下。两被告人为了摆脱屠某对手机的有效控制，采用公然携机逃跑的办法，从而非法占有屠某的手机，两被告人的行为构成抢夺罪。

【思考题】

抢夺罪和盗窃罪应如何区分?

CHAPTER 2 第二章

基本的犯罪构成

本章知识要点

（1）不作为犯罪案例；（2）刑法中的因果关系案例；（3）犯罪故意案例。基本的犯罪构成，是指刑法条文就某一犯罪的基本形态所规定的犯罪构成。基本构成一般是指既遂犯或者单独犯的构成要件。通常而言，未加特殊指示的犯罪构成即基本的犯罪构成。犯罪构成是决定某一行为的社会危害性及其程度，同时又是该行为构成犯罪所必需的一切主客观要件的统一。[1] 按照我国刑法的规定，犯罪构成包括犯罪客体、犯罪客观方面、犯罪主体、犯罪主观方面，本章将对该四要件中认定较为疑难的不作为犯罪、因果关系的判断以及犯罪故意进行讨论分析。

第一节 不作为犯罪

本节通过对不作为犯的概念、分类、义务来源等进行讲解，结合案例进而表明我国司法实践中对不作为犯罪的认定态度。

案例一 颜某等故意杀人案[2]

【基本案情】

2007 年 5 月 25 日 11 时许，被告人颜某、廖某、韩某与何某（另案处理）发现被害人周某有盗窃自行车的嫌疑，遂尾随追赶被害人周某至码头，廖某、何某用拳头打周某，颜某、韩某分别用石块、扳手击打周某的头部等，致使周某头皮裂创流血。被害人周某挣脱后，颜某、廖某、韩某分头继续追赶。被害人周某逃到某货船，廖某随

---

[1] 高铭暄，马克昌. 刑法学（第九版）［M］. 北京：北京大学出版社，2019：47.

[2] 案例来源：《刑事审判参考》第 475 号案例。

颜某紧跟被害人周某追到货船，两人将被害人周某围堵在货船船尾，被害人周某被迫跳入河中。韩某听到廖某喊“小偷跳河了”，随即也赶到货船上。颜某、廖某、韩某在船上看着被害人周某向前游了数米后又往回游，但因体力不支而逐渐沉入水中，颜某、廖某、韩某均未对被害人周某实施任何救助行为，看着被害人周某在河中挣扎后沉下水去，一直到看不见被害人周某的身影，三被告人才下了船离开。后接警的公安人员将被害人周某打捞上来时，被害人周某已溺水死亡。

法院认为，被告人颜某、廖某、韩某因被害人周某“偷窃”自行车而殴打、追赶被害人周某，从而迫使被害人周某逃上货船并跳入河中，三被告人目睹被害人周某在水中挣扎，明知此时被害人周某有生命危险，却不采取救助措施，最终发生了被害人周某溺水死亡的结果，其行为均已构成故意杀人罪。

【主要法律问题】

本案被告人颜某、廖某、韩某追赶被害人周某，迫使其跳入河中，对其见死不救，是否构成不作为的故意杀人罪？

【主要法律依据】

《中华人民共和国刑法》

第 25 条第 1 款　共同犯罪是指二人以上共同故意犯罪。

第 232 条　故意杀人的，处死刑、无期徒刑或者十年以上有期徒刑；情节较轻的，处三年以上十年以下有期徒刑。

【理论分析】

1. 不作为犯罪概述

不作为，是指行为人负有实施某种积极作为的特定的法律义务，能够履行该义务而不履行的行为。不作为是危害行为的一种特殊表现形式，与作为一样应当具备危害行为的基本特征，但在某种意义上也可以说，不作为和作为是一种相反的关系。人们可以通过积极地做什么来违背法律，也可以通过不做或抑制做什么来违背法律，刑法不仅处罚行为人实施的危害行为，也处罚行为人一定条件下不实施应当保障法益安全行为的危害行为。虽然不作为是危害行为的一种表现形式，但不能将不作为简单地描述为没有行为的情况。不作为不是没有任何的行为，而是没有特殊的行为，即没有实施法律期待的行为，与作为一样，在犯罪发生的过程中，起到了造成社会危害的作用。不作为的构成，须具备以下几个条件：第一，行为人负有特定的作为义务。行为人负有实施某种作为的特定义务，是不作为犯罪成立的必要前提。第二，行为人具备履行作为义务的现实可能性。法律不强人所难，如果行为人根本不可能履行防止危害结果发生的义务，即使存在如果履行义务危害结果就不会发生的条件关系，刑法亦不进行处罚。第三，行为人没有履行作为义务，并造成或可能造成危害结果。没有履行作为义务这一事实，是行为人构成犯罪的客观基础。

(1) 不作为犯的分类。刑法理论上一般将不作为犯分为纯正（真正）不作为犯和不纯正（不真正）不作为犯。纯正不作为犯是指刑法明文将不作为规定为犯罪客观方面构成要件要素的犯罪。根据刑法的规定，该类犯罪只能由不作为的形式实施，在条文的表述上往往使用“没有”“不”“拒绝”“拒不”等词语。如《刑法》第261条关于遗弃罪的规定：“对于年老、年幼、患病或者其他没有独立生活能力的人，负有扶养义务而拒绝扶养，情节恶劣的，处五年以下有期徒刑、拘役或者管制。”不纯正不作为犯，是指以不作为的方式实施通常由作为的方式实施的犯罪。对于不纯正不作为犯来讲，刑法没有明文规定该罪须以不作为的方式实施，实际上这些犯罪往往是以作为的方式实施的。行为人实际上以作为的方式实施了犯罪，就是作为的犯罪；实际上以不作为的方式实施了犯罪行为，就是不作为的犯罪。例如，对于故意杀人罪，依行为人实际实施的杀人方式为标准，可以分为作为的故意杀人和不作为的故意杀人。需要注意的是，作为与不作为的分类，是仅就危害行为的实施方式不同而作的分类，既不同于故意犯罪和过失犯罪的划分，也不是判断犯罪行为的社会危害性大小的标准，更不是违背罪刑法定原则的适用。

(2) 不作为犯的义务来源。我国刑法理论界，一般从形式上将不作为犯的作为义务来源分为以下几类：其一，法律明文规定的作为义务。这是不作为犯的作为义务的主要来源。这里的法律明文规定，不限于刑法，还包括为刑法所认可的其他法律规定。纯正不作为犯中的作为义务，都是由法律明文规定的义务。其二，职务或者业务要求的作为义务。职务或者业务要求的义务，是指行为人担任某种职务或者从事某种职业而依法要求履行的作为义务。如果不履行职责，情节恶劣或造成严重危害后果，依照刑法规定应当追究刑事责任。这类义务一般来源于有关的法规、规章制度。其三，法律行为引起的作为义务。法律行为，是指行为人基于意思表示能够引起法律关系产生、变更和消灭的行为。在现实社会生活中，人的法律行为是多种多样的，行为人按照有关法律规定实施的行为以及自愿承担了某种义务的行为，都属于法律行为。其四，先行行为引起的作为义务。先行行为引起的作为义务，是指由于行为人实施了某种行为而使刑法所保护的社会关系处于危险状态，从而使行为人负有防止或者排除这种危险发生的义务。

2. 本案中不作为犯罪的认定

本案中，颜某等被告人认为自己追赶的被害人周某是小偷，致使周某被迫跳入河中，终因体力不支在河中挣扎后逐渐沉水，从而溺亡。本案中没有证据证明颜某等被告人有积极追求被害人周某的死亡的故意，但颜某等三被告人目睹被害人周某沉下水而不救助，直至其最终溺亡。颜某等被告人对于被害人周某的死亡后果是否应当负刑事责任？他们在现场见死不救的行为是否构成不作为的故意杀人？

这个问题在理论上涉及对不纯正不作为犯的理解。不纯正的不作为在刑法上没有明文规定，前文已述，其表现为以不作为形式实施通常以作为形式实施的犯罪。不纯正不作为在行为结构、规范结构方面和作为都不相同，但在刑法评价上和作为犯共用同一犯罪构成。所以，司法机关在认定不纯正不作为犯时，应当注重考察该不作为与作为是否具有等价性，也就是说，该不作为是否和作为一样对刑法所保护的法益造成侵害。只有在具有等价性情况下，才能认定为不纯正的不作为犯。通常情况下，故意杀人行为表现为积极的作为方式，本案中颜某等被告人没有积极追求被害人死亡的行为，但被害人的死亡和颜某等被告人先前的追赶行为具有事实上的因果关系，如果他们不追赶被害人，被害人就不会被迫跳入河中，就不存在本案中的溺亡结果。因此，对于本案的法律问题可以解释为能否把颜某等人的见死不救行为视为故意杀人罪中的“杀”？也就是说，被告人颜某等人因怀疑被害人周某偷窃自行车而殴打、追赶被害人周某，被害人周某自己跳入河中溺水死亡，三被告人目睹被害人沉水而未采取救助措施的见死不救，是否构成故意杀人罪中的“杀”？对此，在审理过程中存在不同观点：

第一种观点认为，被告人颜某等人因怀疑被害人周某盗窃自行车而对其殴打、追赶，属见义勇为行为，值得提倡；被害人周某自己跳入河中溺亡，颜某等被告人对周某的溺亡没有过错；同时，更重要的是，颜某等被告人对周某没有实施任何加害行为，也没有保证周某人身安全的义务。所以，他们的离开行为不构成犯罪，但见死不救可属于道德谴责范畴。

第二种观点认为，即使被害人周某盗窃自行车有过错，但颜某等被告人对被害人周某实施的殴打、追赶行为而致被害人周某被迫跳入河中，陷入危险，颜某等被告人的先行行为引起了对周某的救助义务，并且当时他们是有能力和条件对周某进行救助的。因此，颜某等被告人目睹被害人周某挣扎、沉水，而不实施任何救助，放任周某的死亡结果，应当构成不作为的故意杀人罪。

在本案中，我们同意第二种观点，认为本案颜某等三被告人的见死不救行为，构成故意杀人罪。具体分析如下：

（1）颜某等被告人在被害人周某的生命安全陷于危险时，具有对其进行积极救助的义务。该义务来源于颜某等被告人先行的殴打、追赶行为。日常生活中的见死不救行为，一般不属于刑法评价的范畴。但在特殊情况下，见死不救行为符合特定的条件，也会进入刑法评价的视野。结合不作为的构成条件，判断一个行为是否构成刑法中的不作为，首先要看行为人是否实施作为义务这个前提。前文已述，不作为犯的作为义务来源于法律明文规定的义务、职务或者业务要求的义务、法律行为引起的义务以及先行行为产生的义务这四个方面，本案中判断颜某等被告人的行为是否构成故意杀人，关键在于是否应当认定颜某等被告人先行殴打、追赶的行为，产生救助被害人周某的作为义务。并不是所有的先行行为都会产生作为义务，具备特定条件的先行行为才会被评价为产生作为义务的行为。首先，先行行为必须是行为人本人实施的行为。作为义务来源的先行行为是指行为人本人的行为，不包括行为人以外的第三者的行为。行为人只对自己的行为引起的危险负有防止危险结果发生的义务。本案中的颜某等被告人对被害人周某殴打、追赶导致其被迫跳入河中，陷于生命危险，而殴打、追赶的先行行为系颜某等被告人亲自实施的，他们对被害人周某的生命危险具有防止义务，应当履行救助义务，实施积极的救助行为。而船上其他人，虽然可能同样目睹周某的沉水，但因先行的殴打、追赶行为不是自己实施的，所以没有实施积极救助的义务，即使不救助也不构成不作为犯罪。其次，先行行为必须实际造成了他人的危险状态。这种危险状态是指足以使刑法所保护的合法权益遭受严重损害的一种事实状态，应当具有以下特征：其一，危险为法律所禁止的危险。本案中，不管周某是否盗窃了自行车，其生命安全都是刑法所要保护的合法权益，任何人不得非法剥夺他人生命。其二，危险是客观存在的危险，不是假想和推测出来的。其三，危险具有紧迫性。只有先行行为导致刑法所保护的合法权益面临迫在眉睫的危险，才会有及时救助的必要。其四，先行行为与紧迫的危险之间具有因果关系。本案中，由于颜某等被告人的殴打、追赶，迫使被害人周某跳入河中，后因体力不支，渐渐沉入水中，使其生命安全陷于极度危险状态。此时，颜某等被告人应当对被害人周某进行救助。

（2）颜某等被告人在被害人周某的生命陷于极度危险时能够履行救助义务，但他们没有履行。没有履行作为义务，是构成不作为的事实前提。但在不作为犯罪中，如果没有履行是因为不具备履行的现实可能性，刑法不强人所难，并不要求行为人对此负责。刑法评价的没有履行是以能够履行该义务为前提的。是否具备履行特定作为义务的可能性，应当根据事实加以判断。本案中，颜某等被告人追赶、围堵被害人周某，致使其跳入水中，然后在船上看到被害人周某因体力不支逐渐沉入水中，却均未对周某实施任何救助行为，看着被害人周某在河中挣扎后沉下水去，一直到看不见被害人周某的身影，三被告人才下船离开。从事发时的情况来看，颜某等被告人当时意识正常，既有救助的能力，也有救助的时间，稍加施救可能就会避免周某死亡的后果。

（3）颜某等被告人的不作为造成了被害人周某死亡的危害后果。已经或者可能造成一定的法益侵害结果，往往也是考察不作为是否成立的内容，不作为犯罪多数情况下是结果犯，只有发生一定的法益侵害结果才能构成犯罪。在“见死不救”的不作为犯罪中，死亡结果必须是行为人的先行行为引起的，并且该死亡结果与先行行为之间具有刑法上的因果关系。这是追究“见死不救”者刑事责任的客观基础。就本案而言，可以认定颜某等被告人的不履行救助义务的不作为行为导致了被害人周某溺亡的后果，与被害人周某死亡结果之间具有刑法上的因果关系。虽然被害人周某死亡的直接原因是自己跳入水中导致溺水，但如果没有颜某等被告人的殴打、追赶，周某就不会跳水；跳水后，如果颜某等被告人履行了救助义务，周某就不会溺水死亡。被害人周某的死亡是由多个原因导致的，属于一果多因的复杂的因果关系。在被害人周某溺亡前，颜某等被告人没有实施任何救助行为（没有履行救助义务），即没有阻止周某由跳水向溺亡方向的发展，是引起周某溺水死亡结果的原因之一，从颜某等被告人的殴打、追赶到被害人周某的跳水，经过颜某等被告人的不履行救助义务，再到被害人周某的溺亡，这是被害人周某死亡的因果链条。

综上，我们认为本案中颜某等被告人的行为应当评价为不作为的故意杀人，法院的判处是合理合法的。

【思考题】

被告人张某虎、徐某在某镇工会门口发现朋友何某曾追求的女孩杨某与被害人张某某交谈，张某虎即提出教训张某某，遂召集徐某取来钢管、砍刀等工具，并分别纠集了周某等人。嗣后张某虎、徐某等人持砍刀、钢管将张某某拦住。张某某因害怕乘隙沿马路逃跑，张某虎遂骑摩托车追赶，徐某等人持钢管紧追其后。待张某虎赶超上张某某时，张某某跑进路边的绿化带，后被迫跳入河中。张某虎目睹张某某跳入河中后，即驾驶摩托车返回，并将张某某跳入河中的情况告知了随后赶上的徐某。张某虎、徐某等人随即逃离现场。之后，在河中发现了张某某的尸体。经法医检验认定，张某某系生前入水溺亡。被告人张某虎等人追赶途中目睹被害人跳河而逃离现场，最终被害人死亡的，其行为可否构成不作为的故意杀人罪？

第二节　刑法中的因果关系

刑法中的因果关系，是指危害行为和危害结果之间的因果关系。因果关系作为联结危害行为与危害结果的法律概念，对于定罪具有非常重要的意义。本节通过陈某投放危险物质这一案例来具体说明对刑法中的因果关系应如何进行认定。

案例二　陈某投放危险物质案[1]

【基本案情】

被告人陈某与被害人陆某两家东西相邻。2002 年 7 月下旬，两人因修路及其他琐事多次发生口角，陈某遂怀恨在心，决意报复。2002 年 7 月 25 日晚 9 时许，陈某从自家水池边找来一支一次性注射器，再从家中柴房内的甲胺磷农药瓶中抽取半针筒甲胺磷农药后，潜行至陆某家门前丝瓜棚处，将农药打入瓜藤上所结的多条丝瓜中。次日晚，陆某及其外孙女黄某食用了被注射有甲胺磷农药的丝瓜后，出现上吐下泻等中毒症状。黄某经抢救后脱险；陆某在被送往医院抢救后，因甲胺磷农药中毒引发糖尿病高渗性昏迷低钾血症，医院对此诊断不当，而仅以糖尿病和高血压症进行救治，陆某因抢救无效于次日早晨死亡。

---

[1] 案例来源：《刑事审判参考》第 276 号案例。

检察院以被告人陈某犯投放危险物质罪，向法院提起公诉。被告人及其辩护人认为，被害人的死亡并非被告人投放甲胺磷必然导致的结果。法院认为：被告人陈某因与被害人发生口角而心怀不满，故意在被害人所种植的丝瓜中投放甲胺磷农药，危害公共安全，造成二人中毒、其中一人死亡的严重后果，其行为已构成投放危险物质罪。陈某归案后，认罪态度较好，可酌情从轻处罚。对被告人及其辩护人关于被害人的死亡并非是由被告人投放甲胺磷所必然导致的辩解及辩护理由，经庭审查明，被害人系因有机磷中毒诱发糖尿病高渗性昏迷低钾血症，在两种因素共同作用下死亡，若没有被告人的投毒行为在前，就不会有被害人死亡结果的发生，故对该辩解和辩护理由不予采纳。判处被告人陈某犯投放危险物质罪，判处死刑，缓期二年执行，剥夺政治权利终身。

【主要法律问题】

（1）被告人陈某的行为与被害人陆某的死亡结果之间是否具有刑法上的因果关系？

（2）被害人特殊体质能否中断刑法上的因果关系？

（3）对被告人陈某往被害人户外种植的丝瓜中注射农药危及他人生命的行为，应当如何定性？

【主要法律依据】

《中华人民共和国刑法》

第16条 行为在客观上虽然造成了损害结果，但是不是出于故意或者过失，而是由于不能抗拒或者不能预见的原因所引起的，不是犯罪。

第48条第1款 死刑只适用于罪行极其严重的犯罪分子。对于应当判处死刑的犯罪分子，如果不是必须立即执行的，可以判处死刑同时宣告缓期二年执行。

第115条第1款 放火、决水、爆炸以及投放毒害性、放射性、传染病病原体等物质或者以其他危险方法致人重伤、死亡或者使公私财产遭受重大损失的，处十年以上有期徒刑、无期徒刑或者死刑。

【理论分析】

1. 刑法上的因果关系概述

刑法上的因果关系作为刑事责任的客观根据而存在于刑法之中，它不仅是行为与结果之间的一种客观存在的事实因果关系，更为重要的还是为法律所要求的法律因果关系，是事实因果关系与法律因果关系的统一，是行为事实与价值评判的统一。对于事实上的因果关系，还应从刑法角度加以考察，使之真正成为归责的根据。事实上的因果关系只有经过价值评判，才能转化为刑法上的因果关系。

刑法上的因果关系的特征有以下几点：其一，客观性。辩证唯物主义认为，因果关系作为客观现象之间引起与被引起的关系，它是客观存在的，并不以人们意志为转移。与此相一致，刑法上的因果关系同样存在于行为人的意志之外，不以主观意志为转移。因此，刑事案件中因果关系的查明，必须从案件事实出发，客观地作出判断和认定。其二，相对性。在哲学意义的因果关系的链条中，原因和结果是两个相对的概念，一种现象的结果可能又是另一种现象的原因，或者一种现象的原因可能又是另一种现象的结果，甚至存在着互为因果的情况。要确定哪个是原因哪个是结果，必须把要研究的这一对现象从普遍联系的整个链条中抽出来加以判断。研究刑法上的因果关系的目的，在于解决行为人对所发生的危害结果是否应当承担刑事责任的问题，因此，刑法上的因果关系只能是行为人的危害行为与危害结果之间的因果联系。在研究刑法上的因果关系时，我们必须把特定的危害行为和危害结果从客观现象普遍联系的整个因果链条中抽离出来，作为判断的对象，同时还要防止割断客观事物之间的联系。其三，时间顺序性。时间顺序性是指在因果关系中，原因一定先于结果出现，原因是引起结果发生的现象，结果是被引起的现象。从哲学意义上看，因果关系是指在运动过程中前后相继的现象之间的相互制约关系。作为原因的现象必然先于作为结果的现象出现，原因具有始发性，而结果则具有后继性，表现在时间上就是原因在前，结果在后，顺序不能倒置。刑法上的因果关系作为危害行为与危害结果之间的引起与被引起的关系，同样具备哲学因果关系的时间顺序性，危害行为必然先于危害结果出现。其四，条件性和具体性。因果关系是在特定条件下的客观联系，在现实生活中，刑法上的因果关系都是在特定的条件、具体的环境下产生的。在刑事案件中，一种危害行为能够引起什么样的危害结果，并没有固定不变的模式。要确定因果关系，必须从实施危害行为的时间、地点、条件等具体情况出发作具体分析。其五，复杂性。客观事物之间联系的普遍性和多样性决定了因果联系的复杂性。刑法上危害行为与危害结果之间的联结形式多种多样，可以表现为一因一果、一因多果、多因一果和多因多果。

2. 刑法上的因果关系的认定

刑法上的因果关系可以分为事实因果关系与法律因果关系。刑法上的因果关系既是一个事实问题，更是一个法律问题，研究刑法上的因果关系，应当从事实和法律这两个方面加以考察。一般认为，可分两个阶段判断是否存在刑法上的因果关系。第一个阶段是判断是否存在事实因果关系，即“若无前者，即无后者”的条件性关系。这一阶段的核心问题在于如何判断行为和结果之间的事实性结合关系。第二个阶段是在此基础上再判断是否存在相当因果关系。条件关系是指明确行为与结果之间是否存在事实上的关联；所谓相当因果关系，则是以存在条件关系为基础，进一步就客观性规则的范围作规范性限定。

3. 刑法上的因果关系的中断

刑法上的因果关系的中断，是指某种危害行为引起或正在引起某种危害结果，在因果关系发展的过程中，介入了另一原因，从而切断了原来的因果关系这样一种情形。某种危害行为具有引起危害结果发生的可能性，在该可能性现实化的过程中介入了其他因素，介入因素可能促使或阻止原来因果关系的发展，甚至改变原来因果关系发展的方向和趋势。一般认为，如果最终发生的危害结果是由中途的介入因素合乎规律地引起的，那么，原来实施危害行为的人不应对最终发生的危害结果承担刑事责任，也即原来的因果关系因介入因素而中断。

对刑法上的因果关系中断的研究目的，仍是解决行为人的刑事责任问题，如果认定他人的介入因素中断了原来的因果关系，则行为人无须为最后的危害结果承担刑事责任。并非所有的介入因素都能够中断原来的因果关系，由于现实生活的复杂性，介入因素对原来因果关系所起作用不同，哪些因素可以认定为能够中断刑法因果关系的介入因素，这些介入因素有什么特点，依据什么标准进行判断，这些都是研究刑法上的因果关系的中断要注意的问题。

导致因果关系中断的介入因素在司法实践中主要包括三类情形：自然事件、他人行为以及被害人自身行为。在案件存在介入因素的场合，如何判断其对因果关系的影响，需要考虑以下几个因素：其一，原来的危害行为导致最后结果发生的可能性的大小。原来的危害行为导致最终危害结果发生的可能性越大，介入因素对最终危害结果发生的原因力就会相对较小，更易于认定为原来的危害行为和最终结果的发生具有因果关系；反之，则易于认定为因果关系的中断。其二，介入因素异常性的大小。介入因素过于异常的，危害行为和最终结果之间的因果关系就可能不存在；反之，因果关系存在。介入因素是否异常，必须和危害行为联系起来，考虑介入因素在多大程度上具有通常性。在作这种判断时，必须依次考虑以下情况：首先，该介入因素是不是由最初的危害行为所必然引起的；其次，是不是常常伴随该危害行为所发生的；再次，是否存在几乎不发生的情况；最后，其发生是不是和危害行为完全无关。[1] 其三，介入因素对最终结果的发生的影响力的大小。介入因素对最终危害结果发生的影响力越大，就越易于认定为介入因素切断了原来的危害行为和最终危害结果之间的因果关系；反之，介入因素的影响力越小，就易于认定为原来的危害行为和最终结果的发生存在因果关系。

一般来讲，可以认定为中断因果关系的介入因素有以下几个特点：首先，介入因素是前行为人不可预见的。无法预见的介入因素才可中断前危害行为和最终结果之间的因果关系，可以预见的会发生的介入因素，不能中断前危害行为与最终结果之间的因果关系。其次，介入因素独立于前行为。如果介入因素是原来的危害行为必然导致的或经常引起的，就不能中断前危害行为和最终结果的因果关系。最后，最终危害结果的发生不依赖于前危害行为，介入因素独立引起危害结果发生。危害结果可由介入因素独立引起，说明介入因素对最终结果的发生具备实质的原因力，从而切断了原来

---

[1] 《刑法学》编写组．刑法学（上册·总论）[M]．北京：高等教育出版社，2019：132.

的危害行为和最终危害结果之间因果关系。如果前危害行为存在引起最终结果发生的原因力，或者前危害行为与介入因素共同引起了最终结果的发生，则不能中断原来的因果关系。

4. 本案中因果关系的判断

在本案的处理过程中，主要涉及两个有争议的问题：一个问题是，陈某为了报复陆某，在陆某家的丝瓜棚上正在成长的丝瓜中注射农药，最终出现了一人死亡的严重后果，陆某的行为构成侵犯公民人身权利中的故意杀人罪还是构成危害公共安全罪中的投放危险物质罪？另一个问题是，陈某的危害行为和陆某的伤亡后果之间是否具备刑法上的因果关系？只有确认被害人陆某的死亡后果是由被告人陈某的投毒行为引起时，陈某才应当对陆某的死亡承担刑事责任。

对于第一个问题，一种意见认为，本案被告人陈某的主观目的是报复陆某，就是在被害人陆某家的丝瓜上注射农药，既没有公共安全的故意，也没有在其他地方投毒，说明被告人陈某的侵害对象确定，所侵犯的客体是特定被害人陆某的生命、健康权，所以，陈某的行为应当以故意杀人罪定罪量刑。另一种意见认为，被告人陈某的目的在于报复被告人陆某，虽然就是在陆某家丝瓜棚的丝瓜上注射农药，但该丝瓜棚位于被害人陆某家门前，该场所是一个相对开放的场所，陈某的行为会危害到不特定多数人的生命健康，所以陈某的行为造成了危害公共安全的危险，应当以投放危险物质罪定罪量刑。

对于第二个问题，一种意见认为，被告人陈某的投毒行为和被害人陆某的死亡后果之间没有刑法上的因果关系，被告人陈某的投毒行为没有直接导致被害人陆某的死亡。理由如下：首先，虽然陈某的主观目的是报复被害人陆某，但陈某抽取半针管农药进行注射而不是用大量的农药，说明陈某的投毒量是有节制的，没有杀害陆某的故意，农药量也不至于夺人性命，黄某同样食用了有毒的丝瓜，经抢救脱险。其次，陆某的死亡和其本身是糖尿病患者有紧密关系。因陆某本人是糖尿病患者，才出现甲胺磷农药中毒可能引发的糖尿病高渗性昏迷低钾血症，如果陆某不是糖尿病患者，也会经抢救脱险。再者，当时如果医院诊断适当，并采取正确的抢救措施，是可以挽救陆某的生命的，但事实是医院诊断不当，采取抢救措施不当，最终导致了陆某的死亡。所以，可以认定为被害人本人特殊的体质和医院的不当诊疗行为阻断了被告人陈某的行为和被害人陆某的死亡之间的因果关系。虽然被害人陆某食用了被被告人陈某注射农药的丝瓜，但导致陆某死亡的最近原因是医院诊断不当、没有采取正确的救治措施。本案中陈某的投毒行为没有直接导致陆某的死亡，而是引起被害人上吐下泻，可以入院救治。在甲胺磷农药中毒引发了糖尿病高渗性昏迷低钾血症的情况下，如果医院诊断得当，采取正确的救治措施，陆某不至于失去生命。但医院对此诊断不当，仅以糖尿病和高血压症进行救治，以致陆某失去了重要的救治机会，抢救无效于次日早晨死亡。另一种意见则认为，虽然被害人陆某患有糖尿病，医院也有不当的诊疗行为，但如果没有陈某的投毒行为，这一切都不会发生。被害人的特殊体质和医院的不当诊疗行为不能阻断被告人陈某的投毒行为恶化被害人陆某的死亡结果之间的因果关系。

对于第一个问题，我们同意第二种意见，认为对被告人陈某应当以投放危险物质罪论处。被告人陈某向被害人在家门前种植的丝瓜中注射农药，起初虽仅以报复被害人陆某为目的，但因丝瓜生长在户外，极有可能被其亲友或邻近村民摘食，也有可能摘去作为蔬菜在市场上流转，陈某实施了投毒行为之后并不能控制其行为的危害范围和危害后果，可以认定为该投毒行为会危害到不特定多数人的生命和健康，应以投放危险物质罪定罪量刑。

在司法实践中，常常会发生一些以杀害特定少数人为目的，但实施的危害行为具有危害公共安全的性质。对于该类案件，关键要看被告人实施的危害行为是否同时可能危害到不特定多数人的生命、健康或者造成重大公私财产的损失，也就是说要考察这些行为是否可以危害到公共安全。危害公共安全罪的主观方面多为直接故意，但也不排除间接故意。为了追求其他目的的实现，行为人明知自己的行为可能危害到不特定多数人的生命、健康或者造成重大公私财产损失，并且放任该危害结果的发生，仍然可以以危害公共安全罪来定罪处罚。如果行为人所实施的危害行为，除了可能杀害特定的人，还可能威胁到其他不特定多数人的生命、健康或者重大公私财产的安全，且行为人对此又有认识，说明行为人在积极追求特定人死亡结果的同时，还存在放任危害公共安全结果发生的心态，这种情形属于一行为侵犯不同的客体、触犯不同的罪名，是间接故意下的危害公共安全的犯罪和直接故意下的故意杀人罪的想象竞合犯，依照想象竞合犯之“从一重处断”的原则，应当对其以危害公共安全的犯罪论处；反之，如果行为人的行为在客观上并不具有危害公共安全的性质，则对行为人不应当以危害公共安全的犯罪来论处。本案被告人陈某投放危险物质的行为，从其注射农药的对象、投毒地的场所特点等事实和证据看，客观上具有危害公共安全的性质，应当以投放危险物质罪论处。

对于第二个问题，我们同意第二种意见，认为被害人的特殊体质和医院的不当诊疗行为不可以中断被告人陈某的投毒行为和被害人陆某的死亡结果之间的因果关系，应当认定被告人的投毒行为和被害人的死亡结果之间具有刑法上的因果关系。

本案中讨论被告人陈某的危害行为与被害人陆某的死亡结果之间是否存在刑法上的因果关系对本案的正确处理有着十分重要的意义。被告人陈某采取了投放危险物质这一危害公共安全的行为来杀害陆某这一特定的人，对于陈某来说，是否存在上述因果关系不但在定性上涉及投放危险物质罪和故意杀人罪，还在犯罪形态上涉及投放危险物质罪的危险犯和结果加重犯问题、故意杀人罪的既遂和未遂问题，直接会影响对其确定判处的刑罚。如果认定为不存在因果关系，陈某的行为若定性为投放危险物质罪，则适用《刑法》第 114 条规定的“放火、决水、爆炸以及投放毒害性、放射性、传染病病原体等物质或者以其他危险方法危害公共安全，尚未造成严重后果的”这一情形，应当判处三年以上十年以下有期徒刑；若定性为故意杀人罪，则适用《刑法》

第 232 条规定的“故意杀人的，处死刑、无期徒刑或者十年以上有期徒刑；情节较轻的，处三年以上十年以下有期徒刑”以及第 23 条规定的“已经着手实行犯罪，由于犯罪分子意志以外的原因而未得逞的，是犯罪未遂。对于未遂犯，可以比照既遂犯从轻或者减轻处罚”。如果认定为存在因果关系，陈某的行为若定性为投放危险物质罪，则适用《刑法》第 115 条第 1 款规定的“放火、决水、爆炸以及投放毒害性、放射性、传染病病原体等物质或者以其他危险方法致人重伤、死亡或者使公私财产遭受重大损失的”这一情形，应当判处十年以上有期徒刑、无期徒刑或者死刑；若定性为故意杀人罪，则直接适用《刑法》第 232 条关于故意杀人罪的规定。根据上述对第一个问题的分析，我们认为陈某的行为构成投放危险物质罪，是否具有所讨论的因果关系，直接影响到对于被告人陈某判处刑罚的选择，或者判处三年以上十年以下有期徒刑，或者判处十年以上有期徒刑、无期徒刑或者死刑。

综观案情，我们认为，首先，被害人陆某的特殊体质不能阻断被告人的投毒行为和陆某死亡结果之间的因果关系。在被害人存在特殊体质的情况下，行为人加害于具有特殊体质的被害人，致使被害人造成伤害或死亡的，行为人实施的危害行为和被害人死亡的结果之间，仍然存在“若无前者，就无后者”这样的条件关系，也就是说本案中被告人的投毒行为和被害人死亡之间存在着事实上的因果关系。任何因果关系的发生都是在特定的条件下发生的，一种行为发生什么样的结果，和行为时的各种条件紧密相关，我们不能以行为时的具体条件特殊为由，否定行为与结果之间的因果关系，在本案中即不能因为被害人患有糖尿病就否认因果关系的存在。在相当因果关系判断这一层面，一般认为被害人的特殊体质正是危害行为发生危害结果的具体条件，被害人的特殊体质这一因素不影响刑法上的因果关系的判断。殴打一个心脏病患者致死和殴打一个健康人致死，同样认定为故意伤害致死，并不会因为被害人患有心脏病而否定殴打行为和心脏病患者死亡之间的因果关系。若考虑刑法上的因果关系的中断，被害人的特殊体质一般不认定为介入因素。因果关系中断的介入因素往往是指自然性的事实或者他人实施的具有故意的行为。

其次，我们认为医院的不当诊疗行为不足以切断被告人陈某的投毒行为和被害人陆某死亡之间的因果关系。在刑法理论上，一般人认为，在因果关系发展进程中可以切断该因果关系的介入因素是指特殊的自然事实或者他人（包括被害人）的故意行为。判断该介入因素是否可以中断原来的因果关系，应当考察该介入因素的异常性的大小、对结果发生的原因力的大小以及行为人的行为可能导致该介入因素可能性的大小等情形。若介入因素并非异常、对结果发生的作用力较小、行为人的行为导致该因素介入的可能性较大时，应当肯定原来因果关系的存在；反之，如果介入因素非常异常、对结果发生的作用力很大、和行为人实施的危害行为没有联系，则应当认定原来因果关系中断、介入因素和危害结果之间具备因果关系。在本案中，尽管有医院的不当诊治行为这一因素介入，但被告人的投毒行为与被害人的死亡结果之间仍存在刑法上的因果关系。被告人陈某投放了半针筒甲胺磷农药，剂量不太大，而且是向数条丝瓜中分别注射的。被害人陆某食用后未出现非常强烈的中毒症状，施救的医院在不知被害人陆某食用注射了农药的蔬菜的情况下，仅根据临床症状对其以糖尿病和高血压进行抢救，出现了诊治错误，是较难避免的。从某种程度上讲，并非属于太过异常的情形。

最后，虽然医院的不当诊疗行为和被害人的死亡结果不能脱离干系，但正是被告人陈某的投毒行为才引发了被害人陆某糖尿病高渗性昏迷低钾血症，继而出现医院的不当诊治行为。陈某的投毒行为客观危害性大，也体现其主观恶性大，应当肯定其投毒行为和陆某死亡结果之间具有刑法上的因果关系。

【思考题】

在因果关系发展进程中，如果介入了第三者的行为、被害人的行为或特殊自然事实等其他因素，该介入因素可否中断原来的因果关系？

第三节　犯罪故意

犯罪故意是罪过形式之一，是故意犯罪的主观心理态度。从内涵上分析，犯罪故意包含两个要素：一是行为人明知自己的行为会发生危害社会的结果，这种“明知”的心理属于心理学上所讲的认识方面的因素，亦称意识方面的因素；二是行为人希望或放任这种危害结果的发生，这种“希望”或“放任”的心理属于心理学上意志方面的因素。实施危害行为的人在主观方面必须同时具备这两个方面的因素，才能认定他具有犯罪的故意而构成故意犯罪。本节通过诈骗案、以危险方法危害公共安全案两个案例探析我国刑法中对犯罪故意的判断。

案例三　殷某某、李某某诈骗案[1]

【基本案情】

2018年初，被告人殷某某通过他人在微信平台上创建微信公众号，宣传“不考试可办理准驾车型为A、B、C的驾驶证”，并让管理人员杜某某（另案处理）上传伪造的驾驶证件等，以取得他人信任，对他人实施诈骗。2018年至2019年3月，殷某某通过该微信平台，通过赵某1、吴某1、张某1、康某1、康某2等人介绍，骗取侯某、宣某、杜某等34人每人7000至10 000余元不等的办理驾驶证款，共计人民币296 100元。殷某某收取办证款后，支付给被告人李某某部分账款，李某某明知殷某某伪造驾驶证是为了骗取他人财物，而帮助殷某某伪造驾驶证30余本，被告人李某某共收到殷

[1] 案例来源：（2020）豫16刑终220号。

某某转来办证款34 150元。法院经审理认为，被告人殷某某以非法占有为目的，虚构能办理驾驶证的事实，骗取他人办驾驶证款共计296 100元，诈骗数额应为269 100元，其行为已构成诈骗罪，且数额巨大；被告人李某某以非法占有为目的，明知殷某某以办理假证的方法骗取他人钱财，仍帮助其办理驾驶证，其行为亦构成诈骗罪，公诉机关指控二被告人犯诈骗罪的事实清楚，证据确实、充分，罪名成立。一审宣判后，李某某不服，称自己在殷某某利用微信公众号诈骗他人的整个过程中，并未与殷某某有过任何形式的合谋，亦未对被害人实施过诈骗行为，因此提出上诉。中级人民法院裁定驳回上诉，维持原判。

【主要法律问题】

共同故意犯罪中犯意联络如何认定？

【主要法律依据】

《中华人民共和国刑法》

第25条第2款　二人以上共同过失犯罪，不以共同犯罪论处；应当负刑事责任的，按照他们所犯的罪分别处罚。

第266条　诈骗公私财物，数额较大的，处三年以下有期徒刑、拘役或者管制，并处或者单处罚金；数额巨大或者有其他严重情节的，处三年以上十年以下有期徒刑，并处罚金；数额特别巨大或者有其他特别严重情节的，处十年以上有期徒刑或者无期徒刑，并处罚金或者没收财产。本法另有规定的，依照规定。

【理论分析】

1. 犯罪故意概述

（1）犯罪故意的两种因素解析。

对于故意与过失两种罪过形式的界限，应结合两个方面的因素进行区分：一是行为人对自己的危害行为及其结果有无认识和认识的程度，这是认识因素；二是行为人对危害结果的态度，这是意志因素。犯罪故意的认识因素，即行为人明知自己的行为会发生危害社会的结果。这是一切故意犯罪在主观认识方面必须具备的特征。同时，明知的内容应当包括法律所规定的构成某种故意犯罪所不可缺少的危害事实，即作为犯罪构成要件的客观事实。具体包括三个方面：对行为本身的认识、对行为结果的认识、对危害行为和危害结果相联系的其他犯罪构成要件之要素事实的认识。犯罪故意的意志因素是指行为人对自己行为所导致的危害结果的发生所抱的希望或放任的心理态度。犯罪故意的意志因素有希望和放任结果发生两种表现形式。希望危害结果发生，是指行为人对危害结果抱着积极追求的心理态度，该危害结果的发生，正是行为人通过一系列犯罪活动所意欲达到的犯罪目的。放任危害结果发生，是指行为人虽不希望、不积极追求危害结果发生，但也不反对、不设法阻止这种结果发生，而是对结果是否发生采取听之任之的心理态度。

（2）犯罪故意的类型。

按照行为人对危害结果所持的心理态度即故意的意志因素的不同，刑法理论上将犯罪故意区分为直接故意和间接故意两种类型。犯罪的直接故意，是指行为人明知自己的行为必然或可能发生危害社会的结果，并且希望这种结果发生的心理态度。按照认识因素的不同内容，可以将犯罪的直接故意区分为两种表现形式：一是行为人明知自己的行为必然发生危害社会的结果，并且希望这种结果发生的心理态度，即“必然发生+希望发生”；二是行为人明知自己的行为可能发生危害社会的结果，并且希望这种结果发生的心理态度，即“可能发生+希望发生”。犯罪的间接故意，指行为人明知自己的行为可能发生危害社会的结果，并且放任这种结果发生的心理态度，即“可能发生+放任发生”。在认识特征上，间接故意表现为行为人认识到自己的行为“可能”发生危害社会结果的心理态度；在意志特征上，间接故意表现为行为人放任危害结果发生的心理态度。

2. 本案中共同故意犯罪的认定

本案中殷某某与李某某二人的行为是否构成共同故意犯罪是案件认定的关键问题，对于是否成立共同故意犯罪，一般从主体、客观行为、共同的犯罪故意三个方面认定。

（1）二人以上的行为人主体。

共同犯罪的主体，必须是两个以上达到刑事责任年龄、具有刑事责任能力的人或单位。首先，共同犯罪必须是二人以上共同实施犯罪，一个人单独犯罪，不发生共同犯罪问题。其次，二人以上的主体必须是达到刑事责任年龄、具有责任能力的人。一个达到刑事责任年龄的人和一个未达到刑事责任年龄的人，或者一个精神健全有刑事责任能力的人和一个由于精神障碍无刑事责任能力的人共同实施危害行为，不构成共同犯罪。一个有刑事责任能力的人，教唆或者帮助一个幼年人或者精神病人实施危害行为，不构成共同犯罪。教唆者或帮助者作为实行犯罪处理，被教唆者或被帮助者不构成犯罪。这种情况在外国刑法中被称为间接正犯，即间接实行犯。我国刑法理论中没有间接正犯的概念，但社会生活中存在这种犯罪现象。另外，由于刑法规定了单位犯罪，因而也可能出现单位共同犯罪，即两个以上的单位共同故意犯罪。同时，也可能出现单位和个人共同犯罪。

（2）共同的犯罪行为。

从犯罪的客观方面来看，构成共同犯罪必须二人以上具有共同的犯罪行为。所谓共同的犯罪行为，指各行为人的行为都指向同一犯罪，互相联系，互相配合，形成一个统一的犯罪活动整体。

其一，各行为人所实施的行为，必须是犯罪行为，否则不可能构成共同犯罪。如共同在不可抗力下实施的造成危害的行为，或者共同在正当防卫或紧急避险条件下实施的造成损害的行为，或者共同实施的情节显著轻微、危害不大的行为等，都不成立共同犯罪。

其二，危害行为的基本形式有作为与不作为。据此，共同犯罪行为表现为三种形式：一是共同的作为，二是共同的不作为，三是作为与不作为的结合。按照共同犯罪的分工，共同犯罪行为表现为四种方式：第一，实行行为，即实施符合犯罪构成客观方面要件的行为；第二，组织行为，即组织、领导、策划、指挥共同犯罪的行为；第三，教唆行为，即故意劝说、收买、威胁或采用其他方法唆使他人故意实施犯罪的行为；第四，帮助行为，即故意提供信息、工具或者排除障碍协助他人故意实施犯罪的行为。共同犯罪的共同行为，可能是行为人共同实施实行行为，也可能是分担实施不同的行为，即有人实施实行行为，有人实施组织行为、教唆行为或帮助行为，这些都是共同犯罪。仅参与共谋而未参与犯罪的实行行为的，是否构成共同犯罪，存在肯定说和否定说两种不同意见。我国刑法学界主流观点赞同肯定说。所谓共谋是指二人以上为了实施特定的犯罪而进行的谋议，可能是策划实施犯罪，也可能是商讨如何实施犯罪，或者两者兼而有之，可见共谋本身就是共同犯罪行为，所以参与犯罪谋议而未参与犯罪实行，应当认为构成共同犯罪。

其三，共同实施的犯罪是结果犯并发生危害结果时，每一共同犯罪人的行为与危害结果之间都存在因果关系。共同犯罪中的因果关系，是两个以上共同犯罪人的行为与危害结果之间的因果关系，与单独犯罪中一个人的行为与危害结果之间的因果关系相比而言有其特殊性。其特殊性在于：共同犯罪行为是围绕一个犯罪目标，互相配合、互为条件的犯罪活动整体，正是这个行为的整体导致了危害结果的发生。换言之，这个行为整体是危害结果发生的统一原因，而每个共同犯罪人的行为都是危害结果发生的一部分原因。所以对共同犯罪人的行为不应孤立而应当统一地考察，不能只就某一共同犯罪人的行为是否现实地导致危害结果发生，来认定其行为与危害结果之间是否存在因果关系。

此外，由于共同犯罪行为方式不同，共同犯罪行为与危害结果之间的因果关系也有其各自的特点。

第一，在共同实行犯罪的场合，各共同犯罪人的行为共同指向同一犯罪事实，共同作用于同一危害结果，因而应将他们的实行行为作为统一整体来看，以确定其对危害结果是否具有原因力。共同犯罪人的实行行为共同引起危害结果发生，他们的实行行为与危害结果之间均有因果关系。即使共同犯罪人中只有一人的实行行为引起危害结果发生，其他人的实行行为没有导致危害结果发生，也应认为他们的行为与危害结果之间存在因果关系。

第二，在共同犯罪人之间存在分工的场合，即在共同犯罪人之间，有的组织犯罪、有的教唆犯罪、有的实行犯罪、有的帮助犯罪，组织犯、教唆犯与帮助犯（从犯）并未参与实施实行行为，共同犯罪行为与危害结果之间的因果关系表现为：组织行为、教唆行为引起实行犯的犯罪决意和实行行为，帮助行为加强实行犯的犯罪决意和利于实行犯的实行行为，作为共同犯罪行为的有机整体，都与危害结果之间存在因果关系。

(3) 共同的犯罪故意。

从犯罪的主观方面来看，构成共同犯罪必须二人以上具有共同的犯罪故意。所谓共同的犯罪故意，是指各共同犯罪人认识到他们的共同犯罪行为会发生的危害结果，并希望或者放任这种结果发生的心理态度。共同犯罪故意虽然与个人的犯罪故意有所不同，但其内容同样是从认识因素与意志因素两个方面分析：

首先，共同犯罪故意的认识因素，包括三个方面：一是共同犯罪人认识到自己与他人互相配合共同实施犯罪；二是共同犯罪人认识到自己的行为性质，并且认识到共同犯罪行为的性质；三是共同犯罪人概括地预见到共同犯罪行为与共同危害结果之间的因果关系，即认识到自己的行为会引起的危害结果以及共同犯罪行为会引起的危害结果。

其次，共同犯罪故意的意志因素，即共同犯罪人希望或者放任自己的行为引起的结果和共同犯罪行为会发生的危害结果。一般来说，共同犯罪人是希望共同犯罪行为所引起的危害结果发生，但在个别情况下也可能是放任危害结果发生。

在共同的犯罪故意要件上需要特别说明的是，为了成立共同犯罪，共同犯罪人之间必须存在意思联络（或称意思疏通）。意思联络是共同犯罪人双方在犯罪意思上互相沟通，它可能存在于组织犯与实行犯之间、教唆犯与实行犯之间或者帮助犯与实行犯之间，而不要求所有共同犯罪人之间都必须存在意思联络，如组织犯、教唆犯、帮助犯相互间即使没有意思联络，也不影响共同犯罪的成立。

(4) 不成立共同犯罪的情况。

其一，二人以上共同过失犯罪，不构成共同犯罪。共同犯罪的特点是二人以上通过共同的犯罪故意，使个人的行为形成一个共同的有机整体，因而具有更大的社会危害性。共同过失犯罪，双方缺乏意思联络，不可能形成共同犯罪所要求的有机整体性。并且在共同过失犯罪中，不存在主犯、从犯、教唆犯的区分，只存在过失责任大小的差别，因而也不需要对此以共同犯罪论处，而只根据各人的过失犯罪情况分别负刑事责任即可。

其二，同时犯不成立共同犯罪。所谓同时犯，是指二人以上没有共同的犯罪故意而同时在同一场所实行同一性质的犯罪。同时犯的特点是行为人各有故意，但缺乏共同的故意，即缺乏意思联络，所以不是共同犯罪，而是同时实行的单独犯，只对自己的犯罪行为承担刑事责任。

其三，二人以上实施危害行为，罪过形式不同的，不构成共同犯罪。这具体表现为两个方面：一是过失地引起或帮助他人实行故意犯罪，二是故意地教唆或帮助他人实施过失犯罪。在这种情形下，应当根据各人的罪过形式和行为形态，依照刑法规定分别处理。

其四，实施犯罪时故意内容不同的，不构成共同犯罪。例如，甲乙二人共同用木棍打击丙，甲出于伤害的故意，乙出于杀人的故意，结果由于乙打击丙的要害部位致丙死亡，由于没有共同的犯罪故意，不能按照共同犯罪处理，只能按照各人的主客观情况分别定罪。

其五，超出共同故意之外的犯罪，不是共同犯罪。共同犯罪人超出共同犯罪故意又犯其他罪的，对其他罪只能由实行该种犯罪行为的人负责，对其余人不按共同犯罪论处。即“实行犯过限”，对于实行犯的过限行为，其他共犯人不承担刑事责任。

其六，事后通谋的窝藏行为、包庇行为，不构成共同犯罪。因为这些行为与危害结果的发生没有因果关系。但事前通谋窝藏行为或包庇行为，支持和鼓励了实行犯的实行行为，通过实行行为引起危害结果的发生，因而与危害结果的发生之间存在因果关系，并具有共同的犯罪故意，应成立共同犯罪。

3. 本案结论

在本案中，殷某某收取办证款后，支付部分给被告人李某某，李某某明知殷某某伪造驾驶证是为了骗取他人财物，而帮助殷某某伪造驾驶证 30 余本，被告人李某某共收到殷某某转来办证款 34 150 元。李某某明知殷某某具有骗取他人财物的不正当目的，仍帮助殷某某实施骗取他人财物的行为。根据 2011 年 3 月 1 日最高人民法院、最高人民检察院颁布的《关于办理诈骗刑事案件具体应用法律若干问题的解释》第 7 条：“明知他人实施诈骗犯罪，为其提供信用卡、手机卡、通讯工具、通讯传输通道、网络技术支持、费用结算等帮助的，以共同犯罪论处。”结合共同犯罪的成立要件，即二人以上的行为人主体，共同实施了骗取他人财物的客观行为，主观上具有骗取他人财物的共同犯罪故意，可以认定殷李二人成立共同犯罪。

总的来说，共同正犯必须是各行为人在共同实现构成要件的意思下，相互利用、补充对方的行为，从而使各行为人的行为成为一个整体行为，进而实现构成要件的情形。因此，成立共同正犯，要求客观上有共同实施行为的事实，主观上有共同的行为意思，即行为的分担与意思的联络。需要强调的是，所谓共同的行为意思，是指共同实现构成要件的意思。一般来说，共同的行为意思是表现为共同的犯罪故意，但是由于共同正犯也是不法形态，因此，并不要求二人以上具有共同的犯罪故意，而只要求行为人具有和他人共同实施行为的意思即可。此外，共同的行为意思，并不要求一定以明示的方式产生，只要行为人相互之间形成默契即可。共同的实行意思，不要求数人之间直接形成，通过某个行为人分别向其他行为人联络的，也存在共同的行为意思。共同的行为意思可以形成于行为之前或行为之时。这便是共同犯罪中犯意联络的认定标准。

【思考题】

（1）请说明承继的共同犯罪成立条件。

（2）片面帮助犯的成立范围是什么？

案例四　李某、彭某某等以危险方法危害公共安全案[1]

【基本案情】

2018年5月12日约22时许，被告人彭某某与朋友胡某、张某等人一起吃饭饮酒后，又驾车到KTV唱歌喝酒。期间，彭某某通过微信邀请被告人鲁某某到KTV唱歌，鲁某某于当晚23时36分驾车与被告人李某一起赶到KTV，三被告人及胡某、张某五名男子先后邀请徐某、黄某、刘某、姚某、吴某五名年轻女性陪同喝酒。13日凌晨1时54分，被告人一行提出去吃宵夜，三被告人驾驶两辆汽车带着张某、黄某、姚某、吴某离开KTV（胡某与刘某、徐某未同往）；2时01分，两车七人到达烧烤店继续喝酒；3时33分，三被告人在已大量饮酒的情况下又提出开车兜风，被告人彭某某将自己的轿车交李某驾驶，彭某某坐副驾驶位置，张某、黄某、姚某坐后排座位；鲁某某驾另一辆车，吴某坐副驾驶位置。两辆车出发高速向县城南方向行驶，经多条道路竞相追逐，高速行驶。期间，鲁某某车上乘坐人吴某提醒鲁某某车速太快，鲁某某以晚上路上没有其他车辆为由不听劝阻；李某车上乘坐人黄某亦多次劝阻，在交通信号灯处短暂停车时，黄某强行开门下车，彭某某又将其拉进车内，与彭某某一起坐在副驾驶位置。3时50分，两车竞逐至交叉路口时，因前方突然出现“T”字形路，二被告人无法紧急处置，两车先后冲出路面坠入干渠中，致车内乘坐人张某（殁年24岁）、姚某（殁年20岁）当场死亡，三被告人分别不同程度受伤（彭某某轻伤二级、鲁某某轻微伤、李某不构成轻微伤）。

事故发生后，经司法鉴定中心鉴定，两辆轿车制动性能正常，事故发生时车速分别为123.4公里/小时和138公里/小时。交通警察大队于2018年7月18日作出事故认定，三被告人承担事故全部责任，乘坐人张某、姚某、黄某、吴某无责任。

本案一审法院认为，被告人李某、彭某某、鲁某某饮酒后驾驶机动车在城市道路上竞相追逐，高速行驶，放任高速飙车可能带来的公共安全危害，造成二人死亡的严重后果，三被告人的行为已构成以危险方法危害公共安全犯罪。三被告人共同饮酒后驾车相互追逐，属共同犯罪故意，三人均属主犯，应按其参与的全部犯罪处罚。本案上诉至中级人民法院后，依法予以改判。二审法院认为，以危险方法危害公共安全罪的主观方面是故意，即行为人明知自己实施该行为会造成怎样的危害后果，但行为人仍对该危害后果的发生持“希望”或者“放任”的态度。李某、鲁某某在酒后开车过程中有高速竞驶的情形，但竞驶时间是凌晨3点多，此时段县城道路上车辆行人稀少，且二人未有冲撞行人、车辆的行为，客观上也未造成道路其他行人、车辆受损，不能推断出其有危害公共安全的故意。后车辆掉入沟渠造成自己车内乘坐二人死亡，其竞

---

[1] 案例来源：（2019）豫15刑终287号。

驶行为主观上是追逐并企图相互超越，以追求刺激为目的，并不是“追求”或者“放任”包括自己在内的车内人员伤亡结果。综上，从二人高速竞驶的时间、路线、行人、车流量及目的来看，李某、鲁某某虽酒后竞速行驶发生事故造成车内二人死亡，但他们的主观心态应该认定为交通肇事罪中的过于自信的过失态度，其凌晨在车辆行人稀少的县城路段酒后追逐竞驶的行为也不应认定为构成与放火、决水、爆炸、投放危险物质等危害性相当的行为，一审认定三人构成以危险方法危害公共安全罪的定性错误。被告人的行为违反交通运输管理法规，酒后追逐竞驶，发生重大事故，致二人死亡，其行为符合交通肇事罪的构成要件，依法应以交通肇事罪定罪量刑。

【主要法律问题】

以危险方法危害公共安全罪与交通肇事罪的区别。

【主要法律依据】

《中华人民共和国刑法》

第 114 条　放火、决水、爆炸以及投放毒害性、放射性、传染病病原体等物质或者以其他危险方法危害公共安全，尚未造成严重后果的，处三年以上十年以下有期徒刑。

第 115 条　放火、决水、爆炸以及投放毒害性、放射性、传染病病原体等物质或者以其他危险方法致人重伤、死亡或者使公私财产遭受重大损失的，处十年以上有期徒刑、无期徒刑或者死刑。

第 133 条　违反交通运输管理法规，因而发生重大事故，致人重伤、死亡或者使公私财产遭受重大损失的，处三年以下有期徒刑或者拘役；交通运输肇事后逃逸或者有其他特别恶劣情节的，处三年以上七年以下有期徒刑；因逃逸致人死亡的，处七年以上有期徒刑。

第 133 条之一　在道路上驾驶机动车，有下列情形之一的，处拘役，并处罚金：

（一）追逐竞驶，情节恶劣的；

（二）醉酒驾驶机动车的；

（三）从事校车业务或者旅客运输，严重超过额定乘员载客，或者严重超过规定时速行驶的；

（四）违反危险化学品安全管理规定运输危险化学品，危及公共安全的。

机动车所有人、管理人对前款第三项、第四项行为负有直接责任的，依照前款规定处罚。

有前两款行为，同时构成其他犯罪的，依照处罚较重的规定定罪处罚。

【理论分析】

1. 以危险方法危害公共安全罪

以危险方法危害公共安全罪的客观方面表现为以其他危险方法危害公共安全的行为。所谓“其他危险方法”，是指使用与放火、决水、爆炸、投放危险物质等危险性相当的危险方法，如私设电网、驾车冲撞人群、使用放射性物质、服用致幻药品（毒品、精神药品）后驾驶车船、扩散致病微生物等危险方法危害公共安全的行为，只要足以危害公共安全的，即可构成本罪。由于实践中实施危害公共安全的犯罪形式、手段很多，刑法不可能也无必要将所有的犯罪形式、手段都列举出来，因而以“其他危险方法”作概括性规定。

我国刑法学界主流观点认为，以危险方法危害公共安全罪中的“公共安全”是指不特定多数人的生命、健康、重大公私财物以及生产、生活的安全。由于危害公共安全罪是以危害公众的生命、健康等为内容的犯罪，因此应当注重行为对公众利益的侵犯。同时，刑法规定危害公共安全罪的目的，是将生命、身体等个人法益抽象为社会利益作为保护对象的，故应当重视其社会性。公众与社会性这两个特点要求重视量的多数，也就是说，“多数”是“公共”这一概念的核心。对象不特定则意味着随时有向多数发展的现实可能，会使多数成员遭受危险和侵害。因此，不特定或者多数人的生命、健康等安全，就是公共安全。“不特定”是指犯罪行为可能侵犯的对象和可能造成的结果事先无法确定，行为人对此既无法具体预料也难以实际控制，行为造成的危险或者侵害结果可能随时扩大或增加。“多数人”是指难以用具体数字表述，行为使较多人的生命、健康受到威胁，应认为危害了公共安全。“安全”是指不特定或者多数人的生命、健康等不受不法侵害与威胁而存续的状态。只要行为危害了不特定或者多数人的生命、健康等安全，就属于危害公共安全。倘若行为仅侵犯了特定少数人的生命、健康等法益，则不构成危害公共安全罪。

2. 交通肇事罪

交通肇事罪，是指违反交通运输管理法规，因而发生重大事故，致人重伤、死亡或者使公私财产遭受重大损失的行为。本罪侵犯的客体是交通运输安全，发生的范围主要包括在航空、铁路运输以外的陆路交通运输和水路交通运输中的重大交通事故；客观方面表现为违反交通运输管理法规，因而发生重大事故，致人重伤、死亡或者使公私财产遭受重大损失的行为。也就是说，首先，必须有在交通运输过程中违反交通运输管理法规的行为，这是导致交通事故而肇事的原因，也是构成本罪的前提条件。其次，违反交通运输管理法规的行为还必须造成重大事故，导致重伤、死亡或者公私财产重大损失的严重后果，即违章行为必须与严重后果之间有因果关系。交通肇事罪主观方面为过失，可以是疏忽大意的过失，也可以是过于自信的过失。也就是说，行为人对自己违反交通运输管理法规的行为导致的严重后果应当预见，由于疏忽大意而未预见，或者虽然预见，但轻信能够避免。这里的过失是指行为人对所造成的严重后果的心理态度，至于对违反交通运输管理法规本身，则可能是明知故犯。

交通肇事罪以发生重大事故为构成要件，这是本罪与一般交通事故区别的界限，二者区别的关键就在于发生的事故是否重大。关于重大事故的认定标准，最高人民法院《关于审理交通肇事刑事案件具体应用法律若干问题的解释》第2条规定："交通肇事具有下列情形之一的，处三年以下有期徒刑或者拘役：（一）死亡一人或者重伤三人以上，负事故全部或者主要责任的；（二）死亡三人以上，负事故同等责任的；（三）造成公共财产或者他人财产直接损失，负事故全部或者主要责任，无能力赔偿数额在三十万元以上的。交通肇事致一人以上重伤，负事故全部或者主要责任，并具有下列情形之一的，以交通肇事罪定罪处罚：（一）酒后、吸食毒品后驾驶机动车辆的；（二）无驾驶资格驾驶机动车辆的；（三）明知是安全装置不全或者安全机件失灵的机动车辆而驾驶的；（四）明知是无牌证或者已报废的机动车辆而驾驶的；（五）严重超载驾驶的；（六）为逃避法律追究逃离事故现场的。"本条多项标准具有认定构成犯罪的作用。

3. 交通肇事罪与以危险方法危害公共安全罪

交通肇事罪与（过失）以危险方法危害公共安全罪二者从客观方面来说，并不是对立关系。只要行为违反交通运输管理法规，造成了伤亡实害结果，行为人对伤亡的实害结果有过失，就成立交通肇事罪。不过，若是行为人违反交通运输管理法规的驾驶行为，产生了与放火、爆炸、投放危险物质相当的具体的公共危险，就不能仅认定为交通肇事罪，而应当认定为以危险方法危害公共安全罪。所以，以危险方法危害公共安全罪的成立，并不以否定交通肇事罪的成立为前提。此外，从责任形式来看，虽然交通肇事罪是过失犯罪，以危险方法危害公共安全罪一般是故意犯罪，但二者并不是对立关系，而是责任程度高低的关系。据此可以得出两点结论：其一，行为人实施高度危险驾驶行为，对具体的公共危险与伤亡的实害结果仅有过失时，可能同时触犯交通肇事罪与过失以危险方法危害公共安全罪。例如，行为人应当预见到刹车存在缺陷，仍以危险的高速度驾驶车辆的，属于一个行为同时触犯交通肇事罪与过失以危险方法危害公共安全罪，一般应当认定为交通肇事罪。其二，行为人实施高度危险驾驶行为，客观上存在与放火、爆炸、投放危险物质相当的具体的公共危险，行为人对具体的公共危险具有认识和希望或放任态度，但对已经发生的伤亡实害结果仅有过失的，同时触犯交通肇事罪与以危险方法危害公共安全罪，应当认定为以危险方法危害公共安全罪。

简言之，造成伤亡实害结果的危险驾驶行为，只要不是意外事件，首先成立交通肇事罪。在此之后，还需进一步作出判断：一是判断行为是否已经产生了与放火、爆炸、投放危险物质相当的具体的公共危险，行为人对具体的公共危险是否具有故意，若得出肯定结论，就应认定为以危险方法危害公共安全罪。二是在行为产生了与放火、爆炸、投放危险物质相当的具体的公共危险且发生了伤亡实害结果的前提下，如果行为人对伤亡实害结果持过失，则是过失的结果加重犯，适用《刑法》第115条第1款；如果行为人对伤亡实害结果有故意，则是结果犯，仍适用《刑法》第115条第1款。对这两种情形的量刑应当有区别。需要注意的是，行为违反交通运输管理法规，虽然具有公共危险，但不具有与放火、爆炸、投放危险物质相当的具体的公共危险，不成立以危险方法危害公共安全罪，在发生伤亡实害结果的情况下，成立交通肇事罪。行为虽然具有与放火、爆炸、投放危险物质相当的具体的公共危险，但行为人对该具体的公共危险仅有过失的，同样不成立以危险方法危害公共安全罪，在发生伤亡实害结果的情况下，成立交通肇事罪。

综上所述，本案中被告人醉酒驾车肇事，只发生了一次冲撞。在这种情形下，如果行为人肇事致人伤亡或者造成财产损失较小，根据司法解释规定尚不构成交通肇事罪的，一般应认定为危险驾驶罪，而不是以危险方法危害公共安全罪。理由在于，醉酒驾车发生交通事故，醉驾者对驾车行为虽然出于故意，但对于肇事后果的发生通常出于过失，若尚未达到交通肇事罪这一过失犯罪的入罪标准，则不能反过来以以危险方法危害公共安全罪这一故意犯罪追究其刑事责任。即使确有证据表明醉驾者对危害后果持故意心态，也还要看其当时的醉驾行为是否具有与放火、决水等行为相当的危险性、破坏性，不能一概认定为以危险方法危害公共安全罪。本案中被告人醉酒驾车肇事属于一次撞击，造成他人伤亡或者财产损失的后果达到了司法解释中规定的交通肇事罪的定罪标准，应当认定为交通肇事罪，而不是以危险方法危害公共安全罪。因为肇事后果加重，并不当然表明醉驾行为具有与放火、决水等行为同等的危险性、破坏性，也不等于醉驾者对肇事后果一定持故意心态。

此外，本案中醉驾者一次性撞击造成了重大的伤亡后果，醉酒驾车一次性造成特别重大伤亡的，客观上基本具有与放火、爆炸等行为相当的危险性、破坏性，似乎更有理由认定为以危险方法危害公共安全罪。但若是仅因造成特别重大伤亡后果就认定行为人当时出于故意心态未免过于片面。在人群密集的场所高速甚至超速行驶，一次性撞击造成重大伤亡的，可以认定为以危险方法危害公共安全罪。但是本案中行为人是在凌晨的街头超速驾驶，车流量、人流量都不大，并不属于人群密集的场所，根据故意的成立要件“明知+积极追求危害结果发生”，很难以此认定行为人是有危害不特定多数人生命或财产安全的故意。由于以危险方法危害公共安全罪的成立要求行为人主观心态为故意，本案中行为人对于危害结果的发生仅有过失，应成立交通肇事罪，不成立以危险方法危害公共安全罪。

【思考题】

（1）成立共同犯罪的“共同”应怎样认定？

（2）违反交通法规的行为可以直接认定为具有刑法上的故意吗？

CHAPTER 3 第三章

正当行为

本章知识要点

（1）正当防卫案例；（2）紧急避险案例。正当行为是指虽然造成了一定的危害后果，并且形式上符合某些犯罪的客观要件，但是实质上既不具备社会危害性，也不具备刑事违法性的行为。一般各个国家都规定了对于正当行为行为人不负刑事责任。虽然我国刑法仅明文规定了正当防卫和紧急避险两种正当行为，但是在理论和实践中正当行为还包括自救行为、依照法令的行为、正当业务行为等。本章将对正当防卫与紧急避险进行讲解。研究正当行为，有助于我们区分罪与非罪以及在社会上给公民树立打击犯罪的风尚。

第一节　正当防卫

《刑法》第 20 条第 1 款规定了正当防卫，即“为了使国家、公共利益、本人或者他人的人身、财产和其他权利免受正在进行的不法侵害，而采取的制止不法侵害的行为，对不法侵害人造成损害的，属于正当防卫，不负刑事责任”。从立法规定可以看出，正当防卫是指行为人遭受正在发生的不法侵害时，为了保全自身的合法权益，从而对不法侵害人所实施的、没有超出必要限度并造成不法侵害人损害的行为。本节通过对正当防卫的讲解，明确我国刑法明文规定的这一项出罪事由的适用。

案例一　程某涛故意伤害案[1]

【基本案情】

被告人程某涛驾驶汽车搭载被害人万某方的女友刘某艳来到珠海市某路口附近，

[1] 案例来源：（2020）粤 04 刑终 338 号。

被被害人万某方发现。刘某艳下车后，被告人程某涛驾车（左前门车窗玻璃半开）准备掉头离开时，被害人万某方从一辆车上下来，上前与被告人程某涛发生争执，并用手掐被告人程某涛脖子，用手肘顶撞被告人程某涛脸部，被告人程某涛为了摆脱被害人万某方的侵害行为启动车辆，被害人万某方见状扒上汽车驾驶室车门，脚踩在车门外踏板上跟车前行，并用一只手抓住方向盘，另一只手继续殴打被告人程某涛。被告人程某涛明知被害人万某方扒在车门上且影响其驾驶的情况下，仍然继续驾驶车辆蛇形行驶，从原靠边车道开到对向车道，撞向停靠在路边的环卫洒水车，致使扒在驾驶室车门外的被害人万某方被撞倒在地。事故发生后，被告人程某涛在现场等候警察处理。经鉴定，被害人万某方所受损伤为重伤二级。

一审法院认为，被告人程某涛故意伤害他人身体，致人重伤二级，其行为已构成故意伤害罪。被告人程某涛的正当防卫行为明显超过必要限度造成重大损害，是防卫过当，依法应当减轻处罚。被告人程某涛主动投案，且被害人有过错，可以酌情从轻处罚。

针对一审判决，上诉人程某涛提出如下上诉理由：第一，被害人万某方扒住其驾驶室车门，对其头部、脖子等致命部位进行重击，并拉扯其正在驾驶车辆的方向盘，危及公共安全，是一种“行凶”行为，其应当适用特殊防卫。第二，其是本能驾车躲离被害人万某方的不法侵害，将车速控制至较慢，希望被害人万某方能自行下车，即使不适用特殊防卫，其行为也没有超过正当防卫必要的限度，原判决认定其防卫过当存在错误。

二审法院针对上诉理由作出如下答复：第一，本案被害人万某方在案发时用手掐上诉人程某涛脖子、用手肘顶撞上诉人程某涛脸部的行为，显然不属于抢劫、强奸、绑架等适用特殊防卫的行为。被害人万某方对上诉人程某涛实施侵害时并未使用致命性凶器，结合上诉人程某涛所受损伤为轻微伤的鉴定结论，被害人万某方对上诉人程某涛实施的侵害也不属于行凶、杀人或其他严重危及人身安全的暴力犯罪，故上诉人程某涛不应当适用特殊防卫。对上诉人程某涛所提其应当适用特殊防卫的上诉理由，不予采纳。第二，被害人万某方扒住上诉人程某涛驾驶车辆的车窗，用手掐上诉人程某涛脖子，用手肘顶撞上诉人程某涛脸部，对上诉人程某涛实施了不法侵害。上诉人程某涛对被害人万某方正在进行的不法侵害，可以进行防卫。但上诉人程某涛驾驶车辆在路面蛇形行驶的行为，严重侵害交通运输的正常秩序和安全，危害公共安全，最终导致被害人万某方与对面方向正常行驶的洒水车发生碰撞，被害人万某方重伤二级的损害后果。综上，可以认定上诉人程某涛的防卫措施明显超过必要限度并造成重大损害，属于防卫过当。对上诉人程某涛所提其防卫并无过当的上诉理由，不予采纳。

【主要法律问题】

被害人万某方的行为是否可以被认定为特殊防卫中的“行凶”？

【主要法律依据】

《中华人民共和国刑法》

第 20 条　为了使国家、公共利益、本人或者他人的人身、财产和其他权利免受正在进行的不法侵害，而采取的制止不法侵害的行为，对不法侵害人造成损害的，属于正当防卫，不负刑事责任。

正当防卫明显超过必要限度造成重大损害的，应当负刑事责任，但是应当减轻或者免除处罚。

对正在进行行凶、杀人、抢劫、强奸、绑架以及其他严重危及人身安全的暴力犯罪，采取防卫行为，造成不法侵害人伤亡的，不属于防卫过当，不负刑事责任。

第 234 条　故意伤害他人身体的，处三年以下有期徒刑、拘役或者管制。

犯前款罪，致人重伤的，处三年以上十年以下有期徒刑；致人死亡或者以特别残忍手段致人重伤造成严重残疾的，处十年以上有期徒刑、无期徒刑或者死刑。本法另有规定的，依照规定。

【理论分析】

1. 正当防卫的成立条件

正当防卫的性质决定了正当防卫行为的实施通常都会造成客观损害结果，因此必须严格规定正当防卫的成立条件，防止正当防卫的滥用。关于正当防卫的成立，理论界存在四条件说、五条件说和六条件说等不同的学说。根据主客观相一致原则，我国的通说是五条件说，即具备防卫意图、有不法侵害正在发生作为防卫起因、防卫对象是不法侵害人、防卫时间在不法侵害进行时、防卫行为没有超过必要限度。下文将对正当防卫的五个成立条件进行详细论述。

（1）防卫意图。

防卫意图是指行为人对正在进行的不法侵害有明确认识，并希望以防卫手段制止不法侵害，保护合法权益的心理状态。[1] 关于正当防卫的成立是否需要具备防卫意图，存在着不要说和必要说两种观点的争议。我国通说一直采取防卫意图必要说，认为正当防卫的成立必须以防卫人具有防卫意图为必要条件。主要有以下理论根据：第一，我国传统刑法理论认为犯罪的本质是行为的社会危害性，而社会危害性的判断标准既包括客观方面，也包括主观方面，即缺乏防卫意图的防卫行为不成立正当防卫。这实际上类似于德日理论中的行为无价值与结果无价值的二元论，不仅要有正当性的结果，也要有正当性的行为。行为是行为人意思的客观表现，有正当性的意思才能外化为正当性的行为，具有社会危害性的意图才会导致具有社会危害性的行为。第二，从立法

[1] 高铭暄，马克昌．刑法学（第九版）［M］．北京：北京大学出版社，2019：126.

规定来看，《刑法》第20条第1款的条文在表述时，使用了“为了”这一主观用语，这足以说明我国刑法对正当防卫的成立规定了明确的主观条件。第三，正当防卫作为一项刑法出罪事由，必须通过主观方面的正当化要素将其成立限制在必要范围之内，以防出罪事由的滥用。

（2）防卫起因。

具备防卫起因是成立正当防卫的基础和前提。根据我国刑法的规定，防卫起因应当是不法侵害的存在。需要注意的是，并不是所有存在的不法侵害都可以成为正当防卫的起因条件。有学者提出作为防卫起因的不法侵害应当具有社会危害性和侵害紧迫性两个特征。[1] 但是我国通说认为，正当防卫中的不法侵害应当具备以下三个特征：

第一，不法侵害必须是具有社会危害性的行为。不法侵害的本质属性应当是社会危害性，即对合法权益造成了客观损害或者威胁。一般来说，只要一种行为有对法益造成现实损害的危险，即便还没有导致法益的实际损害，就可以认定其是具有社会危害性的行为，从而对其实施防卫行为。但是，防卫行为是会对不法侵害人造成损害的行为，因此为了防止正当防卫权的滥用，应当规定不法侵害的社会危害性程度。也就是说，只能对具有严重社会危害性的行为进行防卫，那些对社会危害不大、明显不会造成危害结果或者是所造成的危害结果易于恢复的不法侵害行为，例如口角推搡等，则不适用正当防卫。

第二，不法侵害必须具有客观上的违法性。不法侵害的违法性是防卫行为合法性的前提条件。不法侵害之所以被冠以“不法”一词，主要是因为该行为违反了法律，实施了法律所禁止的行为或者未遵守法律的命令性规定。对于不法侵害违法性的范围界定，刑法学界主要存在着两种观点：犯罪行为说认为不法侵害的违法性指对刑法的违背，即仅限于犯罪行为；犯罪违法说认为不法侵害的违法性范围不仅包括犯罪行为，还包括违法行为。我国通说为犯罪行为说，其理论依据主要是：正当防卫行为一旦实施必然会导致不法侵害人的权益损害，甚至会出现不法侵害人重伤、死亡等结果。因此，从限制正当防卫权的适用范围出发，应当将不法侵害的违法性限定在犯罪行为之内，以防止其不合理地扩张。

第三，不法侵害必须具有现实性。不法侵害的现实性就是指不法侵害是客观存在的。如果是行为人臆想或者推测出了不法侵害，并对这种不具有现实性也即不存在的不法侵害实施了正当防卫行为，就构成了假想防卫。我国刑法通说认为假想防卫的成立有三个要件：一是行为人具有防卫意图；二是行为人的防卫意图是基于认识错误而产生的；三是行为人的行为造成了客观损害结果，也就是行为具有社会危害性。[2]

（3）防卫对象。

正当防卫的防卫对象是不法侵害人。关于正当防卫的对象，仍有以下几个问题值

[1] 陈兴良．正当防卫论（第三版）［M］．北京：中国人民大学出版社，2017：58.

[2] 高铭暄，马克昌．刑法学（第九版）［M］．北京：北京大学出版社，2019：128.

得讨论：

第一，能否对不满 14 周岁的未成年人、精神病人等无刑事责任能力的不法侵害人实施正当防卫行为。一般来说，为了避免对防卫人过于苛求，在防卫人无法判断正在实施不法侵害的行为人是否具有刑事责任能力时，是可以对其进行正当防卫的。问题在于，如果防卫人明知不法侵害人是无刑事责任能力人仍然对其实施防卫行为，是否成立正当防卫。关于此问题理论界和实务界一直存在争议，目前有否定说、肯定说以及折中说三种观点。否定说认为，在认定不法侵害时要坚持主客观一致的原则，无刑事责任能力人实施的行为即便是客观上造成了损害结果，但其在主观上并没有罪过，因此不能将其作为不法侵害而实施正当防卫。在这种情况下，只能把无刑事责任能力人的损害行为作为类似自然灾害的危险，无法回避这种危险时，应当采取紧急避险。肯定说认为，无责任能力人实施侵害行为，只是因为没有刑事责任能力而不负刑事责任，不能否认侵害行为的社会危害性。站在防卫人的角度，无刑事责任能力人的侵害行为与一般人的侵害行为是没有区别的。不能因为行为人的责任阻却事由而否定防卫人的自行救济权利。折中说认为，对于无刑事责任能力人的侵害行为可以进行正当防卫，但是必须在迫不得已、没有其他解决办法的情况下才能够进行正当防卫。因为无责任能力人中的精神病人是由于病理因素而无法控制自己的行为，而不满十四周岁的未成年人是由于心智不成熟而对自身行为缺乏认知能力，所以不在迫不得已的情况下不能对该类社会弱势人群实施会造成损害后果的防卫行为。

第二，对不法侵害"人"以外的动物侵袭是否可以进行正当防卫。关于这一问题，有观点认为，不法侵害的"不法"体现在对法律规范的违背，而法律规范的主要作用是规制社会中的人的行为，不包括动物，因而不能对动物行使正当防卫权。然而，应当认为这种说法是不合理的。首先，法律规范的内容虽然不包括对动物的行为的规制，但法律规范保护被侵害人的合法权益。其次，上述说法是将所有情形下的动物侵袭等量齐观，没有做到具体问题具体分析。在动物自发侵袭的情况下，由于动物没有人的意识也不受法律规制，因此不能将其行为称之为不法侵害，行为人对动物的反击也就谈不上正当防卫。在动物受到他人教唆而产生侵袭行为的情况下，侵袭行为虽然由动物实施，但其在某种意义上只是教唆者进行不法侵害的工具，这种情况中的动物类似于杀人者所持的凶器，完全可以对这类动物侵袭实施防卫行为，成立正当防卫。

第三，在两人以上的共同不法侵害中，是否对任何不法侵害人都能实行正当防卫。一般来说，在共同犯罪中，对于实行犯是完全可以进行正当防卫的。但是，共同犯罪中不仅仅有实行犯，还有教唆犯、帮助犯等，对这些共同不法侵害人是否可以实施防卫行为？通说认为，由于教唆犯、帮助犯并没有直接实施犯罪构成要件的行为，因此不能对其进行正当防卫。[1]

---

[1] 马克昌. 犯罪通论［M］. 武汉：武汉大学出版社，2005：737.

（4）防卫时间。

根据我国刑法对正当防卫的规定，正当防卫的时间条件是不法侵害“正在进行”。所谓“正在进行”就是从不法侵害开始之后到不法侵害结束之前这一时间段。这就带来两个具有争议性的问题：一是不法侵害开始的时间如何界定，二是不法侵害结束的时间如何界定。

首先是不法侵害开始的时间，我国刑法学界主要有着手说[1]、进入侵害现场说[2]、直面危险说[3]、综合说四种学说。综合说作为我国刑法中对不法侵害开始时间进行认定的通说，其认为实践中案件具有复杂性，因而正当防卫开始的时间不应划定统一的标准，应当具体问题具体分析。[4] 在一般情况下，当不法侵害人着手实施不法侵害行为时，防卫人就可以开始进行正当防卫。但现实中的一些不法侵害行为在进入实行阶段之前就已经对防卫人的合法权益造成了威胁，防卫人在不法行为着手后再进行防卫就无法及时有效地保护自身权益，此种情况下防卫人在不法侵害人着手之前就可以进行正当防卫。

其次是不法侵害结束的时间，我国刑法学界主要有排除危险说[5]、离开现场说[6]、危害结果形成说[7]、无统一标准说四种学说。其中，无统一标准说同上述综合说一样，认为应当根据案件情况具体问题具体分析。该学说共列举了四种可以视为不法侵害已经结束的情况，这也是我国刑法学界对不法侵害结束时间进行认定的标准：其一，不法侵害人自动停止了不法侵害行为；其二，不法侵害人的侵害行为已经完成；其三，不法侵害人被制服或者丧失了侵害能力；其四，不法侵害人已经离开了侵害现场。[8]

（5）防卫限度。

正当防卫的限度条件是指，正当防卫不能明显超过必要限度且对不法侵害人造成重大损害。[9] 关于什么叫作正当防卫的必要限度，刑法学界目前主要有基本相适应说[10]、

---

[1] 着手说认为不法侵害开始于不法行为的着手，在不法行为着手之时就可以进行正当防卫。

[2] 进入侵害现场说认为不法侵害的正在进行是指从不法侵害人进入现场到其离开现场之间的时间阶段，也就是说正当防卫开始于不法侵害人进入侵害现场。

[3] 直面危险说认为当合法权益直接面临不法侵害的危险时就可以开始进行正当防卫。合法权益直接面临不法侵害危险可以分为两种情况，一是合法权益已经遭受侵害，二是合法权益即将遭受侵害。

[4] 高铭暄，马克昌．刑法学（第九版）［M］．北京：北京大学出版社，2019：129-130.

[5] 排除危险说认为应当以不法侵害的危险是否排除为不法侵害终止的客观标志。按照该观点，不法侵害危险排除后就不允许再实施正当防卫行为，即使不法侵害人的侵害行为还尚未结束。但如果不法侵害人的侵害行为有所停顿，而防卫人没有确切的根据判断自身法益是否尚处于危险之中，此时仍可以进行正当防卫。

[6] 离开现场说认为不法侵害行为停止于不法侵害人离开侵害现场，只要不法侵害人离开了现场，就不能再对其进行正当防卫。

[7] 危害结果形成说认为不法侵害的停止时间应当以不法侵害所造成的危害结果的形成时间为标准，也就是说危害结果的形成代表着不法侵害行为的结束，此时就不能再行使正当防卫权。

[8] 田宏杰．刑法中的正当化行为［M］．北京：中国检察出版社，2004：230-231.

[9] 高铭暄，马克昌．刑法学（第九版）［M］．北京：北京大学出版社，2019：130.

[10] 基本相适应说认为正当防卫人的防卫行为必须要在性质、方式手段、强度以及损害后果等方面与不法侵害人的侵害行为相适应，不必完全等同但也不能超过太多。

必需说[1]、相当说三种观点。其中，相当说是我国目前的通说。该学说是对基本适应说和必需说进行折中的学说，因此也被称为折中说。该学说认为不应当将基本适应说和必需说彼此对立，而应当将两者结合起来，综合考虑。一方面防卫行为应当是制止不法侵害所必需的，另一方面防卫行为在性质、方式、手段、强度以及损害后果等方面应当与不法侵害行为相当，即不能超过或者等同。该学说继承了前两种学说各自的优点，在一定程度上平衡了防卫人的法益与不法侵害人的法益，而且可以更合理应对和解决司法实践中的复杂案件，为大多数学者所认同。

2. 本案中正当防卫的认定

《刑法》第 20 条第 3 款规定："对正在进行行凶、杀人、抢劫、强奸、绑架以及其他严重危及人身安全的暴力犯罪，采取防卫行为，造成不法侵害人伤亡的，不属于防卫过当，不负刑事责任。"此款被称为特殊防卫。在《刑法》第 20 条第 3 款中，与"杀人""抢劫""绑架"等词不同，"行凶"属于日常用语的范畴，因此在刑法规定里就成了一个相对模糊的概念。"行凶"一词应当作何理解，无论是在刑法理论中还是在司法实践中都存在着很大争议。

关于本案件中程某涛的行为是否适用特殊防卫，争议的重点就在于被害人万某方的行为是否能够被认定为"行凶"。目前，对于"行凶"的认定，主要有以下几种观点：第一，重伤死亡说。这一观点认为，应当以客观的严重损害结果作为"行凶"的认定标准，即如果行为人的行为对防卫人造成了重伤或者死亡的严重后果，该行为就应当被认定为"行凶"。该观点从客观的危害结果出发，的确为"行凶"提供了一个比较确切的认定标准，但问题是特殊防卫的刑法规定中与"行凶"一词并列提起的还有"杀人"一词，"杀人"也会造成死亡结果，因此该观点不能从根本上解释"杀人"与"行凶"的不同，使得"行凶"与"杀人"产生了重合，也就无法明确"行凶"的内涵，更无法满足司法实践的需要。此外，如果认为只有出现了重伤或者死亡这样的严重结果才能被认定为"行凶"，才能进一步实施防卫行为，是不利于防卫人保护自身合法权益的，也不符合刑法设立特殊防卫的初衷。第二，故意伤害说。这一观点仍然是从客观的危害结果来界定"行凶"的内涵。与重伤死亡说相比，故意伤害说降低了结果的危害程度，排除了死亡结果，将"行凶"的含义限制在故意伤害行为的范围之内。该观点存在的问题是，如果"行凶"的内涵是实施故意伤害行为，那么在立法时完全可以将"行凶"替换为"故意伤害"与"杀人"并列。第三，犯意不明说，也可以称为杀伤说。这一观点与前两种观点相比，在对"行凶"的界定上加入了主观方面的因素，从主客观两个方面对"行凶"进行了界定。该观点认为"行凶"所指的不法

---

[1] 必需说认为防卫行为是否超过必要限度要以该行为是不是制止不法侵害所必需的为判断标准。如果防卫行为是制止不法侵害所必需的，就视为没有超过必要限度。也就是说，即使防卫行为在性质、方式手段、强度以及损害后果等方面超出了不法侵害行为，也不能认为防卫行为超过了必要限度。

侵害行为在客观上表现为杀伤他人的行为，即会严重危及他人身体健康和生命安全的行为，这种杀伤行为在客观方面并不如故意伤害行为和杀人行为表现显著。在主观方面，行为人是在不确定的犯意下实施的“行凶”。必须要同时满足主客观方面的条件才能被认定为“行凶”，如果行为人是在一种不确定的犯意下对他人实施了致命的暴力行为，但该行为并未对他人的身体健康和生命安全造成严重后果，就不能被认定为“行凶”。同样，如果行为人以明确的犯意对他人的身体健康和生命安全造成了严重后果，也不能被认定为“行凶”，例如故意杀人应当认定为本款中的“杀人”。这种观点存在的问题与前两种观点相同，其理论逻辑的终点仍然是故意伤害和故意杀人，使“行凶”的内容与“杀人”等法条列举的其他行为内容相重叠。第四，暴力说，包括暴力犯罪说和暴力凶器说。暴力犯罪说主要是从客观行为出发，认为“行凶”是与法条中所列举的“杀人”“抢劫”“强奸”以及“绑架”性质相同的暴力侵害行为。虽然这种观点对“行凶”的界定弥补了前三种观点内容重复的缺陷，但仍然没有给“行凶”一个相对详尽的解释。暴力凶器说认为“行凶”就是行为人使用凶器实施的暴力侵害行为。该观点将“行凶”的内涵限制为使用凶器，一方面，确实为认定“行凶”提供了一个较为明确的标准；但另一方面，对于实践中复杂的案件情况来说，将其理解为必须使用凶器，是缺乏合理性和可操作性的。

通过对上述各观点的分析，可以看出目前提出的各类观点都具有其自身局限性，在司法实践之中也不能依靠某一个观点解决问题。根据最高人民检察院 2018 年 12 月 18 日发布的《关于印发最高人民检察院第十二批指导性案例的通知》，对于犯罪故意的具体内容虽不明确，但足以严重危及人身安全的暴力侵害行为，应当被认定为《刑法》第 20 条第 3 款规定的“行凶”。行凶已经造成严重危及人身安全的紧迫危险，即使没有发生严重的实害后果，也不影响正当防卫的成立❶。结合最高人民检察院对“行凶”的认定所作出的解释，在本案件中对被害人万某方的行为是否属于“行凶”的分析论证如下：

《刑法》第 20 条第 1 款规定了正当防卫、第 20 条第 3 款规定了特殊防卫，通过法条表述的对比，不难看出正当防卫与特殊防卫的区别就在于不法侵害行为的程度，能够满足特殊防卫成立条件的不法侵害行为必须是会造成严重危及人身安全结果的不法侵害行为。也就是说，行为人的不法侵害行为是否足以造成严重危及人身安全的损害结果是认定“行凶”的根本标准。在上述案件中，从行为表现来看，被害人万某方用手掐被告人程某涛的脖子、用手肘顶撞程某涛的脸部，虽然脖子属于人的致命部位，但是被害人在实施该行为时与程某涛之间还隔着车窗，给被害人实施不法侵害行为造成了一定难度。从发生场所来看，该行为发生在有车辆和行人的公共车道，程某涛完全有求助的渠道和可能性。从行为暴力严重程度来看，是否使用凶器是衡量暴力程度的标准之一，被害人在实施行为时是赤手空拳，并未使用枪支、刀具等可以大幅度提

---

❶ 于海明正当防卫案检例第 47 号。

升暴力程度的凶器。从最终损害结果来看，程某涛的验伤鉴定结论是轻微损伤，并未造成重伤、死亡等严重后果。因此，通过综合分析，被害人万某方的行为并不能认定为严重危及被告人人身安全的行为，并没有达到可以允许程某涛进行无限度防卫的暴力程度，不能被认定为特殊防卫中的“行凶”。

【思考题】

被告人程某涛的行为是否属于防卫过当?

案例二　朱某志故意伤害案[1]

【基本案情】

2019 年 10 月 19 日凌晨 2 时左右，被告人朱某志在家中听见屋外狗叫声，出门查看后发现有一个骑摩托车的人向村东边驶去。被告人朱某志误认为其系偷狗人，持铁管拦截未果。后被告人朱某志驾驶电动三轮车至村东边，并于该处发现被害人张某驾驶摩托车经过，遂持铁管拦截、殴打，致被害人张某腹部、右臂受伤。经鉴定，被害人张某腹部所受损伤为重伤二级，右前臂所受损伤为轻伤一级。案发后，被告人朱某志主动到公安机关投案，并如实供述了上述犯罪事实。

公诉机关认为，被告人朱某志故意伤害他人身体，致一人重伤，其行为已构成故意伤害罪。被告人朱某志对公诉机关指控的犯罪事实、罪名均无异议，自愿认罪认罚，同时提出他于案发时的主观目的是抓住偷狗的小偷。被告人朱某志的辩护人提出辩护意见：被告人朱某志的行为属于防卫过当。

法院认为：(1) 关于被告人朱某志提出的“他是基于拦截偷狗人的主观目的实施的行为”的意见以及被告人的辩护人提出的“被告人朱某志系防卫过当”的意见，经查在案事实，虽在案未有证据可以证实被害人张某于案发时实施了偷盗行为，但被害人并非案发村落居民，而于凌晨佩戴头灯、驾驶摩托车于村落内徘徊，摩托车上亦载有铁笼、麻袋等工具，被告人据此臆断存在不法侵害并未完全违背常理，而从被告人于案发时拨打报警电话称“抓到一名偷狗人员”的行为来看，被告人朱某志确系基于“被害人系偷狗人”的主观认识而实施了拦截、殴打行为，即将客观上并不存在的不法侵害误认为其存在，对想象中的不法侵害人实施反击的行为，系“假想防卫”。对被告人朱某志提出的上述辩解意见酌情予以采纳。而被告人的辩护人所提出的“防卫过当”，系防卫行为超出必要限度，而“防卫”必须针对的是客观上确实存在的、正在进行的不法侵害，显然与本案事实不符，故对该辩护意见不予采纳。(2) 关于本案罪名的确定，公诉机关指控罪名为故意伤害罪，经查，被告人朱某志于案发时并未亲眼看

---

[1] 案例来源：(2021) 鲁 1625 刑初 3 号。

到被害人存在偷盗行为，而在未核实被害人身份的情况下，便以持铁管，并用手电筒上下摆动示意被害人停车的方式拦截被害人，并在拦截成功后，持续以铁管殴打被害人，阻止被害人驾驶摩托车离开，致使被害人受伤。被告人朱某志应当可以预见到被害人不是他所说的“偷狗人”从而避免最终损害结果的产生，且现场亦提供了可预见的条件，但被告人朱某志由于“抓贼心切”，在应当预见却因疏忽大意没有预见，其行为符合过失致人重伤的犯罪构成要件。

法院认为，被告人朱某志过失伤害他人，致一人重伤二级、轻伤一级，其行为已构成过失致人重伤罪。公诉机关指控被告人朱某志犯故意伤害罪的定性不当，罪名不能成立。鉴于被告人朱某志具有自首情节，且自愿认罪认罚，依法可以从轻或者减轻处罚。判决被告人朱某志犯过失致人重伤罪，判处有期徒刑一年，缓刑一年。

【主要法律问题】

（1）被告人朱某志的行为是否成立假想防卫？

（2）被告人朱某志的罪过形式是什么？

【主要法律依据】

《中华人民共和国刑法》

第 20 条　为了使国家、公共利益、本人或者他人的人身、财产和其他权利免受正在进行的不法侵害，而采取的制止不法侵害的行为，对不法侵害人造成损害的，属于正当防卫，不负刑事责任。

正当防卫明显超过必要限度造成重大损害的，应当负刑事责任，但是应当减轻或者免除处罚。

对正在进行行凶、杀人、抢劫、强奸、绑架以及其他严重危及人身安全的暴力犯罪，采取防卫行为，造成不法侵害人伤亡的，不属于防卫过当，不负刑事责任。

第 234 条第 1 款　故意伤害他人身体的，处三年以下有期徒刑、拘役或者管制。

第 235 条　过失伤害他人致人重伤的，处三年以下有期徒刑或者拘役。本法另有规定的，依照规定。

【理论分析】

假想防卫是从正当防卫成立的起因条件延伸出的问题。成立正当防卫需要具备不法侵害真实存在的起因条件，如果不法侵害行为是防卫人臆想和推测出来的，并没有在现实中实际发生，防卫人基于此错误认识进行了反击行为，这种反击行为就被称为假想防卫。

1. 假想防卫的成立条件

通说认为，假想防卫的成立需要具备三个要件：第一，客观上并没有不法侵害的发生，只是行为人由于对事实认识错误，在主观上臆想或者推测出了并不存在的不法侵害。本案件中，被告人朱某志并未亲眼看到张某偷狗，只是根据发现张某的地点、行为及其所携带物品推测，以为张某正在实施偷狗的不法侵害行为。第二，行为人具有防卫意图，即希望通过防卫行为制止不存在的不法侵害从而保护自身法益，这是成立假想防卫的主观要件。假想防卫中行为人的防卫意图产生于认识错误，行为人误以为有不法侵害发生。首先，在本案件中，被告人朱某志听见狗叫后出门发现被害人张某驾驶摩托经过，且张某并非案发地村居民，加之其凌晨在村中徘徊并在摩托车上载有铁笼、麻袋等工具，这些客观条件足以使被告人朱某志产生张某在实施不法侵害的主观臆断或者推测。其次，被告人朱某志在案发时曾向派出所打报警电话称“抓到一名偷狗人员”，此客观行为也可以反映出行为人在主观上是具有合法的防卫意图的。此外，被告人朱某志也提出其对张某实施殴打行为的目的是抓住偷狗的小偷。以上几点可以证明被告人朱某志在案发时是具有防卫意图的。第三，行为人的行为在客观上造成了损害结果。行为人由于对客观事实产生错误认识，误以为存在不法侵害，从而对未实施不法侵害人施行攻击性行为，对其臆想的不法侵害人的合法权益造成了损害。假想防卫行为是具有社会危害性的行为。在本案件中，被告人朱某志由于臆想存在不法侵害而对被害人实施了拦截、殴打行为，经鉴定，被害人张某腹部受伤且为重伤二级、右前臂受伤且为轻伤一级。被告人朱某志的行为对被害人张某的身体健康造成了损害结果。综上，被告人张某志的行为成立假想防卫。

2. 假想防卫的罪过形式

本案例争议的焦点就在于，被告人朱某志的假想防卫行为是应当以故意伤害罪追究刑事责任，还是应当以过失致人重伤罪追究刑事责任。此争议的根源在于假想防卫场合下行为人的罪过形式应当如何认定。

（1）假想防卫不成立故意犯罪。

有学者对假想防卫的罪过形式持故意说。故意说认为行为人在实施假想防卫行为时能够认识到自己的行为会造成客观上的损害结果，但仍然希望或者放任这种损害结果发生，是假想防卫行为的社会危害性在主观方面的表现。进而将假想防卫人的主观心理状态概括为两种情况：一种是行为人直接追求的目标不只是及时有效地制止假想的不法侵害行为，而是想要消灭不法侵害行为的来源，因此实施了过当的防卫措施；一种是行为人放任对假想不法侵害人合法权益的损害，不管假想不法侵害行为的性质、强度以及危害结果等，不顾防卫限度。前者在罪过形式上表现为直接故意，后者表现为间接故意。[1] 对于第一种情况，行为人的假想防卫目的不只是要制止不法侵害，而是想从根源上消灭不法侵害，因此故意说认为行为人的这种心理已经超出了防卫意图而转变为犯罪的直接故意。对于第二种情况，行为人是可以预见到自己的行为会对假想

[1] 孙立权，潘晓军，邢思利．假想防卫过当辨析［J］．现代法学，1989（3）：24.

不法侵害人的法益造成损害结果的，行为人在这种认识下仍然对假想不法侵害人实施了假想防卫行为，这与放任危害结果发生的间接故意犯罪在本质上是一致的。在本案件中，公诉机关就是从故意说的角度出发对被告人朱某志提出故意伤害他人身体的指控，认为被告人朱某志的行为成立故意伤害罪。理论根据是被告人朱某志明知道自己对被害人张某所实施的殴打行为会对张某的身体健康造成危害，但仍然实施该行为，在罪过形式上成立间接的故意。但是，故意说有不可忽视的缺陷，假想防卫不可能成立故意犯罪。

第一，假想防卫中假想防卫人所产生的故意心理，其根源在于假想防卫人的防卫意图，此种故意不能等同于犯罪故意。假想防卫的故意是行为人明知自己的行为会对假想不法侵害人造成损害结果，但行为人认为自己的行为是一种有正当理由的、会得到社会积极评价的行为。犯罪故意中的故意则是行为人明知自己的行为会得到社会和法律的消极评价，并且会造成具有社会危害性的结果，但仍然希望或者放任这种结果的发生。如果将假想防卫中的故意等同于犯罪故意，那么按照此种逻辑，正当防卫中防卫人明知自己的防卫行为会对不法侵害人造成损害结果但是希望放任这种结果发生，将这种故意也等同于犯罪故意，但这显然是不合理的。应当说，假想防卫中行为人所持的故意心态只是一种心理学角度的故意，不属于故意犯罪中的故意。就本案例来说，被告人朱某志对被害人张某所实施的殴打行为，虽然也是一种故意心态，但其目的是“抓住偷狗的小偷”，并且被告人朱某志中途曾给派出所打电话报警，此行为可以反映出被告人朱某志认为自己的行为是可以得到积极性评价的，这明显是一种不同于犯罪故意的故意心态，因此不能将其行为认定为故意犯罪。

第二，假想防卫的认识因素区别于故意犯罪的认识因素。假想防卫的实质是由于事实认识错误而产生的假想防卫行为，此种事实认识错误是指行为人虽然知道自身行为以及行为所造成的结果会损害假想不法侵害人的法益，但其主观上误以为对方正在实施违法性行为而自己的行为正是阻止该违法性行为的合法防卫行为，也就是说行为人对自己具有危害性的行为并不能制止不存在的违法性行为反而会造成具有社会危害性的结果不是“明知”的。假想防卫人在主观方面无法构成“明知”，自然也不成立故意犯罪。此外，假想防卫是事实认识错误中的行为性质认识错误，本身就可以阻却故意的成立。

（2）假想防卫成立过失犯罪。

犯罪过失是指行为人应当预见自己的行为可能发生危害社会的结果，但因为疏忽大意没有预见，或者已经预见但轻信能够避免的一种心理态度。[1] 假想防卫不成立故意犯罪，这并不意味着假想防卫人在主观上不存在罪过。一般来说，假想防卫人的罪过形式是过失，即假想防卫人应当预见并没有不法侵害的实际发生且自己的假想防卫行为会对未实施不法侵害人的合法权益造成损害，但是由于其疏忽大意没有预见，或者

[1] 高铭暄，马克昌．刑法学（第九版）［M］．北京：北京大学出版社，2019：109.

是已经预见到但轻信可以避免。在这种情况下，假想防卫人是具有注意义务的，应尽义务而未尽，则应当对危害结果承担过失责任。

第一，假想防卫中疏忽大意的过失。在假想防卫的场合中，疏忽大意的过失是指假想防卫人应当预见不存在侵害却因为疏忽大意没有预见，导致行为人产生了事实认识错误，最终造成侵害未实施不法侵害人合法权益的危害结果。这是假想防卫中最常见的过失形式。在本案例中，被告人朱某志在主观上就属于疏忽大意的过失。被告人朱某志在案发时只是听见了狗叫，紧接着遇到了骑摩托车经过的张某，并未亲眼目击被害人张某实施了偷狗行为，就以持铁管，并用手电筒上下摆动示意被害人停车的方式拦截被害人，即便已经拦截被害人张某，被告人朱某志也可以询问其是否实施了偷狗的不法行为，但朱某志由于疏忽大意而没有尽到义务，才最后造成了危害结果发生，应当按照疏忽大意的过失追究被告人朱某志假想防卫的刑事责任。

第二，假想防卫中过于自信的过失。假想防卫中过于自信的过失是指行为人已经预见到不法侵害行为实际并不存在，自己的假想防卫行为不仅不是在制止不法侵害反而造成了不法侵害，但是轻信自己就是在实施合法的防卫行为。在本案例中，听见狗叫后出门看见被害人张某、张某非本村原住民并在凌晨徘徊、张某摩托车上携带铁笼和麻袋等工具，这几个客观因素已经使被告人朱某志在主观上产生了认识错误，只是由于其并未亲眼所见主观上就已经确信有不法侵害正在发生，是一种应当预见而未预见的情况，并不属于过于自信中的“已经预见”，因此被告人朱某志的过失形式不是过于自信而是疏忽大意。

（3）假想防卫是否构成意外事件。

假想防卫成立过失犯罪还是意外事件，根本上在于行为人是否具有预见义务。在成立过失犯罪的场合，假想防卫人是具有预见义务的，由于疏忽大意或者过于自信而未尽到预见义务从而造成危害结果，最终被追究刑事责任。但是，在假想防卫人无法预见不法侵害并未发生这一客观事实时，也即假想防卫人不具有预见义务时，假想防卫人在主观上是无罪过的，其假想防卫行为构成意外事件，不对其追究刑事责任。在本案例中，虽然有听见狗叫后出门看见被害人张某、张某非本村原住民并在凌晨徘徊、张某摩托车上携带铁笼和麻袋等工具等一系列足以使被告人朱某志产生错误认识的客观事实，但因为被告人朱某志并未亲眼看到不法侵害的发生，完全是有预见到不法侵害并不存在的可能性的，因此被告人朱某志具有预见义务而并未预见，并不能认定其主观上无罪过，其假想防卫行为自然也不能构成意外事件。

（4）总结。

假想防卫不存在故意的罪过形式，因此被告人朱某志的行为不可能构成故意犯罪。假想防卫的罪过形式分为过失和无罪过。其中，假想防卫的过失罪过形式又分为疏忽大意的过失与过于自信的过失。本案例中被告人朱某志假想防卫的罪过形式属于过失罪过形式中的疏忽大意的过失，主要根据是：被告人朱某志并未亲眼看见被害人张某实施了偷狗的不法侵害行为，朱某志在拦截张某时也完全有机会详细询问其是否实施了偷盗行为，朱某志是完全有条件预见到其臆想或者是猜测的不法侵害行为在实际上是不存在的，也即朱某志具有预见义务，但却由于抓贼心切而没有尽到预见义务，属于应当预见但由于疏忽大意而没有预见。因此，朱某志的假想防卫不构成意外事件而是构成过失犯罪，不应当按照公安机关所指控的故意伤害罪定罪量刑，而应当以过失致人重伤罪对被告人朱某志追究刑事责任。

【思考题】

假想防卫的成立范围应当如何认定？

第二节　紧急避险

紧急避险是指为了使国家、公共利益、本人或者他人的人身、财产和其他权利免受正在发生的危险，不得已而采取的损害另一较小合法权益的行为。本节通过对相关案例进行讲解，明确我国对于作为正当行为之一的紧急避险的保护、鼓励和支持的态度。

案例三　陈某某危险驾驶案[1]

【基本案情】

2018 年 12 月 7 日晚，被告人陈某某为庆祝妻子生日，邀请朋友到住处吃晚饭，被告人陈某某喝了一杯多红酒。当日 23 时许，陈某某妻子欲上楼休息时突然倒地昏迷不醒，陈某某随即让女儿拨打 120 求救。120 回复附近没有急救车辆，要从别处调车，具体到达时间不能确定。陈某某得知后立即驾驶小型轿车，将妻子送至医院抢救。后因与他人发生冲突，被当场查获。经鉴定，被告人陈某某血液中含有乙醇成分，其乙醇含量为 223mg/100ml。

法院经审查认为，案发时陈某某认识到其妻子正在面临生命危险，出于不得已而醉酒驾驶损害另一法益，在必要限度内实施避险行为，符合紧急避险的各项条件，其行为构成紧急避险，不负刑事责任。检察院于 2019 年 12 月 23 日决定对被告人陈某某撤回起诉，法院于同月 30 日裁定准许撤回起诉。

【主要法律问题】

（1）送亲属就医而醉酒驾驶能否认定为“不得已”？

（2）本案中的醉酒驾驶行为是否超过了必要限度造成不应有的损害？

---

[1] 案例来源：（2019）苏 0281 刑初 1113 号。

【主要法律依据】

《中华人民共和国刑法》

第 21 条　为了使国家、公共利益、本人或者他人的人身、财产和其他权利免受正在发生的危险，不得已采取的紧急避险行为，造成损害的，不负刑事责任。

紧急避险超过必要限度造成不应有的损害的，应当负刑事责任，但是应当减轻或者免除处罚。

第一款中关于避免本人危险的规定，不适用于职务上、业务上负有特定责任的人。

第 133 条之一　在道路上驾驶机动车，有下列情形之一的，处拘役，并处罚金：

（一）追逐竞驶，情节恶劣的；

（二）醉酒驾驶机动车的；

（三）从事校车业务或者旅客运输，严重超过额定乘员载客，或者严重超过规定时速行驶的；

（四）违反危险化学品安全管理规定运输危险化学品，危及公共安全的。

【理论分析】

1. 紧急避险的法律性质

紧急避险与正当防卫一样，都属于紧急状态下的正当行为。二者的区别在于：正当防卫是针对不法侵害的反击，即“正对不正”；紧急避险是对无关第三人合法权益的损害，即“正对正”。既然如此，避险人为什么不承担刑事责任呢？这就是紧急避险的法律性质（正当化根据）问题。对此，我国传统观点认为，紧急避险虽然客观上造成了一定损害结果，形式上符合某些犯罪的客观要件，但是避险人的目的是使国家、公共利益、本人或者他人的人身、财产和其他权利免受正在发生的危险，而且保护了更大的合法利益，因而在实质上不具有社会危害性，不符合犯罪的全部构成要件。[1]

2. 紧急避险的条件

紧急避险是以损害较小合法权益的方法来保护另一较大合法权益的正当行为，为了避免紧急避险被滥用，其成立必须满足比正当防卫更为严格的条件。一般认为，紧急避险的条件包括起因条件、时间条件、对象条件、主观条件、限度条件、限制条件、主体条件。

（1）起因条件。

现实危险的存在，是实施紧急避险的起因条件。这里的危险，是指国家、公共利益，以及个人的人身、财产或者其他权利面临威胁，即将给合法权益造成损害的紧急

[1] 高铭暄，马克昌. 刑法学（第九版）[M]. 北京：北京大学出版社，2019：123.

状态。危险的来源包括：大自然自发力量造成的危险，动物的侵袭，人的生理、病理原因所引起的危险，人的不法侵害，等等。同时，危险必须是客观现实存在的。如果客观上不存在危险，而行为人误认为存在危险实施了所谓的避险行为的，在刑法理论上称为假想避险。假想避险不是紧急避险，符合过失成立条件的，以过失犯罪论处；如果没有过失，则作为意外事件处理。对于由行为人自身的原因引起的危险即自招危险，如果是针对国家、公共利益、他人合法权益的危险，就应当允许紧急避险；如果是针对自己的危险，行为人就负有一定的忍受义务，只有危险超出了应当忍受的限度时，才允许进行紧急避险。

（2）时间条件。

紧急避险的时间条件是危险正在发生，即已经发生的危险将立即损害合法权益，或者正在造成合法权益损害而尚未结束。换言之，紧急避险只能在危险已经出现且尚未结束的阶段实施。危险已经出现，是指由于某种事实的发生，合法权益直接面临迫在眉睫的危险。危险尚未结束，是指危险出现后即将或者正在造成危害，此时若不实行紧急避险，合法权益必将遭受损害。所以，行为人在危险尚未出现或者已经结束的情况下损害第三人合法权益的，刑法理论上称为避险不适时，不属于紧急避险，构成犯罪的应当承担刑事责任。

（3）对象条件。

紧急避险的对象是第三人的合法权益。紧急避险的本质特征在于转嫁危险，即以损害较小的合法权益来保全较大的合法权益。因此，紧急避险行为不能针对危险源实施，必须指向第三者的合法权益。而且，作为紧急避险对象的第三人的合法权益必须比要保全的法益次要，其内容主要是财产权、住宅权等，一般不允许损害第三人的生命权和健康权。对象条件也是紧急避险与正当防卫的重要区别之一。

（4）主观条件。

正当的避险意图是紧急避险的主观条件，它决定着紧急避险的无罪过性。所谓正当的避险意图，是指避险人对正在发生的危险有明确的认识，并且希望以避险手段保护较大合法权益的心理状态。避险意图中包含有避险认识和避险目的两部分内容。避险认识，主要是对正在发生的危险的认识，应当包括：第一，某种合法权益面临正在发生的危险；第二，只能以紧急避险的方法来排除这种危险；第三，损害另一较小的合法权益可以达到避险效果。另外，避险人对于自己避险行为的手段、强度、可能造成的后果等也应有基本认识。避险目的，即行为人通过实施避险行为所希望达到的结果。根据《刑法》第 21 条的规定，紧急避险的目的必须是使国家、公共利益、本人或者他人的人身、财产和其他权利免受正在发生的危险。因此，如果行为人是出于保护非法利益的目的而损害第三人的合法权益，就不成立紧急避险。

（5）限度条件。

不得超过必要限度造成不应有的损害，是紧急避险的限度条件。关于“超过必要限度造成不应有的损害”的含义，我国刑法没有作出规定，传统刑法理论和司法实务界一致认为，紧急避险造成的损害必须小于所避免的损害。换言之，为了保护一个合法权益而损害的另一合法权益，既不能等于、更不能大于所保护的权益。[1] 超过限度条件的避险行为，刑法理论上称为避险过当。

关于合法权益的衡量标准，大体可以认为生命权大于健康权，健康权大于财产权，财产权可以根据财产的价值大小进行衡量。然而，现在尚未形成一般的、具体的标准，只能根据社会的一般观念进行客观的、合理的判断。在处理具体案件时，应当根据危险的程度、强度、紧迫度，侵害权益的性质、可能造成的损害大小，避险人自身的状况及认识水平、避险能力、保护合法权益的能力，以及避险行为的状况及程度、强度等各方面的因素，全面分析，综合评判。另外，紧急避险原则上不得牺牲他人的生命权和健康权等人身权利，但是也允许存在例外。

（6）限制条件。

由于紧急避险的对象是第三人的合法权益，因而其成立条件比正当防卫更加严格，这主要体现在紧急避险只能在不得已的情况下实施。“不得已”具有以下两层含义：第一，危险迫在眉睫，行为人必须当机立断采取措施，否则合法权益必然遭受损害。如果行为人面临的危险不会立即造成损害，就不得进行紧急避险。第二，没有其他合理方法可以避免危险，只能采取损害另一较小合法权益的方法来保全较大的合法权益。如果能够采取其他不损害合法权益的合理方法避免危险，就不允许进行紧急避险。

但是，在紧急状态下，避险人往往无法准确判断是否存在其他合理的避险方法。因此，在判断避险行为是否符合“不得已”这一限制条件时，必须实事求是地分析危险发生时的客观情况（包括环境、时间、危险的紧迫程度等），结合行为人的自身生理和心理状况（包括年龄、经验、性格、主观认知能力等），予以合理认定。

（7）主体条件。

根据《刑法》第 21 条第 3 款的规定，职务上、业务上负有特定责任的人不能为了避免本人的危险实施紧急避险；在国家、公共利益以及他人的人身、财产和其他权利面临危险时，可以实施紧急避险。因为，所谓的职务上、业务上负有特定责任，意味着相关人员在特定的危险环境或者状态下必须依法坚守职责、履行义务。这是紧急避险的禁止条件。

3. 本案观点争议

在本案审理过程中，关于对被告人陈某某如何适用法律的问题，存在三种意见。第一种意见认为，被告人陈某某血液酒精含量高达 223mg/100ml，已经构成危险驾驶罪，但是考虑到其醉驾系为救治病人、案发时系深夜、行驶道路为农村道路、距离较短等情节，可以对其适用缓刑。第二种意见认为，案发时被告人陈某某的妻子正在发

---

[1] 高铭暄，马克昌．刑法学（第九版）［M］．北京：北京大学出版社，2019：135-136.

生现实的危险，被告人陈某某出于不得已而醉驾送妻子就医，在必要限度内实施避险行为，其行为构成紧急避险，不负刑事责任。第三种意见认为，被告人陈某某醉酒程度高，社会危险性大，不符合紧急避险的要件，但考虑到犯罪情节轻微，可以免予刑事处罚。

4. 本案结论

应当认为，法院将陈某某为了救治妻子而醉驾的行为认定为紧急避险是准确的。

（1）正在发生现实的危险。

发生现实的危险，是紧急避险成立起因条件。如果客观上不存在危险而行为人误认为存在，此时所谓的避险行为属于假想避险。而且，在时间上，现实的危险必须正在发生，合法权益处于紧迫的威胁之中。如果危险尚未发生或者已经消除，此时所谓的避险行为属于避险不适时。

在本案中，案发当时被告人陈某某的妻子突然摔倒，昏迷不醒，口吐白沫，生命权益正处于疾病危险的紧迫威胁之中，如果不能得到及时有效的治疗，生命权益将遭受更大的损害。所以，根据亲属面临疾病危险这一事实，应当认定正在发生现实的危险，因而符合紧急避险的起因条件和时间条件。

（2）避险意图。

正当的避险意图作为紧急避险的主观条件，其内容包括行为人认识到正在发生现实的危险的避险认识和避险行为是保护合法权益免受正在发生的危险的避险目的。如果不存在正当的避险意图，就属于偶然避险。

在本案中，被告人陈某某看到妻子倒地昏迷，口吐白沫，认识到妻子的生命面临着正在发生的危险；在得知急救车辆无法及时赶到后醉酒驾驶车辆将妻子送往医院抢救，是为了保护妻子的生命健康安全。所以，在主观方面，应当认定被告人不存在醉酒驾驶危害社会的故意，具有正当的避险意图，符合紧急避险的主观条件。

（3）不得已而为之。

避险行为必须在不得已的情况下实施，这是紧急避险成立的限制条件，也被称为紧急避险的补充性原则。如果能够采取其他合理方法排除危险，就不允许以无辜第三人的合法权益为代价进行紧急避险。在判断避险行为是否“不得已”时，必须根据具体案件中危险发生时的客观情况以及避险人自身的条件进行合理认定。

本案中足以认定避险行为是“不得已而为之”的事实如下：①被告人妻子的生命权益面临急迫的危险，急需得到治疗；②被告人陈某某让女儿拨打 120 急救电话，被告知其所在的乡镇附近无急救车辆，从他处调车无法确定到达时间；③被告人住处偏僻，无邻居可以帮忙开车；④被告人家中的老人、孩子均无驾驶证。所以，应当认为当时被告人除了在醉酒驾车送妻子就医以外不存在其他合理的避险方法，因而可以认定其醉驾行为系不得已而为之，符合紧急避险的限制条件。

（4）未超过必要限度造成不应有的损害。

紧急避险的限度条件是避险行为不能超过必要限度造成不应有的损害，亦即只能牺牲较小的权益来保护另一较大的权益，否则就属于避险过当。因此，紧急避险行为的限度应当根据被保护权益与被损害权益的对比关系来确定。

第一，权益衡量的方法。权益衡量一般采取如下方法：首先，前文已述，根据不同的法益在刑法上的地位，即各种犯罪的法定刑的轻重进行判断。具体而言，生命权大于健康权，健康权大于财产权，重罪保护的权益大于轻罪保护的权益。其次，当同种权益发生冲突时，应当根据损害的程度或者数量进行判断。最后，还需要对避险行为产生的危险和避免的危险的程度进行比较。例如，如果具有抽象危险的醉酒驾驶行为挽救了他人的生命或者避免了他人身体的重大危险，就应当认为后者大于前者，阻却违法性。

本案被告人妻子的生命权大于抽象的公共安全。一方面，虽然危险驾驶罪是危害公共安全的犯罪，但是该罪名法定刑设置为拘役，并处罚金。抽象的公共安全在刑法中的地位相对低于自然人的生命权。另一方面，从对法益的危险程度来看，妻子的生命权危险是真实的，即刻面临危险的；而抽象的公共安全危险是潜在的，具有发生侵害结果的可能性。抽象的公共安全与昏迷不醒的妻子的生命权相比，后者显然是更为紧迫、重要的权利。由于生命价值的宝贵，被告人在不得已时醉酒驾驶送妻子就医的行为是以损害抽象公共安全挽救鲜活生命的紧急避险情境，应当得到法律的宽恕。

第二，权益衡量的考量因素。进行权益衡量时，应当根据社会的一般价值观念进行客观的、合理的判断，需要考虑危险源、危险的紧迫性与重大性、损害行为的程度、当事人的忍受义务等一般因素，有时还需要考虑社会善良风俗、伦理道德、文化价值等特殊因素。

本案中，伦理道德这一特殊因素在判断损害大小时也应当给予考虑。在无法得到120救护车救援，无人可以替代或者帮忙驾车的情况下，被告人醉酒驾车将妻子送往医院，符合人之常情。妻子躺倒在地口吐白沫、昏迷不醒，生命发生危险，丈夫救妻心切将妻子送往医院救治，是作为配偶互相帮助和扶持的行为，值得鼓励和提倡。相反，如果被告人在目睹妻子昏迷不醒、面临生命危险时袖手旁观，任由对方处于险境，这显然不符合我国的传统伦理道德观念。

第三，损害法益的程度。根据以下情节，应当认定本案被告人陈某某的醉酒驾驶行为对合法权益的损害程度较小：其一，被告人驾驶汽车证照齐全，不存在无证无照等情形；其二，醉酒驾驶的道路为农村道路，而非高速公路、城市快速道路或者城市闹区路段，且行驶距离较短，实测距离为2~3公里；其三，醉酒驾驶的时间为深夜11时许，路上基本没有车辆行人，并非交通高峰期；其四，未发生交通事故。

综合以上分析，被告人陈某某醉酒驾驶机动车，将面临生命危险且医疗救护资源无法及时到达的妻子，深夜从偏僻乡村送至医院的行为，客观上保护的生命权法益大于危险驾驶罪所保护的一般公共安全，没有超过必要限度造成不应有的损害，符合刑法中紧急避险的构成要件，应当认定为紧急避险。

【思考题】

送亲友就医能否成为出罪事由（违法阻却事由或者责任阻却事由）?

案例四　邢某某等以危险方法危害公共安全案[1]

【基本案情】

2018年5月2日23时许，被告人许某某与其女友邱某等人在烧烤广场吃饭期间，因猜拳、唱歌过于吵闹，与隔壁套间吃饭的三名女子梁某、李某某、乔某某发生争执，其间邱某被对方踹了一脚。许某某从烧烤广场厨房操作台上拿了一把杀鱼刀伺机报复，被服务人员制止。许某某随即打电话纠集被告人王某某、李佳某、姚某某等人过来帮忙，然后又从自己的轿车上取出一把水果刀，被同行人员夺下。同在此地吃饭的被告人邢某某看到同村的梁某等三名女子可能要吃亏，在已经大量饮酒的情况下，驾驶停在路边未熄火的轿车拉着梁某、乔某某、李某某三人驶离。许某某随即指使王某某、姚某某分别驾车由西向东高速追赶。双方来回变换车道追逐竞驶。当双方车辆追逐至交叉口时，为了避让一辆二轮电动车，邢某某驾驶的轿车因车速过快而失控，将绿化带内的路灯杆撞倒后冲向非机动车道，造成两名同乘人员以及两名路边行人当场死亡。另查明，该条道路限速40km/h，设置有明显限速标志。事发时，邢某某驾驶轿车的车速为127km/h，王某某驾驶车速为115km/h，姚某某驾驶车速为68km/h；邢某某血液中乙醇含量为124.4mg/100ml。

法院认为，被告人邢某某等以危险方法危害公共安全，致四人死亡、二人受伤，其行为均构成以危险方法危害公共安全罪，系共同犯罪，均应依法惩处。

【主要法律问题】

被告人邢某某的行为是否成立紧急避险?

【主要法律依据】

《中华人民共和国刑法》

第21条　为了使国家、公共利益、本人或者他人的人身、财产和其他权利免受正在发生的危险，不得已采取的紧急避险行为，造成损害的，不负刑事责任。

紧急避险超过必要限度造成不应有的损害的，应当负刑事责任，但是应当减轻或者免除处罚。

---

[1] 案例来源：(2019) 豫刑终412号。

第一款中关于避免本人危险的规定，不适用于职务上、业务上负有特殊责任的人。

第 25 条第 1 款　共同犯罪是指二人以上共同故意犯罪。

第 115 条第 1 款　放火、决水、爆炸以及投放毒害性、放射性、传染病病原体等物质或者以其他危险方法致人重伤、死亡或者使公私财产遭受重大损失的，处十年以上有期徒刑、无期徒刑或者死刑。

【理论分析】

1. 观点争议

在本案的审理过程中，关于被告人邢某某的行为是否成立紧急避险的问题存在较大争议。一种意见认为，邢某某是为了避免梁某等三名女子即将面临的人身危险才不得已选择酒后开车的，因而属于紧急避险；另一种意见则认为，邢某某醉酒驾车时不存在正在发生的现实、紧迫危险，因而不成立紧急避险。

2. 分析结论

本案被告人邢某某的行为可以细分为两个阶段的具体行为：第一个阶段的行为是为了避免同村的梁某等三名女子吃亏，在已经大量饮酒的情况下驾车带她们离开的纯粹的醉酒驾驶行为；第二个阶段的行为是为了躲避对方的追逐拦截，在县城道路上高速竞驶以致造成危害后果的以危险方法危害公共安全行为。在刑法理论上，这种根据阶段性的发展阶段将针对同一法益的犯罪设计为多个犯罪类型的情形，称为发展犯，是吸收犯的一种类型。[1] 按照吸收犯的处断原则，仅以吸收之罪论处，本案应当认定为以危险方法危害公共安全罪。然而，为了准确判断本案被告人是否成立紧急避险，下文分别就两个行为进行考察。

（1）对纯粹醉酒驾驶行为的评价。

在本案中，被告人邢某某同村的梁某等三名女子与被告人许某某等人发生争执，后者先从厨房操作台上拿了一把杀鱼刀伺机报复，被服务员制止后立即打电话纠集数名同伙过来帮忙，然后又从自己的轿车上取出一把水果刀，被同行人员夺下。邢某某见状担心同村女孩们吃亏，于是醉酒驾驶汽车带她们离开。

对于第一阶段的纯粹醉酒驾驶行为，法院指出“邢某某驾车离开烧烤广场时，许某某手中刀子已被人夺下，梁某等三名女子并未面临正在发生的现实、紧迫危险，邢某某却在醉酒的情况下未经乔某许可擅自驾驶乔某的车辆带着梁某等人离开，不能认定紧急避险”。由此可见，法院否定该行为成立紧急避险的根据是行为时不存在正在发生的现实危险，即不满足紧急避险成立的起因条件和时间条件。对于这一判断，本书持不同意见。虽然被告人许某某手中的刀具被夺走，但是以下三个事实足以证明现实

[1] 张明楷. 刑法学（上）（第五版）[M]. 北京：法律出版社，2016：480.

的危险正在发生：第一，从意图使用的工具上看，被告人许某某选择杀鱼刀和水果刀而不是使用拳头或者板凳等，这证明其主观上具有给被害人造成较重的人身伤害的意图；第二，在第一次被夺走杀鱼刀以后，被告人许某某不仅立即打电话纠集多人赶来帮忙，而且又从其轿车中第二次取刀，这证明其伤害意图特别坚定，并没有因为第一次被夺刀而放弃，也没有因为叫来同伙而满足；第三，被告人许某某在争执发生后立即公开打电话纠集多名同伙，而且被告人邢某某等人是在对方同伙赶到以后离开的，这证明梁某等三名女子即将受到多人威胁。

作为结论，本书也认为此时纯粹的醉酒驾驶行为不成立紧急避险，根本原因在于不满足“不得已”的限制条件。如前所述，作为紧急避险成立的限制条件，“不得已”要求在现实的危险正在发生时没有其他合理的方法能够排除危险。在本案中，根据当时的客观环境，应当认为被告人邢某某完全可以打电话报警，通过公力救济帮助梁某等三名女子摆脱危险。换言之，虽然存在现实的危险，但是危险的紧迫性尚未达到足以使其他救济方法失效的程度。这里需要注意的是，对于“不得已”应当采取客观判断，不能以醉酒导致被告人邢某某的判断能力下降为由，根据其主观状况来认定“不得已”。

（2）对以危险方法危害公共安全行为的评价。

在本案中，处于醉酒状态的被告人邢某某发现自己被两辆车追撵后，在城区限速40km/h的道路上高速行驶，与对方车辆来回变道、追逐竞驶，事发时车速度高达127km/h；事故发生前，被害人驾驶电动车行驶在前，可能撞上被害人这一危险本身就是邢某某醉酒高速驾驶所造成的（自招危险）；车祸最终造成四人死亡、二人受伤、公共设施被毁的严重后果。对于醉酒高速驾车会危及公共安全并造成车祸的情况，被告人邢某某存在明知并且持放任态度。所以，应当认为被告人邢某某的行为符合以危险方法危害公共安全罪的构成要件。

由以上主客观事实可知，被告人邢某某的行为不满足紧急避险的以下成立条件：①不满足对象条件，因为其行为所指向的是他人的生命权和健康权；②不满足限度条件，因为其行为造成四人死亡、二人受伤的严重后果；③不满足限制条件，因为根据当时的客观情况，被告人邢某某同样可以通过报警的方式消除其面临的危险。

【思考题】

犯罪中的对立方能否构成共同犯罪？

CHAPTER 4 第四章

修正的犯罪构成

本章知识要点

（1）故意犯罪的停止形态案例；（2）共同犯罪案例。修正的犯罪构成（也称为特殊形态的犯罪构成），与前文所述基本的犯罪构成相对，是指以基本的犯罪构成为前提，适应犯罪行为的不同形态，对基本的犯罪构成加以某些修改或变更的犯罪构成。修正的犯罪构成理论是为了解决以实行既遂犯为中心的犯罪构成观所引发的犯罪构成内涵狭窄性与犯罪形态多样性之间的矛盾而构建的。本章将对修正的犯罪构成，即预备犯、未遂犯、中止犯等未完成形态的犯罪构成以及共同犯罪的犯罪构成展开讨论分析。

第一节　故意犯罪的停止形态

本节通过分析案例并结合相关法律，对故意犯罪停止形态存在的范围、既遂形态、预备形态、未遂形态以及中止形态等进行讲解，明确故意犯罪的停止形态在我国司法实践中的适用。

案例一　王某某、邵某某抢劫、故意杀人案[1]

【基本案情】

2002 年 6 月 6 日，被告人王某某主谋并纠集被告人邵某某预谋实施抢劫。当日 10 时许，二人携带事先准备好的橡胶锤、绳子等作案工具，骗租杨某某（女，29 岁）驾驶的松花江牌小型客车。当车行至某村路段时，经王某某示意，邵某某用橡胶锤猛击

[1] 案例来源：最高人民法院指导案例第 242 号。

杨某某头部数下，王某某用手猛掐杨某某的颈部，致杨某某昏迷。二人抢得杨某某驾驶的汽车及诺基亚牌 8210 型移动电话机 1 部、寻呼机 1 个等物品，共计价值人民币 42 000 元。王某某与邵某某见被害人杨某某昏迷不醒，遂谋划用挖坑掩埋的方法将杨某某灭口。杨某某佯装昏迷，趁王某某寻找作案工具、不在现场之机，哀求邵某某放其逃走。邵某某同意掩埋杨某某时挖浅坑、少埋土，并告知掩埋时将杨某某的脸朝下。王某某返回后，邵某某未将杨某某已清醒的情况告诉王某某。当日 23 时许，二人将杨某某运至土水渠处。邵某某挖了一个浅坑，并向王某某称其一人埋即可，便按与杨某某的事先约定将杨某某掩埋。王某某、邵某某离开后，杨某某爬出土坑获救。经鉴定，杨某某所受损伤为轻伤（上限）。

法院认为：被告人王某某、邵某某以非法占有为目的，使用暴力抢劫他人财物，均已构成抢劫罪；二人在结伙抢劫致被害人受伤后，为了灭口共同实施了将被害人掩埋的行为，均已构成故意杀人罪。二人虽然杀人未遂，但王某某所犯罪行情节严重，社会危害性极大，不足以从轻处罚。考虑到邵某某在故意杀人过程中的具体作用等情节，对其所犯故意杀人罪酌予从轻处罚。二人均系累犯，应当从重处罚。故判决：被告人王某某犯故意杀人罪，判处死刑，剥夺政治权利终身；犯抢劫罪，判处无期徒刑，剥夺政治权利终身，并处没收个人全部财产；决定执行死刑，剥夺政治权利终身，并处没收个人全部财产。被告人邵某某犯故意杀人罪，判处无期徒刑，剥夺政治权利终身；犯抢劫罪，判处有期徒刑十五年，剥夺政治权利三年，并处罚金人民币三万元；决定执行无期徒刑，剥夺政治权利终身，并处罚金人民币三万元。

一审宣判后，王某某不服，提出上诉。法院经二审审理认为：原审被告人邵某某的行为构成故意杀人罪的犯罪中止，应对其减轻处罚，故改判邵某某犯故意杀人罪，判处有期徒刑七年，剥夺政治权利一年；犯抢劫罪，判处有期徒刑十五年，剥夺政治权利三年，并处罚金人民币三万元；决定执行有期徒刑二十年，剥夺政治权利四年，并处罚金人民币三万元；驳回王某某的上诉，维持原判。

【主要法律问题】

邵某某的行为构成犯罪中止还是犯罪未遂？

【主要法律依据】

《中华人民共和国刑法》

第 23 条　已经着手实行犯罪，由于犯罪分子意志以外的原因而未得逞的，是犯罪未遂。

对于未遂犯，可以比照既遂犯从轻或者减轻处罚。

第 24 条　在犯罪过程中，自动放弃犯罪或者自动有效地防止犯罪结果发生的，是犯罪中止。

对于中止犯，没有造成损害的，应当免除处罚；造成损害的，应当减轻处罚。

【理论分析】

1. 故意犯罪停止形态的概述

故意犯罪的停止形态，是指故意犯罪在其产生、发展和完成的过程及阶段中，因主客观原因而停止下来的各种犯罪状态。故意犯罪的停止形态，按其停止下来时犯罪是否已经完成为标准，可以区分为两种基本类型：一是犯罪的完成形态，即犯罪的既遂形态，是指故意犯罪在其发展过程中未在中途停止下来而得以进行到终点，行为人完成了犯罪的情形。二是犯罪的未完成形态，即故意犯罪在其发展过程中居于中途而停止下来，犯罪未进行到终点，行为人没有完成犯罪的情形。在犯罪的未完成形态这一类型中，又可以根据犯罪停止下来的原因或其距离犯罪完成的远近等情况的不同，进一步再区分为犯罪的预备形态、未遂形态和中止形态。

（1）犯罪停止形态存在的范围。

第一，过失犯罪不存在犯罪的这些停止形态。过失犯罪由于行为人主观上具备的不是故意危害社会的心理而是过失致害于社会的心理，我国刑法又限定对过失危害行为而言基本上是只有发生危害结果且分则条文有明文规定的才构成犯罪，因而过失犯罪不可能存在犯罪的预备、未遂和中止形态。过失危害行为在这些未完成犯罪的形态中不具备法定的危害结果。因此，过失犯罪只有是否成立即是否构成犯罪的问题，而不存在犯罪的预备形态、未遂形态、中止形态和既遂形态。

第二，间接故意犯罪不存在犯罪的这些停止形态。间接故意犯罪由其主客观特征所决定，不可能存在未完成犯罪的预备、未遂和中止这些犯罪停止形态。先从主观方面分析：间接故意犯罪主观要件的特点，表现为对自己行为所可能造成的一定危害结果的发生与否持“放任”的心理态度，即听之任之、发生与否都可以的心理态度。这样，行为人所放任的危害结果未发生时，这种结局也就是行为人放任心理所包含的，谈不上对完成特定犯罪的追求和追求的实现与否。而犯罪的预备、未遂和中止形态的行为人，原本都存在着实施和完成特定犯罪的犯罪意志与追求心理。之所以在未完成犯罪时停止下来，对犯罪的预备形态和未遂形态而言是因为受到行为人意志以外原因的阻止，对犯罪的中止形态而言是因为行为人自动放弃了原先完成特定犯罪的意图。由此可见，间接故意犯罪主观上的放任心理并不符合犯罪未完成形态的主观特征。再从客观方面考察：犯罪未完成形态在客观方面表现为，行为人开始犯罪的预备行为或者着手实行犯罪行为之后，由于行为人受到完成犯罪的意志以外原因的阻止或者行为人自动放弃犯罪，而使犯罪停止在未完成的状态下。间接故意犯罪由其主观“放任”心理的支配，而在客观方面不可能存在未完成特定犯罪的状态，因为客观上出现的此种状态或彼种结局都是符合其放任心理的。由于间接故意犯罪不存在犯罪的未完成形态，也就失去了存在与未完成形态相对而言的完成形态即既遂的意义与可能。

第三，直接故意犯罪并非都存在犯罪的这些停止形态。从罪种方面分析，一是着手实行即告完成犯罪的举动犯（如我国刑法中的煽动分裂国家罪），不可能存在犯罪未遂；二是我国刑法中把“情节严重”“情节恶劣”规定为构成犯罪限制性要件的情节犯，不可能存在犯罪未遂；三是结果加重犯，不存在犯罪既遂与未遂之分，只有是否成立加重构成犯之分。此外，突发性的直接故意犯罪案件往往也不可能存在犯罪的预备形态以及犯罪预备阶段的中止形态，而只可能存在犯罪未遂、犯罪实行阶段的犯罪中止以及犯罪既遂形态。

（2）犯罪既遂形态。

犯罪既遂是故意犯罪的完成形态。对于犯罪既遂的概念，纵观中外刑法理论中关于犯罪既遂的解释，大体上可以区分为三种主张：一是“结果说”，主张犯罪既遂是指故意实施犯罪行为并且造成了法律规定的犯罪结果的情况。二是“目的说”，认为犯罪既遂是指行为人故意实施犯罪行为并达到了其犯罪目的的情况。三是“构成要件说”，主张犯罪既遂是指着手实行的犯罪行为具备了具体犯罪构成要件全部要素的情况。“构成要件说”是中外刑法理论中关于犯罪既遂以及既遂与未遂区分的通行观点。

犯罪既遂形态的类型有四种，分别是：①结果犯，指不仅要实施具体犯罪构成客观要件的行为，而且必须发生法定的犯罪结果才构成既遂的犯罪，例如故意杀人罪、抢劫罪、诈骗罪等。②行为犯，指以法定犯罪行为的完成作为既遂标志的犯罪，如强奸罪、传播性病罪等。③危险犯，指以行为人实施的危害行为造成法律规定的发生某种危害结果的危险状态作为既遂标志的犯罪，如放火罪、爆炸罪等。④举动犯，指按照法律规定，行为人一着手实行犯罪行为即告犯罪完成，完全符合犯罪的构成要件，从而构成既遂的犯罪，如组织、领导、参加黑社会性质组织罪及传授犯罪方法罪。

（3）犯罪预备形态。

犯罪预备形态是故意犯罪过程中未完成犯罪的一种停止状态，指行为人为实施犯罪而开始创造条件的行为，由于行为人意志以外的原因而未能着手犯罪实行行为的犯罪停止形态。犯罪预备的客观特征有两层含义：一是行为人已经开始实施犯罪的预备行为，就是为犯罪的实行和完成创造便利条件的行为。二是行为人尚未着手犯罪的实行行为，犯罪活动在具体犯罪实行行为着手以前停止下来。犯罪预备的主观特征有两个：一是行为人进行犯罪预备活动的意图和目的，是为了顺利地着手实施和完成犯罪。二是犯罪在实行行为尚未着手时停止下来，是由于行为人意志以外的原因。

（4）犯罪未遂形态。

《刑法》第 23 条第 1 款规定：“已经着手实行犯罪，由于犯罪分子意志以外的原因而未得逞的，是犯罪未遂。”我国刑法中的犯罪未遂形态具有以下三个特征：①行为人已经着手实行犯罪；②犯罪未完成而停止下来；③犯罪停止在未完成形态是犯罪分子意志以外的原因所致。前两者侧重于揭示犯罪未遂的客观方面，最后一个侧重于揭示犯罪未遂的主观方面。符合上述三个特征的行为人，即为未遂犯。

认定犯罪未完成这一特征时，有必要明确以下几点：①所谓犯罪未完成，即具体犯罪构成要件不完备，是指具体犯罪构成所包含的作为犯罪完成标志的客观要件尚不完备，而不是说没能发生任何具体的危害结果。例如，故意杀人罪里的犯罪未完成即犯罪构成要件的不完备，是指未发生被害人死亡的结果，而不是指未给犯罪对象造成任何危害结果。②犯罪的完成即具体犯罪构成要件的完备，在时间上没有任何长短的要求，只要一完备构成要件就意味着犯罪完成和犯罪既遂。③犯罪既遂是犯罪完成的标志，犯罪既遂后绝不可能再出现犯罪未完成的停止形态。

犯罪未遂与犯罪预备的区分。行为人已经着手实行犯罪，指行为人已经开始实施刑法分则规范里具体犯罪构成要件中的犯罪行为。这是犯罪未遂形态必须具备的特征之一，也是犯罪未遂形态与犯罪预备形态相区别的主要标志。犯罪未遂和犯罪预备都是由于行为人意志以外的原因而被迫停止继续实施犯罪，二者区别的关键就在于着手实行犯罪与否。认定着手实行犯罪与否，可以借助犯罪预备行为，从犯罪预备行为与实行行为的区别来认定。按照我国刑法的规定，犯罪预备行为的本质和作用，是为刑法分则具体犯罪构成行为的实行和犯罪的完成创造便利条件和现实的可能性。而刑法分则具体犯罪构成中实行行为的本质和作用，是要直接完成犯罪，要变预备阶段存在的实行和完成犯罪的可能性为现实性。以此为标准，并结合具体犯罪和案件情况分析界定预备行为与实行行为，就可以正确认定着手实行犯罪与否，从而准确地区分犯罪预备与犯罪未遂。司法实践中和刑法理论上常存在争议的途中行为（犯罪人尚在前往犯罪地点途中的情况）、尾随行为（被告人尾随被害人伺机侵害的情况）、守候行为（被告人埋伏或等候在预定地点准备实施加害行为的情况）和寻找行为（被告人公然或秘密寻找预定的犯罪对象欲加害的情况），实际上都属于犯罪的预备行为。因为途中、尾随、守候和寻找的行为都是在为具体犯罪的实行创造便利条件，而不是具体犯罪的实行行为本身，因而应将行为人认定为预备犯而不是未遂犯。

犯罪未遂与犯罪既遂的区分。犯罪未完成而停止下来，是犯罪未遂形态区别于犯罪既遂形态的主要标志。犯罪未完成这一未遂形态的特征，在存在既遂与未遂之分的三类直接故意犯罪里有着不同的具体含义和表现形式：一类是以法定的犯罪结果没有发生作为犯罪未完成的标志，如盗窃罪未发生窃得财物的犯罪结果；另一类是以法定的犯罪行为未能完成作为犯罪未完成的标志，如实施脱逃罪的行为人在逃出监房后未能逃出监狱的警戒线；再一类是以法定的危险状态尚未具备作为犯罪未完成的标志，如行为人在油库放火，因火柴受潮而未能擦着时被捕获。

（5）犯罪中止形态。

我国刑法中的犯罪中止，是指在犯罪过程中，行为人自动放弃犯罪或者自动有效地防止犯罪结果发生，因而未完成犯罪的一种犯罪停止形态。犯罪中止形态有两种类型：自动停止犯罪的犯罪中止和自动有效地防止犯罪结果发生的犯罪中止。

对自动停止犯罪的犯罪中止，具体应从三个方面理解：其一，时空性。按照法律的规定，必须是在犯罪过程中放弃犯罪，即必须是在犯罪处于运动过程中而尚未形成任何停止状态的情况下放弃犯罪。因此，从犯罪预备行为发生开始，到形成犯罪既遂形态以前的这段时间内，如果犯罪没有被迫停止于预备形态或未遂形态，而是处于发展过程中的，才有犯罪中止成立的可能。如果犯罪已经既遂，行为人又自动恢复原状或者主动赔偿犯罪所造成的损失的，例如，盗窃犯把盗得的财物又送回原处、贪污犯主动退赔以前贪污的公款，由于其犯罪已经完成，不存在中止犯罪的时空条件，因而不属于犯罪中止而是犯罪既遂。其二，自动性。即行为人必须是自动停止犯罪，这是犯罪中止形态的本质特征。其三，彻底性。指行为人彻底放弃了原来的犯罪。这一特征意味着，行为人在主观上彻底打消了原来的犯罪意图，在客观上彻底放弃了自认为本可能继续进行的犯罪行为，从主客观统一上行为人也不打算以后再继续实施此项犯罪。暂时中断犯罪，即行为人停止犯罪是因为准备不充分或者认为时机不成熟、环境条件不利而意图等待条件适宜时再继续该项犯罪，它不具备中止犯罪彻底性的要求，因而不能认为是犯罪中止。当然，彻底停止犯罪是指行为人必须彻底放弃正在进行的某个具体的犯罪，而不是指行为人在以后任何时候都不再犯同种犯罪，更不能理解为行为人在以后的任何时候都不再犯任何犯罪。

自动有效地防止犯罪结果发生的犯罪中止，指在某些犯罪的某些特殊情况下，行为人已经着手实行的犯罪行为可能造成但尚未造成犯罪既遂所要求的犯罪结果，在这种情况下成立的犯罪中止。这种特殊类型的犯罪中止，除必须具备时空性、自动性、彻底性三个特征，同时还要求具备“有效性”特征，即行为人还必须有效地防止他已实施的犯罪发生法定的犯罪结果，使犯罪未达既遂状态而停止下来。如果行为人虽然积极采取了防止既遂结果发生的措施，但实际上未能阻止既遂结果的发生，或者该犯罪结果未发生是由于其他原因所致，则不能认定行为人成立犯罪中止，而应认定为犯罪既遂或犯罪未遂。

对自动放弃可能重复的侵害行为的定性。自动放弃可能重复的侵害行为，是指行为人实施了足以造成既遂危害结果的第一次侵害行为，由于其意志以外的原因而未发生既遂的危害结果，在当时有继续重复实施侵害行为的实际可能时，行为人自动放弃了实施重复侵害行为，因而使既遂的危害结果没有发生的情况。自动放弃可能重复的侵害行为的性质是犯罪中止而不是犯罪未遂，主要理由是：其一，行为人对可能重复的侵害行为的放弃，是发生在犯罪实行未了的过程中，而不是发生在犯罪行为已被迫停止的未遂形态。行为是否实行终了，不仅要看行为人客观上是否实施了足以造成犯罪结果的犯罪行为，还要看行为人是否自认为已经完成了犯罪所必要的全部行为。其二，行为人放弃可能重复的侵害行为是自动的，而不是被迫的。以用枪杀人为例，行为人意志以外的原因仅仅导致第一枪未能射中而不是阻止了整个犯罪活动的继续进行，在客观上可以继续犯罪且主观上对继续犯罪有控制力和认识的情况下，出于其本意放弃了本来可以继续实施的犯罪行为，表现出放弃犯罪的自动性。其三，由于行为人对可能重复的侵害行为自动而彻底的放弃，使犯罪结果没有发生，犯罪未达既遂形态。

犯罪未遂和犯罪中止都是没有完成犯罪的行为状态，二者在以下四个方面均有所不同：

第一，犯罪未遂与犯罪中止的根本区别在于未能完成犯罪的原因不同。在犯罪未遂中，犯罪未能得逞是由于行为人意志以外的原因，犯罪的实际结果违背行为人的本意，即欲为而不能为。被认定为犯罪分子意志以外的原因大致可以分为三类：①犯罪分子本人以外的原因，包括被害人、第三者、自然力、物质障碍、环境时机等方面对完成犯罪具有不利影响的因素；②行为人自身方面对完成犯罪有不利影响的因素，如其能力、力量、身体状况、常识技巧等的缺乏或不佳；③行为人主观上对犯罪对象情况、犯罪工具性能以及犯罪结果是否已发生或必然发生等的错误认识。此外，犯罪分子“意志以外的原因”还应该是足以阻止其犯罪意志的原因，这是对“意志以外的原因”“量”的要求的揭示。具体而言就是必须达到足以阻止犯罪意志和犯罪活动完成的程度。如果行为人明知自己遇到的是显然不足以阻止犯罪完成的不利因素，如强奸犯罪中遇到被害人怀孕或月经来潮，抢劫、强奸等暴力犯罪中发现被害人是熟人，或者在暴力犯罪中被害人有轻微的挣扎、反抗，行为人在此情况下放弃犯罪的完成，就不能将这种不利因素认定为犯罪未遂特征中犯罪分子“意志以外的原因”。

在犯罪中止中，行为人出于自己的意志而主动放弃当时可以继续实施和完成的犯罪，即能为而不为。对犯罪中止的自动性应当有两层含义：其一，行为人自认为当时可以继续实施与完成犯罪，这是成立自动性的前提条件。当然，行为人的这种确信，应当有当时一定的主客观条件为根据，而不能是没有任何根据的臆想。一方面，只要行为人自认为当时有条件将犯罪进行到底，即使在他人看来不可能继续进行和完成犯罪，或者虽然客观上犯罪已不能再继续实施和完成，但行为人确实不了解这种客观情况，就都不影响行为人停止犯罪之自动性的成立。另一方面，虽然犯罪在客观上尚可继续实施与完成，但行为人却误认为犯罪已不可能进行，这种情况下则不可能成立停止犯罪的自动性，行为人此时基于错误认识停止犯罪是被迫的而不是自动的。其二，行为人出于本人意志而停止犯罪。对行为人自动中止犯罪的动机应作广义的、辩证的理解，而不能只限于真诚彻底悔罪，可以包括主客观诸方面多种多样的因素。有的是由于他人的规劝、教育或者斥责，思想起了变化；有的是慑于法治的威严和法网难逃，惧怕日后罪行暴露受到惩罚；有的是遇到了对完成犯罪有轻微不利的客观因素。这些因素的不同，并不影响犯罪中止的成立。

第二，发生的时间不同。犯罪未遂发生在已经着手实施犯罪以后，犯罪预备阶段不存在犯罪未遂。犯罪中止则要求必须在犯罪过程中放弃犯罪，即在实施犯罪预备或者在着手实施犯罪以后，达到既遂以前放弃犯罪，均能构成犯罪中止。

第三，行为结果不同。犯罪未遂的结果是犯罪未得逞，是指行为人没有完成某一犯罪的全部构成要件，并不等于不发生任何损害结果。犯罪中止要求行为人必须彻底地放弃犯罪。自动有效地防止犯罪结果发生的犯罪中止还要求行为人必须有效地防止他已经实施的犯罪行为之法定犯罪结果的发生。

第四，刑事责任不同。根据我国刑法的规定，对于未遂犯，可以比照既遂犯从轻或者减轻处罚。对于中止犯，没有造成损害的，应当免除处罚；造成损害的，应当减轻处罚。对中止犯的处罚轻于未遂犯，其目的是鼓励犯罪分子不要把犯罪行为进行下去，从而有效地保护国家和人民的利益免遭犯罪的侵害。

2. 对本案的分析

本案被告人王某某与邵某某预谋抢劫后杀人灭口，在犯罪过程中，二人将被害人打昏并决定采用挖坑掩埋的方法杀人灭口。被害人苏醒后，乘王某某不在现场，哀求邵某某留其性命，并要求邵某某挖浅坑、少埋土。邵某某同意，因惧怕王某某，邵某某要求被害人与其配合。为了掩埋时不堵住被害人的口鼻，让被害人能够呼吸，以便事后逃走，邵某某又告诉被害人掩埋时会将其身体翻转为面朝下的姿势。王某某回到现场后，被害人继续佯装昏迷，邵某某未将被害人已经苏醒的情况告诉王某某，并挖了一个深30厘米的浅坑，并向王某某提出自己埋人即可，后一人将被害人脸朝下、手垫在脸部埋进坑里。被害人在二人离开后，爬出土坑获救。

根据以上情节可以看出，在当时的环境、条件下，邵某某能够完成犯罪，但其从主观上自动、彻底地打消了原有的杀人灭口的犯罪意图。因惧怕王某某，邵某某未敢当场放被害人逃跑，而是采取浅埋等方法给被害人制造逃脱的机会，其在客观上也未行使致被害人死亡的行为。邵某某主观意志的变化及所采取的措施与被害人未死亡而得以逃脱有直接的因果关系，邵某某有效地防止了犯罪结果的发生，其行为属于自动有效防止犯罪结果发生的犯罪中止。邵某某在犯罪开始时曾用橡胶锤将被害人打昏，给被害人的身体已经造成损害。根据我国刑法的规定，对于中止犯，造成损害的，应当减轻处罚，故对邵某某减轻处罚是正确的。相比之下，王某某所犯故意杀人罪的犯罪形态显然有所不同。王某某杀人灭口意志坚定，其主观故意自始至终未发生变化，被害人未死逃脱完全是其意志以外的原因造成的，王某某构成故意杀人罪犯罪行为实行终了的未遂。

需要说明的是，构成共同犯罪，各行为人在主观方面必须具有共同的犯罪故意，在客观方面实施了共同的犯罪行为。但这并不等于说各行为人在共同犯罪中的犯罪形态就必然是一致的。正如共同犯罪中各行为人的地位、作用会有所不同，共同犯罪中各行为人对犯罪后果的心态也可能有所不同。这种差异既可能发生在犯意形成的初始阶段，也可能发生在犯罪实施过程中。例如本案，王某某与邵某某在共同抢劫行为实施终了后，又预谋共同杀人灭口。但在实施共同杀人行为过程中，因被害人的哀求，邵某某的主观心态发生了变化，决定放弃杀死被害人，并采取了相应的措施，有效地避免了犯罪结果发生。而王某某仍继续实施杀人行为，并最终误以为犯罪目的已经实现。因此，王某某和邵某某在共同故意杀人犯罪中各自表现为不同的犯罪形态。一审法院未能准确区分共同犯罪中不同的犯罪形态，其错误的成因值得注意。

由于犯罪形态的不同，就共同的故意杀人罪而言，王某某和邵某某所应承担的刑事责任依法亦应有所不同。《刑法》第23条第2款规定："对于未遂犯，可以比照既遂犯从轻或者减轻处罚。"《刑法》第24条第2款规定："对于中止犯，没有造成损害的，应当免除处罚；造成损害的，应当减轻处罚。”法律对未遂犯和中止犯分别规定了不同的处罚原则，对前者是“得减原则”，对后者则是“必减原则”。所谓“必减原则”，就是无论何种情由，都必须依法给予从宽处罚，不允许有例外。就本案而言，二审对邵某某的处罚，就准确地体现了《刑法》第24条的规定。所谓“得减原则”，是指可以从宽处罚，也可以不从宽处罚。根据立法精神、刑事政策和司法实践，应当是指除个别特殊情形外，原则上应予以从宽处罚。与“必减原则”相比较，审判实践中，较难把握的是“得减原则”，尤其是何谓可以不予从宽处罚的个别“特殊情形”。由于犯罪情形的多样性和复杂性，要给出一个普遍适用的标准显然不大可能，只能就个罪或个犯的具体情况而论。就本案故意杀人这样的结果犯而言，判断的标准除主观恶性程度外，犯罪所造成的实际后果大小，与法定后果的程度差异以及原因等，也是必须予以考虑的。例如，虽然杀人未遂，但手段残忍致人重伤或者严重残疾的，就可以成为不予从宽处罚的理由。总之，对法律规定可以从轻或减轻处罚而决定不予从轻或减轻处罚的，一定要审慎把握，应当贯彻罪责刑相适应原则。

【思考题】

犯罪中止中的“损害”如何认定？

案例二　李某某抢劫、故意杀人案❶

【基本案情】

2008年6月上旬，被告人李某某因急需用钱而预谋对其认识的被害人潘某某（女，时年20岁）实施抢劫后杀人灭口。2008年6月19日20时许，李某某在县城租用小轿车，携带作案工具绳子、锄头等，以一同出玩为由将潘某某骗上车。李某某驾车行驶，伺机寻找抢劫地点。20日凌晨，在某乡大桥附近，李某某停车，用绳子将潘某某绑在座位上，抢走潘某某提包内的现金人民币130余元及白色奥克斯859型手机一部（价值990元）、农业银行金穗卡一张，并逼迫潘某某说出金穗卡密码。20日4时许，李某某用绳子猛勒潘某某的脖子致其昏迷，并用绳子将潘某某的手脚捆绑后扔到汽车后备箱。李某某在回城途中发觉潘某某未死遂打开后备箱，先用石头砸潘某某的头部，后用随身携带的小剪刀刺潘某某的喉部和手臂，致潘某某再次昏迷。20日6时许，李某某恐潘某某未死，购买了一把水果刀，并将车开到道路旁的汽车训练场准备杀害潘某某。苏醒后的潘某某挣脱绳索，乘李某某上厕所之机，打开汽车后备箱逃至公路上向过路行人曾某某呼救，曾某某用手机报警。李某某见状即追赶潘某某，并用水果刀捅刺潘某某的腹部，因潘某某抵挡且衣服较厚致刀柄折断而未能得逞。李某某遂以“你

❶ 案例来源：最高人民法院指导案例第611号。

的命真大，这样做都弄不死你，我送你去医院”为由劝潘某某上车。潘某某上车后李某某又殴打潘某某。当车行驶到公园门口时，李某某开车往公路方向行驶，潘某某在一加油站旁从车上跳下向路人呼救。李某某大声说“孩子没了不要紧，我们还年轻，我带你去医院”以搪塞路人，并再次将潘某某劝上车。李某某威胁潘某某不能报警，否则继续杀她，潘某某答应后，李某某遂送潘某某去医院。途中，潘某某要回了被抢的手机、银行卡等物，并打电话叫朋友赶到医院。20日8时许，李某某将潘某某送入医院治疗，并借钱支付了医疗费4000元。经鉴定，潘某某的伤情程度为轻伤。

法院经审理认为：被告人李某某以非法占有为目的，以暴力手段强行劫取他人财物，且实施抢劫后为了灭口，故意非法剥夺他人生命，其行为已构成抢劫罪和故意杀人罪，应依法数罪并罚。(1) 李某某在实施故意杀人犯罪的过程中由于意志以外的原因而未得逞，是犯罪未遂，可以比照既遂犯从轻或者减轻处罚。对于被告人的辩解及其辩护人的辩护意见，经查：李某某在主观上并没有自动放弃杀人的故意，而是在客观上已是白天，路上行人多，潘某某有反抗能力，李某某担心路人已报警、罪行已败露的情况下，被迫停止犯罪，属于犯罪未遂。(2) 李某某因急需用钱预谋对潘某某实施抢劫并杀人灭口。李某某在劫取潘某某的财物后，怕罪行败露而实施了一系列的杀人灭口行为，虽因其意志以外的原因而未得逞，但已致潘某某轻伤，犯罪情节极为恶劣，社会危害极大，因此，不宜减轻或免除处罚。鉴于李某某故意杀人未遂，能送潘某某到医院治疗，并支付了医疗费4000元，可以对李某某从轻处罚。(3) 李某某系初犯，缴纳了罚金，认罪态度较好，且将被抢赃物归还被害人，对其所犯抢劫罪亦可酌情从轻处罚。据此，法院判决如下：被告人李某某犯抢劫罪，判处有期徒刑六年，并处罚金人民币2000元；犯故意杀人罪（未遂），判处有期徒刑十年，剥夺政治权利二年；决定执行有期徒刑十四年，剥夺政治权利二年，并处罚金人民币2000元。宣判后，在法定期间内，被告人李某某没有上诉，检察机关也没有抗诉。

【主要法律问题】

对既具有自动性又具有被迫性的放弃重复侵害行为，能否认定为犯罪中止？

【主要法律依据】

《中华人民共和国刑法》

第23条　已经着手实行犯罪，由于犯罪分子意志以外的原因而未得逞的，是犯罪未遂。

对于未遂犯，可以比照既遂犯从轻或者减轻处罚。

第24条　在犯罪过程中，自动放弃犯罪或者自动有效地防止犯罪结果发生的，是犯罪中止。

对于中止犯，没有造成损害的，应当免除处罚；造成损害的，应当减轻处罚。

【理论分析】

本案在审理过程中，对如何认定被告人故意杀人犯罪行为的停止形态存在两种意见：

第一种意见认为是犯罪未遂。理由是：被告人在主观上并没有自动放弃杀人的故意，而是在客观上已是白天，路上行人多，被害人有反抗能力，被告人是在担心路人已报警、罪行已败露的心态下，被迫停止犯罪的。因此，被告人是因为意志以外的原因而未达到杀人灭口的目的，应认定为犯罪未遂。第二种意见认为是犯罪中止。理由是：被告人在实施故意杀人犯罪的过程中虽然已是白天，过往行人较多，且被告人以不能报警相威胁，但被害人仍在被告人的掌控中，被告人完全可以继续实施和完成故意杀人的犯罪，而被告人却将被害人送到医院治疗，途中还将所抢手机、身份证、农行卡归还被害人，到医院后又借钱为被害人存入了4000元医疗费。被告人是在实施故意杀人的犯罪过程中自动放弃犯罪的，应认定为犯罪中止。

犯罪中止和犯罪未遂，一般比较容易区分。犯罪中止是指在犯罪过程中，行为人自动放弃犯罪或者自动有效地防止犯罪结果的发生，属于未完成犯罪中的一种犯罪停止形态。犯罪未遂是指行为人已经着手实行犯罪，由于犯罪分子意志以外的原因而未得逞的一种犯罪停止形态。区分犯罪中止和犯罪未遂的界限关键要看阻止犯罪达成既遂状态的是“犯罪分子意志以内的原因”还是“犯罪分子意志以外的原因”，也就是犯罪分子未完成犯罪是具有“自动性”还是“被迫性”。犯罪中止体现为“自动性”，是行为人能为而不愿为，即理论界所谓的“能而不欲”；犯罪未遂体现为“被迫性”，是行为人愿为而不能为，即理论界所谓的“欲而不能”。但是，在疑难案件中，究竟是“能而不欲”还是“欲而不能”，不是那么容易区分。本案就可以算是一个疑难案件，主要体现如下：

第一个是侵害行为的重复性。被告人非法控制被害人时间长达十余个小时，其中抢劫完成后开始着手实施杀人灭口行为直至最终放弃杀人行为并将被害人送入医院，时间就长达八个小时。期间，被告人多次实施了以直接追求被害人死亡为目的的侵害行为，并先后两次致被害人昏迷，被告人也曾误以为被害人已经死亡，但被害人均在封闭的汽车后备箱中苏醒并幸运地存活下来。

第二个是主观故意的反复性。被告人为了杀人灭口，先后用了绳索勒颈、石块砸头、剪刀刺喉等手段，但最终均未导致被害人死亡。之所以如此，除了可能有工具不当、条件所限、被害人身体强健等客观因素外，也应当还有被告人面对熟人不够心狠手辣或者胆小、经验不足、有所顾虑等因素。而且，被害人两次下车逃跑并向路人求救，被告人都予以追回并向被害人承诺将其送到医院救治，但在被害人上车后，被告人不是迅速送医，而是威胁甚至继续殴打被害人。由此不难看出，被告人内心是在做斗争的，杀人犯意并不是始终都那么坚决，而是出现过动摇和反复。

第三个是放弃原因的复杂性。客观地说，被告人最终放弃杀人的原因，既有被迫性，又有自动性。被迫性体现在：当时已是早晨，路上人多，被害人已经呼救并请求路人报警，且过路男子拿出了手机，看了车牌，被告人担心路人已经报警，若不放弃，罪行将会败露；被害人还具有一定的反抗能力，并随时可能下车呼救，客观上不容易继续杀死她，特别是在条件更有利时几次动手均无法杀死被害人的情况下，被告人更加没有信心了。综上，被告人在一定程度上是被迫放弃犯罪的。自动性体现在：被害人上车后，在车上仍然只是一对一，被告人如果一意孤行，就可以设法阻止被害人下车呼救，不计后果地强行开车，冲出闹市区，到偏僻地点后与被害人搏斗，并极有可能最终杀死被害人。但被告人知难而退，以求自保，在一定程度上也是自动放弃犯罪。

正是由于案件本身的疑难，特别是被告人主观故意的反复性和放弃原因的复杂性，才导致两种观点针锋相对：犯罪未遂观点侧重于被迫性方面，得出被告人被迫放弃犯罪的结论；而犯罪中止观点侧重于自动性方面，得出被告人自动放弃犯罪的结论。我们认为，面对现实中千差万别的刑事案件，要解决的根本问题其实只有两个——依法和适当的定罪、量刑。但很多疑难案件往往不是对错分明，难以明辨是非，即使是基于同一事实和证据，从不同的角度和切入点进行分析，也有可能得出完全不同却又都有充分法律依据和理论依据的结论。对于这些结论，往往无法直接作出非此即彼的抉择。因此，面对疑难案件不能过于拘泥于以往的经验和现有的理论，不能过于死板地“一刀切”，在面对两难选择时，在不违背法律本意的前提下，以最大限度地在各方面均达到更好的裁判效果为目的，用更加开阔的思路，更加充分地发挥法官的自由裁量权，把原则性与灵活性、法律效果与社会效果更好地结合起来，依法作出适当的定罪、量刑。就本案而言，原审法院侧重考虑被告人放弃犯罪的不完全自动性，以及已实施侵害行为的严重社会危害，认定被告人的故意杀人行为构成犯罪未遂，是适当的。具体分析如下：

（1）放弃重复侵害行为并不必然属于犯罪中止。

“放弃重复实施的侵害行为”的特征主要有主客观两方面的条件：一是客观上，已经实施的侵害行为未能发生预期的危害结果，而且，同时存在着继续实施犯罪行为的可能性；二是主观上，认识到可以重复继续实施自己的犯罪行为而放弃重复实施，并且行为人预期的法定结果始终没有发生。一般而言，自动放弃重复侵害行为可以认定为犯罪中止。因为行为人在客观上具备可以继续实施犯罪的条件，主观上对继续实施犯罪的可能性亦有清醒的认识，放弃本来可以继续实施的犯罪行为，表现出放弃犯罪的自觉性。然而，现实情况非常复杂，必须具体情况具体分析。如果停止犯罪完全是出于被告人的本意，放弃本来可以继续实施的犯罪行为，自然应当认定为犯罪中止。但是，如果不是完全自动地放弃重复侵害行为，而是既有自动性，也有被迫性，就应当实事求是，客观分析判断究竟是自动性为主，还是被迫性为主。如果有足够依据判定行为人停止犯罪是以被迫性为主，则可以认定犯罪停止形态为未遂。

（2）被告人放弃犯罪及救治被害人的被迫性大于自动性。

虽然被告人最后放弃犯罪并送被害人到医院治疗，但认真分析原因，不难发现被告人的被迫性大于自动性。①放弃杀人犯罪的被迫性大于自动性。被害人从汽车后备箱逃出到公路上向路人求救后，被告人驾车追赶被害人，并持水果刀捅刺被害人的腹部，因刀柄折断而未得逞后，被告人才提出送被害人到医院治疗。而被告人在将被害人劝说上车后，又殴打被害人，当车行驶到公园门口时，被告人不是往医院方向行驶，而是往公路方向行驶，被害人见状后在加油站旁从车上跳下，再次向路人呼救。此时已是早晨，路上人多，被害人具有一定的反抗能力，被告人在客观上无法继续实施杀人灭口行为，只好再次劝说被害人上车并送她到医院。且在被害人上车后，被告人又以不能报警，如果报警会杀死被害人相威胁。可见，被告人主要是基于在当时的时间、地点等客观环境下无法继续实施杀人行为的考虑才被迫无奈停止了犯罪，相比较而言，被告人主观上自动放弃的特征不明显。②救治被害人的被迫性大于自动性。被告人将被害人送医救治虽然有一定的自动性，但更多的是被迫性。被告人供称，被害人从后备箱跑到公路上呼救时，已经是白天了，路上也有很多人，当时有三四辆摩托车及一辆中巴车经过，被害人每辆车都拦，其怕有人报警，这时没有办法了，所以送被害人去医院，然后和她协商私了此事，叫她不要报警。到医院后，被告人也是在被害人朋友的要求和监督下筹集并支付医疗费的。可见，被害人是智斗歹徒，先承诺私了，待其朋友到达确保其人身安全后再报警将被告人抓获归案。被告人之所以将被害人送医救治，不仅客观上不得已，主观上也存在误解，被迫性大于自动性。

（3）本案以犯罪未遂处理能够取得较好的社会效果。

本案的公检法三机关考虑到被告人已实施侵害行为的严重社会危害，以及放弃犯罪的不完全自动性，均认定被告人的故意杀人行为构成犯罪未遂，原审法院据此对被告人李某某以故意杀人罪（未遂）判处有期徒刑十年。被告人及其辩护人虽然辩称是犯罪中止，但被告人在宣判后却没有上诉，说明其也是服判的。被害人对判决结果也是满意的。可以说，本案认定犯罪未遂，符合罪刑相当原则的要求，取得了较好的社会效果，实现了法律效果和社会效果的有机统一。

【思考题】

如何认定教唆犯的犯罪中止？

第二节　共同犯罪

本节通过分析案例并结合相关法律，对共同犯罪的成立条件，主犯、从犯、胁从犯、教唆犯的认定以及共同犯罪中的停止形态问题等进行讲解，明确共同犯罪在我国司法实践中的适用。

案例三　陈某、余某故意杀人案[1]

【基本案情】

被告人余某案发前在某鞋业有限公司务工。2005年9月29日晚，余某因怀疑同宿舍工友王某窃取其洗涤用品而与王某发生纠纷，遂打电话给也在务工的被告人陈某，要陈某前来“教训”王某。次日晚上8时许，陈某携带尖刀伙同同乡吕某（另案处理）来到某鞋业有限公司门口与余某会合，此时王某与被害人胡某及武某正从门口经过，经余某指认，陈某即上前责问并殴打胡某，余某、吕某也上前分别与武某、王某对打。其间，陈某持尖刀朝胡某的胸部、大腿等处连刺三刀，致被害人胡某左肺破裂、左股动静脉离断，急性失血性休克死亡。

检察院以被告人陈某、余某犯故意杀人罪，向人民法院提起公诉。法院认为：被告人陈某、余某因琐事纠纷而共同故意报复杀人，其行为均已构成故意杀人罪。犯罪情节特别严重，社会危害极大，应予依法惩处。依照《刑法》第232条、第25条第1款、第56条第1款、第57条第1款的规定，于2006年3月17日判决被告人陈某犯故意杀人罪，判处死刑，剥夺政治权利终身；被告人余某犯故意杀人罪，判处有期徒刑十五年，剥夺政治权利五年。

陈某、余某上诉称自己没有杀人的故意，不构成故意杀人罪。二审法院经审理于2006年8月1日作出判决，驳回上诉人陈某的上诉，维持一审判决；撤销原审判决中对上诉人余某的定罪量刑部分，改判余某犯故意伤害罪，判处有期徒刑十五年，剥夺政治权利五年。

【主要法律问题】

（1）如何认定共同犯罪中的共同故意的范围？

（2）共同故意内容不一致的可否构成共同犯罪？

（3）对过限行为造成的后果如何确定刑事责任？

【主要法律依据】

《中华人民共和国刑法》

第25条第1款　共同犯罪是指二人以上共同故意犯罪。

第232条　故意杀人的，处死刑、无期徒刑或者十年以上有期徒刑；情节较轻的，处三年以上十年以下有期徒刑。

---

[1] 案例来源：《刑事审判参考》第408号案例。

【理论分析】

1. 共同犯罪概述

共同犯罪是一种复杂的社会现象，根据我国刑法规定，它是一种特殊的故意犯罪形态。实践中，既存在大量的一人实施的单独犯罪，也存在大量的二人以上共同参与的共同犯罪。从实行犯罪的确定性、危险性各方面来看，数人参与实施的犯罪都比单独犯罪具有更高的当罚性。在数人参与实施犯罪的场合，从客观上来看，相互之间可通过功能与作用的分担，使犯罪更容易实现；从主观上来看，参与者心理上互为依托，互为支撑，可强化犯意。同时，从另一角度来看，即便某一参与者想停止实施犯罪行为，但其他参与者往往不会随之停止，仍可以将犯罪实施下去，使得整个犯罪难以停止下来。可见，与单独犯罪相比，共同犯罪往往具有更严重的社会危害性，共犯现象更有被严加取缔的必要。各国刑法分则一般以单独犯罪为原则进行罪与刑的规定，共同犯罪的有关问题主要规定在刑法总则中。

（1）共同犯罪的成立条件。我国《刑法》第 25 条规定："共同犯罪是指二人以上共同故意犯罪。二人以上共同过失犯罪，不以共同犯罪论处；应当负刑事责任的，按照他们所犯的罪分别处罚。"根据这一规定，共同犯罪是指二人以上共同故意犯罪。共同犯罪的构成除了具备故意犯罪的一般条件外，还必须具备以下条件：

第一，从共同犯罪的主体来讲，在数量上，共同犯罪必须是二人以上共同实施的。一个人单独实施犯罪，构成单独犯罪，不发生共同犯罪的问题。二人以上的形式，可以是自然人和自然人、单位和单位的结合，也可以是自然人和单位的结合。在主体资格上，二人以上必须都具有刑事责任能力。对于自然人来说，共同犯罪人必须达到刑事责任年龄、具有刑事责任能力。对于单位来说，必须是《刑法》第 30 条所规定的"公司、企业、事业单位、机关、团体"，并且其共同故意实施的是法律明文规定的单位可以成为犯罪主体的犯罪。如果一个达到刑事责任年龄、具有刑事责任能力的人和一个无刑事责任能力的人共同实施严重危害社会的行为，不构成共同犯罪。其中，如果是有刑事责任能力的人利用无刑事责任能力的人来实施犯罪，有刑事责任能力的人构成刑法理论上的间接正犯。我国《刑法》第 17 条对已满十六周岁、已满十四周岁不满十六周岁、已满十二周岁不满十四周岁的人的刑事责任作了明确规定，在认定某一行为人能否作为某一犯罪的共同犯罪主体时，应当严格按照该规定进行。

第二，共同的犯罪行为。从客观方面讲，构成共同犯罪，二人以上的犯罪主体必须有共同的犯罪行为。所谓共同的犯罪行为，是指各共同犯罪人的行为都指向同一犯罪事实，相互联系、相互配合，形成一个与犯罪结果有因果关系的有机整体。每一个犯罪人的犯罪行为，都是共同犯罪行为的有机组成部分。对共同的犯罪行为要求是：①各共同犯罪人所实施的行为必须是犯罪行为，否则不构成共同犯罪。该犯罪行为可以是根据刑法总则认定为犯罪的行为，也可以是刑法分则具体规定的行为。这些行为根据我国刑法的规定，都属于具有严重社会危害性且应当受到刑罚处罚的行为。那些情节显著轻微、危害不大，不以犯罪论处的行为，以及我国刑法规定的正当行为或者缺乏罪过的行为，如正当防卫行为、紧急避险行为、不可抗力和意外事件等，皆不可构成共同犯罪的组成部分。②共同犯罪行为可以是共同的作为、共同的不作为，也可以是作为和不作为的结合。需要注意的是，作为与不作为属于危害行为的不同表现形式，其划分标准不同于共同犯罪行为表现形式的划分。按照共同犯罪人在共同犯罪中的分工不同，共同犯罪行为分为实行行为、组织行为、教唆行为和帮助行为。共同犯罪的共同行为，可能是行为人共同实施实行行为，也可能是分工实施不同的行为，即有人实施实行行为，有人实施组织行为、教唆行为或者帮助行为，其中实行行为是共同犯罪行为的核心要素。③各共同犯罪人的行为必须指向同一犯罪目标。各共同犯罪人在共同犯罪中，可以共同实施实行行为，也可以有不同的分工，起不同的作用，但必须都指向同一犯罪目标，在该犯罪目标的联结下形成一个有机的犯罪活动整体，所有的共同犯罪人的行为都是该整体的组成部分。④当共同实施的犯罪是结果犯并发生危害结果时，每一共同犯罪人的行为与危害结果的发生都存在因果关系。共同犯罪中的因果关系，是指共同犯罪行为作为一个行为整体与危害结果之间的因果关系。共同犯罪的因果关系不同于单独犯罪的因果关系，在共同犯罪中，每个共同犯罪人的行为都是危害结果发生原因的一部分。考察共同犯罪行为因果关系，不能孤立地看某一个共同犯罪人的行为是否直接导致危害结果的发生，并以此来认定其行为的因果关系，而是应当将所有共同犯罪人的行为作为一个行为整体进行统一考察。共同犯罪因果关系中的原因，既包括共同犯罪人的实行行为，也包括共同犯罪人的组织行为、教唆行为和帮助行为，组织行为、教唆行为和帮助行为通过实行行为对共同犯罪的完成起到促进作用。

第三，须有共同的犯罪故意。共同的犯罪故意，是指各共同犯罪人通过意思联络，明知他们的共同犯罪行为会发生危害社会的结果，并且希望或者放任这种结果发生的心理态度。共同犯罪故意的认识因素和意志因素，和单独犯罪的认识因素、意志因素相比，有其特殊性。①共同犯罪故意的认识因素，包括如下内容：共同犯罪人认识到自己是在与他人互相配合共同实施犯罪；共同犯罪人认识到自己的行为性质，并且认识到共同犯罪行为的性质；共同犯罪人概括地预见到共同犯罪行为与共同危害结果之间的因果关系，即认识到自己的行为会引起的危害结果以及共同犯罪行为会引起的危害结果。②共同犯罪的意志因素，即共同犯罪人希望或者放任自己的以及自己参与的共同犯罪行为发生危害社会的结果。例如，甲教唆乙伤害丙，甲希望自己的教唆行为引起乙产生伤害丙的意思，并且希望发生丙被伤害的结果。共同犯罪的意志因素的形式可以是共同希望或共同放任危害结果的发生，也可以希望和放任危害结果发生的结合。③共同犯罪故意以意思联络为必要。为了成立共同犯罪，共同犯罪人之间必须存在意思联络，这是共同犯罪人的行为指向同一犯罪目标的必然要求。意思联络是共同犯罪人各方在犯罪意思上的互相沟通，以实行犯为核心存在于组织犯与实行犯之间、教唆犯与实行犯之间或者帮助犯与实行犯之间。共同犯罪故意的构成不以所有共同犯罪人之间存在意思联络为必要，即使组织犯、教唆犯、帮助犯相互间没有意思联络，也不影响共同犯罪的成立。④共同犯罪故意的罪过形式，可以表现为共同直接故意、共同间接故意，也可以是直接故意与间接故意的结合。

（2）共同犯罪人的分类及其刑事责任。由于各共同犯罪人在共同犯罪中的地位和作用不同，对各共同犯罪人的处理要区别对待，贯彻罪责刑相适应原则。世界各国刑法对共同犯罪人的分类主要有两种方法，或以共同犯罪人在共同犯罪中的分工为标准，或以共同犯罪人在共同犯罪中所起的作用为标准进行分类。我国刑法以作用为主兼顾分工对犯罪人进行分类，以作用为标准分为主犯、从犯和胁从犯，以分工为标准分出了教唆犯。教唆犯和主犯、从犯、胁从犯，并不是平行并列的关系，而是交叉关系。我国刑法理论上一般认为我国刑法上的共同犯罪人分为“两类四种”，两类是指作用和分工两类标准，四种即指主犯、从犯、胁从犯和教唆犯。

第一，主犯及其刑事责任。我国《刑法》第26条规定：“组织、领导犯罪集团进行犯罪活动的或者在共同犯罪中起主要作用的，是主犯。三人以上为共同实施犯罪而组成的较为固定的犯罪组织，是犯罪集团。对组织、领导犯罪集团的首要分子，按照集团所犯的全部罪行处罚。对于第三款规定以外的主犯，应当按照其所参与的或者组织、指挥的全部犯罪处罚。”据此，主犯是指组织、领导犯罪集团进行犯罪活动的或者在共同犯罪中起主要作用的犯罪分子。主犯分为两类：其一是组织、领导犯罪集团进行犯罪活动的犯罪分子，也就是犯罪集团的首要分子。犯罪集团，是指三人以上为共同实施犯罪而组成的较为固定的犯罪组织。其二是在共同犯罪中起主要作用的犯罪分子。这类主犯包括犯罪集团的首要分子之外的其他在犯罪集团中起主要作用的犯罪分子、在一般共同犯罪中起主要作用的犯罪分子，以及在聚众犯罪中起主要作用的犯罪分子。

需要注意的是，我国刑法中的首要分子和共同犯罪中的主犯是两个不同的概念。我国《刑法》第97条规定：“本法所称首要分子，是指在犯罪集团或者聚众犯罪中起组织、策划、指挥作用的犯罪分子。”从这一规定可以看出，首要分子包括两种：一是在犯罪集团中起组织、策划、指挥作用的犯罪分子，即犯罪集团的首要分子，相当于我国《刑法》第26条第3款规定的主犯，个别犯罪集团的首要分子的刑事责任明确规定在刑法分则中，如《刑法》第240条中关于拐卖妇女、儿童集团的首要分子的刑事责任的规定等。二是在聚众犯罪中起组织、策划、指挥作用的犯罪分子，即聚众犯罪的首要分子。这类首要分子，大部分属于第二类主犯，由刑法规定在分则中，且刑法分则一般对其刑事责任有明确的量刑规定；在仅处罚首要分子的聚众犯罪中，只有首要分子才能构成犯罪并予以刑罚处罚，其他参与者不构成犯罪，不予刑罚处罚，如果首要分子只有一人，则不存在主犯和从犯的问题。例如，《刑法》第291条规定的聚众扰乱公共场所秩序、交通秩序罪等。

按照不同种类的主犯，刑法对主犯的刑事责任分别作了规定：第一类主犯，即犯罪集团的首要分子，按照集团所犯的全部罪行处罚。犯罪集团的首要分子，不仅要对自己在共同犯罪中实施的犯罪负刑事责任，而且要对其他成员按照集团的预谋实施的犯罪负刑事责任。对于他人实施的超出集团预谋范围的犯罪，犯罪集团的首要分子不需要承担刑事责任。第二类主犯，即犯罪集团的首要分子以外的在共同犯罪中起主要作用的犯罪分子，应当按照其所参与的或者组织、指挥的全部犯罪处罚。其中，组织、指挥共同犯罪的，按照其组织、指挥的全部犯罪负刑事责任；没有进行组织、指挥活动但参与实行犯罪的，按照其所参与的全部犯罪负刑事责任。需要指出的是，如果刑法分则对主犯规定了相应的刑罚，应根据刑法分则的有关规定确定该主犯的刑事责任。

第二，从犯及其刑事责任。我国《刑法》第 27 条规定："在共同犯罪中起次要或者辅助作用的，是从犯。对于从犯，应当从轻、减轻处罚或者免除处罚。"据此，从犯是指在共同犯罪中起次要或者辅助作用的犯罪分子。从犯分为两类：其一是在共同犯罪中起次要作用的犯罪分子。在共同犯罪中起次要作用，是指相对于主犯在共同犯罪所起的作用而言，从犯所起的作用较小。其二是在共同犯罪中起辅助作用的犯罪分子。辅助作用相对于主犯所起的主要作用而言也是次要作用。所谓辅助，是指为其他共同犯罪人实施犯罪创造条件、提供帮助，而不直接实施犯罪构成客观要件的行为。

在共同犯罪案件中，可能所有人都是主犯，但不可能所有人都是从犯，一般表现为主犯和从犯的结合。主要作用、次要作用、辅助作用的认定，应综合考虑犯罪分子在共同犯罪中所处的地位、参与的程度和态度、犯罪情节以及对造成的危害结果的原因力的大小。

关于从犯的处罚原则，理论上有同等处罚说、必减说和得减说，我国刑法采取必减说。根据《刑法》第 27 条第 2 款的规定，对于从犯，应当从轻、减轻处罚或者免除处罚。这里"应当"一词表示必须从宽，至于如何从宽，要综合考虑共同犯罪的性质、对社会造成危害的大小、行为人的参与程度、对危害结果所起作用的大小等因素。

第三，胁从犯及其刑事责任。我国《刑法》第 28 条规定："对于被胁迫参加犯罪的，应当按照他的犯罪情节减轻处罚或者免除处罚。"据此，胁从犯是指在共同犯罪中被胁迫参加犯罪的犯罪分子。所谓被胁迫参加犯罪活动，是指受到暴力或精神威胁，被迫而非情愿参加犯罪活动。胁从犯参加犯罪时，明知自己参加的是犯罪行为，虽然主观上不愿意参加犯罪，但为了避免遭受威胁还是选择了参加犯罪。相对的意志自由仍是胁从犯负刑事责任的主观基础，被胁迫者实施犯罪时是有自由意志的，可以选择参加或者不参加犯罪，选择了参加犯罪就应负相应的刑事责任。如果行为人的身体受到强制完全失去了自由意志，他的行为因缺乏犯罪主观方面而不会被评价为犯罪。

对于胁从犯的处罚，我国刑法规定了比从犯更宽的处罚原则，应当按照他的犯罪情节减轻处罚或者免除处罚。至于是减轻处罚还是免除处罚，要综合考虑共同犯罪的性质、对社会造成危害的大小、行为人的被胁迫的程度、对危害结果所起作用的大小等因素。

第四，教唆犯及其刑事责任。教唆犯是指故意唆使他人犯罪的人，即以授意、怂恿、劝说、利诱或者其他方法故意唆使他人犯罪的人。我国《刑法》第 29 条规定："教唆他人犯罪的，应当按照他在共同犯罪中所起的作用处罚。教唆不满十八周岁的人犯罪的，应当从重处罚。如果被教唆的人没有犯被教唆的罪，对于教唆犯，可以从轻或者减轻处罚。"据此，对教唆犯的处罚可以分为以下几种情况：①在被教唆者实施了被教唆的犯罪因而和教唆者构成共同犯罪的情况下，如果教唆者在共同犯罪中起主要作用，就以主犯论处；如果教唆者在共同犯罪中起次要作用，就以从犯论处；如果教唆者是被胁迫教唆他人犯罪，教唆者也可能是胁从犯。②教唆不满十八周岁的人犯罪的，应当从重处罚。这里从重处罚的条件是被教唆者为不满十八周岁的人，即使根据我国《刑法》第 17 条的规定，被教唆者的危害行为不以犯罪论处，也应当对教唆者从重处罚。③如果被教唆的人没有犯被教唆的罪，对于教唆犯，可以从轻或者减轻处罚。以下几种情形都属于被教唆的人没有犯被教唆的罪：被教唆的人拒绝了教唆；被教唆的人接受教唆之后并没有去实施犯罪或者实施的不是被教唆的罪；在教唆者实施教唆时，被教唆的人已经具备了实施该犯罪的故意，其犯罪意图并不是教唆者的教唆行为引起的。可见，可以适用从轻或者减轻处罚的教唆犯，其教唆行为尚未直接造成严重后果。

2. 对本案的分析

本案中，余某要求陈某"教训"王某，陈某携尖刀前来，在遇到王某和被害人胡某等人时，经余某指认后陈某持尖刀朝胡某的胸部、大腿等处连刺三刀，致被害人胡某急性失血性休克死亡。对于陈某的行为应当如何定性，一致认为应当构成故意杀人罪，没有异议。而对于余某是否成立陈某故意杀人罪的共犯这个问题，则有两种意见：

一种意见认为，余某应当以故意伤人罪的共犯论处。既然余某要陈某前来"教训"王某，陈某亦如约前来进行教训，虽然陈某殴打、刺扎的不是王某，而是王某的同伴被害人胡某，但这种情况应当属于"教训"内容的一部分。因此，陈某的故意杀人行为应当包括在余某"教训"的概括故意内。另一种意见则认为，余某不构成陈某故意杀人罪的共犯，而是构成故意伤害罪。主要理由是：余某虽然要陈某来"教训"王某，但并没有要求陈某携带凶器，更没有要求陈某携带杀伤力大、危险性高的尖刀前来。并且，事发时较为偶然，余某彼时只是要陈某和自己会合，恰巧遇见被害人经过，然后实施后续一系列危害行为。对于陈某的故意杀人行为，余某没有时间和陈某进行沟通，即没有形成共同杀人的故意，陈某的杀人行为超出了余某的故意范围。因此，余某的行为构成故意伤害，而不构成故意杀人。

在本案中，我们同意第二种观点，分析如下：本案争议的核心问题在于余某是否和陈某具有杀人的共同故意，即陈某的故意杀人行为是否可以包括在余某的故意范围内。这里涉及刑法理论上的实行过限问题。实行过限就是指某个共同犯罪人实施了超出共同犯罪故意的行为。如果这一行为属于实行过限行为，仅由实行过限犯罪人对其犯罪行为引起的后果承担刑事责任，其他共同犯罪人不对过限行为承担刑事责任；如果该行为不属于行为过限，则所有共同犯罪人对该危害结果共同承担责任。判定该行为是否实行过限，直接影响到共同犯罪人的定罪与量刑。

本案中，如果陈某的故意杀人行为包括在余某的犯罪故意中，认定余某与陈某有杀人的共同犯罪故意，陈某的故意杀人行为不属于过限行为，则余某构成故意杀人罪；如果陈某的故意杀人行为超出了余某的犯罪故意范围，则余某与陈某没有杀人的共同故意，陈某的故意杀人行为属于过限行为，余某的行为就不构成故意杀人罪，只能按其本人实施的行为认定为故意伤害罪。共同犯罪人对其他人超出共同故意的犯罪行为不应当承担刑事责任，共同故意范围的划定是界定共同犯罪中各共同犯罪人刑事责任的关键。

按照我国刑法的规定及共同犯罪理论，二人以上构成共同犯罪，必须具备共同的犯罪故意。共同的犯罪故意要求每个共同犯罪人，不但明知自己的行为是危害社会的行为，并且希望或者放任该危害结果的发生，也要求该行为人明知自己的危害行为和其他共同犯罪人的危害行为指向同一犯罪目标，构成一个犯罪行为整体，并且希望或者放任该危害结果的发生。共同犯罪中，共同故意的范围也是共同犯罪人共同承担刑事责任的界限，每个共同犯罪人承担的刑事责任都以他本人对所实施的犯罪行为具备犯罪故意为前提，共同故意范围内的犯罪行为属于共同犯罪行为整体的组成部分，与共同犯罪发生的危害社会的结果具有因果关系。本案中，被告人余某是否明知被告人陈某要实施故意杀人行为呢？陈某的杀人行为是否共同犯罪故意范围内的行为呢？这是对余某的行为进行定性的关键。

第一，本案中余某没有杀人的犯罪故意。本案从起因看，首先，余某要求陈某前去“教训”与其有纠纷的王某，并不是被害人胡某；再者，被告人余某本人在案件发生过程中与自己的目标王某对打，并没有准备尖刀等高度危险性的工具，由此，可以合理推定余某没有杀死胡某的动机或故意。虽然“教训”的含义和方式多种多样，往往依不同的语境而变化，可以是训斥、恐吓、伤害甚至杀害，但在具体的案件中确定“教训”的确切含义必须依赖于相应的客观根据。本案中没有证据证实余某有要求陈某杀害他人的主观故意，不能认定余某的犯罪故意包括杀人。

第二，案发时，余某没有变更“教训”的故意内容。从案发当时的情况看，陈某先于余某到达案发现场，余某与被害人同时到达案发现场，经余某指认，陈某就马上上前责问个子最高的被害人胡某，并用刀捅刺被害人胡某。余某和陈某没有时间进行进一步的沟通，向更严重的杀人故意转变。可以认定，余某与陈某事先达成的共同故意内容“教训”，并没有在具体实施时向更严重的杀人故意转化。

第三，余某没有要求陈某带凶器，更没有让陈某带尖刀类危险性极大的致人伤亡的凶器，同时，没有证据证明余某在案件发生时知道陈某带着尖刀。

综上，虽然余某与陈某等人的共同犯罪故意是“教训”这一含义模糊的概括故意，但在具体认定中必须明确概括故意的范围和限度，对于各共同犯罪人犯罪行为及刑事责任的认定必须在共同的犯罪故意范围内进行界定，特别是涉及更为严重的犯罪性质的认定上，必须有确凿充分的证据加以证明。否则，行为人应当只在能够证明的较轻的共同犯罪故意的范围内承担刑事责任，其他被告人对自己超出共同犯罪故意范围的行为独自承担刑事责任。虽然具体的共同犯罪故意的内容也可以在犯罪过程中产生，但本案中没有证据证明余某的犯罪故意内容在犯罪行为实施阶段有明显转化，仍然停留在对被害人“教训”的认识内容上。因此，本案中被告人余某对被告人陈某实施的持刀杀人行为既缺乏共同犯罪故意上的认识因素，也没有事中的共同故意杀人行为，不构成故意杀人犯罪的共犯，应当只认定其行为为故意伤害罪。因此，我们认为二审对被告人的判处是合理恰当的。

【思考题】

如何理解和认定共同犯罪中“共同”的含义？

案例四　刘某抢劫案❶

【基本案情】

2011年9月24日中午，薛某与被告人刘某会合，薛某提出以杀人埋尸手段抢劫，刘某表示同意。然后，二人驾驶刘某的摩托车先后两次到山附近寻找埋尸的地点未果，就将买来用于作案的铁锹藏匿于公园一草丛内，又各自购买一把尖刀随身携带。

第二天，薛某打电话给刘某又提出共同实施抢劫，遭到刘某的拒绝。

第三天19时许，薛某来到街上，租用李某的比亚迪牌轿车欲途中实施抢劫但未果。当日20时许，薛某在白街上，租用被害人刘某某的夏利牌轿车。途中薛某找借口要求停车，并和刘某某一同下车。在刘某某准备上车时，薛某持随身携带的刀捅死被害人刘某某。后薛某驾驶该车将被害人刘某某抛尸，并劫得现金100元、诺基亚手机1部。

检察院以被告人薛某和刘某犯抢劫罪，向法院提起公诉。被告人刘某辩称其只是准备抢劫，并未确定抢劫汽车，不应当对抢劫汽车的行为承担刑事责任；其亦未实施杀人行为，不应当对抢劫杀人的行为承担刑事责任。法院认为，被告人薛某与刘某预谋以杀人埋尸的手段抢劫财物，共同寻找埋尸地点并购买了作案工具，二人的行为构成抢劫罪，且系共同犯罪。薛某在共同犯罪中起主要作用，系主犯，刘某在共同犯罪中起辅助作用，系从犯。刘某与薛某共同预谋抢劫杀人、共同准备犯罪工具、制造犯罪条件，其虽然在预备阶段停止实施犯罪行为，但其未有效制止薛某的继续犯罪行为，

---

❶ 案例来源：《刑事审判参考》第949号案例。

未能避免危害结果的发生，其应当对全案抢劫杀人既遂后果承担法律责任。

【主要法律问题】

（1）共同犯罪中分工不同的犯罪人成立犯罪中止需要具备哪些条件？

（2）共同犯罪预备阶段单独停止犯罪预备行为，并未积极阻止同案犯继续实施犯罪，也未有效防止共同犯罪结果的发生，可否成立犯罪中止？如何确定其刑事责任的承担？

【主要法律依据】

《中华人民共和国刑法》

第 24 条 在犯罪过程中，自动放弃犯罪或者自动有效地防止犯罪结果发生的，是犯罪中止。

对于中止犯，没有造成损害的，应当免除处罚；造成损害的，应当减轻处罚。

第 25 条第 1 款 共同犯罪是指二人以上共同故意犯罪。

【理论分析】

1. 观点争议

有关故意犯罪的停止形态的规定，不但适用于单独犯罪，也适用于共同犯罪。但是，在共同犯罪的场合，因其结构与单独犯罪不同，其停止形态的认定也有别于单独犯罪。本案中被告人刘某积极参与了抢劫罪的预备行为，没有参与被告人薛某实施的抢劫行为。但被告人刘某在退出继续实施犯罪行为时，没有采取积极措施阻止薛某实施抢劫，也没有采取有效措施防止抢劫的危害结果的发生。那么，刘某的行为是否构成犯罪中止？是否应当和薛某一起承担抢劫杀人的刑事责任？

根据我国刑法的规定，在犯罪过程中，自动放弃犯罪或者自动有效地防止犯罪结果发生的，是犯罪中止。共同犯罪的中止是指共同犯罪人在共同故意犯罪过程中，自动放弃犯罪或者自动有效地防止犯罪结果的发生。共同犯罪中止包括两种情况：①所有共同犯罪人的犯罪中止，即所有共同犯罪人自动放弃共同犯罪或者自动有效地防止共同犯罪结果的发生；②某一共同犯罪人的犯罪中止，即某一个共同犯罪人不但自动放弃自己的犯罪行为或者自动有效地防止自己犯罪结果的发生，并且阻止了其他共同犯罪人继续实施犯罪或者有效地防止了共同犯罪结果的发生。本案中要讨论的是被告人刘某的行为，可否构成第二种情形的共同犯罪中止。

一种意见认为，被告人刘某的行为构成犯罪中止。刘某伙同薛某预谋了抢劫杀人，但刘某仅在预备阶段准备工具、制造条件，并未继续参与共同犯罪，且其已明确表示放弃共同犯罪的意思。同时，在薛某实施抢劫时刘某放弃犯罪，并未参与，自行切断与共犯之间的联系。刘某与薛某之后的抢劫实行行为没有关联，其预备行为与犯罪结果间也不存在因果关系，其行为构成犯罪中止。

另一种意见认为，被告人刘某的行为不构成犯罪中止。刘某伙同薛某预谋了抢劫杀人，并在预备阶段准备工具、制造条件，构成共同犯罪。刘某虽然中途放弃犯罪，未参与抢劫犯罪的实行过程，但其未制止薛某继续实施犯罪行为，亦未能有效避免危害结果的发生，其预备行为与薛某抢劫行为所致的危害结果未脱离因果关系，不能成立犯罪中止。

2. 分析结论

在本案中，我们同意第二种意见。分析如下：根据我国刑法的规定和共同犯罪的理论，共同犯罪的构成不但要求共同犯罪人之间具备共同的犯罪故意，还要求他们具备共同的犯罪行为。各共同犯罪人在共同犯罪故意的统辖下各自实施的犯罪行为之所以被认定为共同犯罪行为，是因为这些行为之间具有相互配合、指向同一犯罪目标的特点，每个共同犯罪人的行为都是该共同犯罪行为的有机组成部分，这些行为结合起来共同引起了危害社会的结果的发生。因此，虽然各共同犯罪人有时仅仅实施了共同犯罪不同阶段的某些行为，该共同犯罪人仍然要对整个共同犯罪行为及其引起的危害社会的结果承担责任。

犯罪中止制度是许多国家刑事立法中设立的一项从宽处理制度。根据我国刑法的规定，犯罪中止是指在犯罪过程中，自动放弃犯罪或者自动有效地防止犯罪结果发生的一种故意犯罪的停止形态。对于中止犯，没有造成损害的，应当免除处罚；造成损害的，应当减轻处罚。对于中止犯，理论上一般分为未实行终了的中止和实行终了的中止。在未实行终了的情况下，行为人自动停止或放弃犯罪行为即可构成犯罪中止；在实行终了的情况下，必须采取有效措施防止犯罪结果发生，才可构成犯罪中止。

因为在共同犯罪中，各共同犯罪人的行为都是共同犯罪行为这个整体的有机组成部分，所以各共同犯罪人的行为是否可以认定为犯罪中止，在未实行终了的中止的情况下，不仅要考察该共同犯罪人是否自动放弃本人实施的犯罪行为，还要考察该共同犯罪人是否阻止了共同犯罪行为这个整体；在实行终了的情况下，不仅要考察该共同犯罪人是否自动有效防止了自己的犯罪行为引起的犯罪结果，还要更进一步考察该共同犯罪人是否防止了整个共同犯罪行为引起的犯罪结果的发生。共同犯罪中止的认定相较于单独犯罪的犯罪中止来讲，在不同阶段有其特点与复杂性：

（1）预备阶段的中止。①共谋共同正犯的中止。“共谋共同正犯”，是指二人以上共谋实行犯罪行为，而由谋议者中一人或者部分人直接实行犯罪，参与共谋的其他人，即便未参与实行，也作为共同犯罪人负刑事责任。在共谋共同正犯着手实行前要成立预备阶段的中止，需要具备两个条件，缺一不可：行为人有脱离共犯关系的意思，并向对方明确表示；行为人中止的意思被对方接受。符合上述条件，说明实行者明确认识到自己在单独实施犯罪，这种情况可以认为实行者作出了同意他人脱离共谋共同正犯关系的承诺。脱离者之前的行为和实行者的危害行为及其结果之间的因果关系切断，脱离者构成犯罪中止。②教唆犯的中止。在共同犯罪的场合，教唆犯要成立中止，仅仅教唆者个人放弃犯意还远远不够。教唆者实施教唆之后，在被教唆者着手实施犯罪之前产生了中止的意思，不但自己放弃了犯意，还必须将该放弃犯罪的意思传递给被教唆者。在有些情况下，教唆者要成立犯罪中止，还需要作进一步的阻止犯罪发生的行为，如告知被害人、撤回许诺、报告警方等措施来阻止被教唆人实施犯罪。教唆犯构成犯罪中止的具体要求，依教唆行为本身未实施完毕还是已实施完毕不同而有所不同，同时与被教唆者对教唆内容是否接受以及接受程度相关。③帮助犯的中止。在共同犯罪中，在他人着手实行犯罪之前，为他人实施犯罪准备工具或者制造条件的帮助者要成立中止，不但要求帮助者告知对方自己要脱离共犯的意思且得到对方认可，而且还必须消除自己原来的帮助行为对未来的实行行为的积极影响。如果实行者接受帮助者脱离共犯关系的意思，且因为帮助者的脱离，实行者在着手实行时会遇到相应的困难，帮助者就可以成立中止。如果帮助者仅仅有脱离共犯关系的意思，但并未消除其之前的帮助行为对实行的积极影响，他人的着手实行犯罪仍然因为帮助犯在预备阶段的行为而更容易，也就是说帮助行为的加功效果并未消除，这种情况下的帮助者即使放弃犯罪的意思被对方接受，也不能成立中止。

（2）实行阶段的中止。①共同正犯的中止。第一种情况，共同正犯中的所有犯罪人都决定停止犯罪，并有效防止结果发生的，都成立犯罪中止；第二种情况，共同正犯中的一人自动停止实行，并有效制止其他正犯继续实施犯罪，且危害结果最终被防止的，停止犯罪者成立中止犯，其他被制止者成立未遂犯；第三种情况，共同正犯中的一人自动停止实行，但并未有效制止其他正犯继续实施犯罪，停止犯罪者不能成立中止犯。至于其成立既遂还是未遂，取决于其他正犯的行为是停留于既遂还是未遂形态。[1] ②帮助犯的中止。帮助犯在正犯着手之后自动停止帮助行为，且得到正犯同意，但帮助者并未制止正犯继续实施犯罪，帮助犯不能成立犯罪中止。因为在这种情况下，正犯已在帮助犯的帮助下着手实施了犯罪行为，帮助行为和实行行为都是整个共同犯罪行为中不可分割的有机组成部分，所有共同犯罪人要对整个共同犯罪行为承担责任。帮助者要成立犯罪中止必须同时使正犯放弃实施犯罪，有时候还要求帮助者采取有效措施防止犯罪结果发生。

综上分析，可以得出以下几点结论：

（1）被告人刘某在犯罪预备阶段为共同犯罪准备工具、制造条件，即使未参与抢劫罪的实行，也应当承担共同犯罪刑事责任。

共同犯罪行为可以表现为多种形式，并非所有共同犯罪人都必须直接实施实行行为，在共同犯罪中也可能存在分工。有的共同犯罪会历经犯意提起、犯罪条件的准备、实行行为的着手和完成等多个阶段。在分工复杂的共同犯罪中，并非要求全部共同犯

---

[1] 陈兴良．刑法总论精释（第二版）［M］．北京：人民法院出版社，2017：543.

罪人在整个共同犯罪过程中自始至终贯穿下来，他们可以在不同犯罪阶段开始介入，也可以仅介入部分犯罪的实行过程。但不管何时介入，只要与其他共同犯罪人的行为结合成一个统一体，就应当承担共同犯罪的刑事责任。

各共同犯罪人在共同犯罪中的分工和参与实施犯罪的程度不同，在共同犯罪中地位和作用不同，从而其所承担的刑事责任也应当有所不同。共同犯罪人虽未参与实行行为，但须对实行结果承担刑事责任的情形通常有两种：一种是参与了预谋但未参与预备、实行行为；另一种是参与了预谋、预备但未参与实行行为。在共谋共同正犯中，二人以上共谋实行犯罪行为，而由谋议者中一人或者部分人直接实行犯罪，参与共谋的他人，即便未参与实行，也作为共同犯罪人负刑事责任。犯罪预备阶段的共同谋议行为已不仅仅是停留于行为人主观内心的犯罪意图，也不仅仅是单个犯罪人的意思表示，而是共同犯罪人相互间的意思联络。各共同犯罪人通过共谋这样的犯意联络，通过对如何参与实施共同犯罪的商量，为实行者实施犯罪提供有利条件，促使共同犯罪行为顺利实施，因此，共谋共同正犯中未着手实施犯罪的行为人，仍应当对整个共同犯罪行为承担责任，根据其在共同犯罪中所起的作用处罚。

本案中的被告人刘某不但多次与被告人薛某预谋抢劫杀人，二人还一同寻找埋尸的地点并购买作案工具，后薛某单独实施杀人抢劫。被告人刘某虽未直接实施抢劫行为，但他既参与了杀人抢劫的共同预谋，也进行了准备工具制造条件的犯罪预备。刘某在预备阶段所做的一系列行为，为薛某的实行行为创造了条件，也通过薛某的实行行为与危害结果建立了因果关系。被告人刘某和薛某主观上有杀人抢劫的犯意联络，客观上有相互配合的行为，他们的行为应当从整体上认定为一个有机统一的共同犯罪行为。因此，刘某与薛某属于共同犯罪，刘某系共同犯罪中的帮助犯。根据部分行为全部责任的原则，刘某虽未参与犯罪全过程，也应当对共同犯罪行为所引起的全部结果承担责任。

（2）被告人刘某在共同犯罪中仅仅自动放弃个人犯罪，未阻止同案犯薛某实施抢劫行为，亦未有效防止危害结果发生，不能成立犯罪中止。

共同犯罪从形式上可区分为简单共同犯罪和复杂共同犯罪，不同的共同犯罪形式中犯罪中止的认定标准是不同的。①简单共同犯罪中的中止。第一种情况，二人以上共同故意实行犯罪，若部分共同实行犯在犯罪过程中自动放弃犯罪，又成功阻止其他共同实行犯放弃犯罪，犯罪过程不再延续的，各共同实行犯均成立犯罪中止；第二种情况，自动放弃犯罪者未能说服他人放弃犯罪，但通过自身努力有效地避免了危害结果发生，自动放弃犯罪者构成犯罪中止，对于其他未放弃犯罪的实行犯来讲，未发生危害结果是意志以外的因素导致的，则构成犯罪未遂；第三种情况，自动放弃犯罪者未能有效劝服其他实行犯，亦未能采取合理、有效措施避免危害结果发生，致使犯罪既遂，各实行犯均应对危害结果承担刑事责任。②复杂共同犯罪中的中止。在复杂共同犯罪中，各共同犯罪人内部分工不同，参与犯罪的程度不同，各共同犯罪人之间的共同犯罪故意内容也不尽一致，如果全部共同犯罪人一致自动放弃犯罪或者自动有效防止整个共同犯罪结果的发生，全部共同犯罪人都构成犯罪中止。对于部分共同犯罪人自动放弃自己所实施的那部分犯罪行为，成功阻止其他共同犯罪人继续实施犯罪行为，或者自动有效防止共同犯罪结果发生的，成立犯罪中止；如果未阻止其他共同犯罪人继续实施犯罪行为，没有消除本人已经实施的行为对完成共同犯罪的积极影响，或者未自动有效防止共同犯罪结果发生的，不成立犯罪中止。

本案中，被告人刘某可以认定为复杂共同犯罪中的帮助犯，刘某虽然自己放弃继续实施犯罪，但未能有效阻止实行犯薛某继续实施犯罪，未能消除自己已经实施的谋划、帮助行为对薛某实施抢劫的积极影响，也未能有效防止杀人抢劫犯罪结果的发生。可以认定为实行犯薛某是在和刘某共谋中坚定了杀人抢劫的故意，在刘某的帮助下（包括精神上的帮助）继续实行并完成了杀人抢劫的行为。所以，被告人刘某仅仅自己放弃犯罪的行为不构成犯罪中止，应当和薛某一起认定为抢劫既遂。

需要注意的是，虽然本案中刘某不构成犯罪中止，而是和薛某一样承担犯罪既遂的刑事责任，不能适用《刑法》第 24 条第 2 款规定的“对于中止犯，没有造成损害的，应当免除处罚；造成损害的，应当减轻处罚”这一从宽处罚制度。但刘某毕竟在主观上存在放弃继续犯罪的愿望并告知被告人薛某、客观上未进一步参与共同犯罪，其行为与本案的危害结果之间的因果关系相对来说较为疏离，这些情节说明刘某相对于薛某来说其主观恶性、危险性较小，其行为的社会危害性也较小。根据罪责刑相适应原则和《刑法》第 61 条的规定，对刘某决定刑罚的时候，应当根据其犯罪的事实、犯罪的性质、情节和对于社会的危害程度综合考虑，判处刘某承担的刑事责任小于薛某承担的刑事责任。

综上，我们认为，法院以从犯判处被告人刘某对全案抢劫杀人既遂后果承担法律责任是正确、合理的。

【思考题】

2000 年 5 月 16 日下午，冯某纠集张某、施某及“新新”等人强行将被害人曹某带至某宾馆，进入以施某名义租用的客房。冯某、张某、施某等人使用暴力、威胁等手段，强迫曹某脱光衣服站在床铺上，并令其当众小便和洗澡。嗣后，被告人张某对曹某实施了奸淫行为，在发现曹某有月经后停止奸淫，在此过程中，被告人施某站在一旁用语言威逼被害人；被告人施某见曹某有月经在身，未实施奸淫，而强迫曹某采用其他方式使其发泄性欲。之后，冯某接到一电话即带被告人施某及“新新”外出，由张某继续看管曹某。约一小时后，冯某及施某返回客房，张某和施某等人又对被害人曹某进行猥亵。2000 年 5 月 24 日，施某在父母的规劝下到公安机关投案。请分析上述案例中被告人施某的行为是否构成犯罪中止？如何量刑？

第三节 刑法中的法条竞合

本节通过分析案例并结合相关法律，对刑法中法条竞合的特征、处断原则、特别法条内容不周全等进行讲解，明确刑法中法条竞合在我国司法实践中的适用。

案例五 杨某职务侵占案[1]

【基本案情】

2013年8月23日，原审被告人杨某与某人力资源公司签订《劳动合同》，约定杨某由该人力公司派往某快递公司工作，派遣时间从2013年8月27日起至2016年8月31日止，该时间与劳动合同的期限一致。同日，杨某在快递公司提供的《员工保密承诺书》《派遣岗位录用条件告知书》《保证书》上签字，后快递公司向杨某发出《员工入职通知书》，通知杨某于2013年8月27日上班，担任运作员。

2013年11月15日凌晨，原审被告人杨某在快递公司上夜班，负责快递包裹的分拣工作。凌晨3时许，杨某在分拣快递包裹的过程中，将自己经手分拣的一个外有"M"标志、内有一部小米3TD手机的快递包裹秘密窃走。同月20日，快递公司发现托运的包裹丢失，经调取、查看监控录像，发现被本单位人员杨某窃取，遂于同月26日向公安机关报案。当日下午，杨某被抓获，公安人员从杨某身上搜出被盗的手机，后查获被盗手机的充电器和发票。经鉴定，被盗手机价值1999元。杨某归案后如实供述了自己在分拣工作时窃取手机包裹的事实，并赔偿快递公司1999元。

法院一审判决：被告人杨某犯盗窃罪，判处罚金人民币3000元。检察院提出抗诉称，法院审理的被告人贾某某盗窃案，贾系初犯、认罪态度好、有悔罪表现、被盗车辆追回并发还失主，盗窃金额为1850元，判决结果为拘役五个月，并处罚金人民币3000元；被告人杨某盗窃案，杨系初犯、当庭自愿认罪、被盗手机追回并发还失主，盗窃金额为1999元，判决结果为单处罚金人民币3000元。两案盗窃金额和量刑情节相当，判决结果差距很大，原判对杨某的量刑畸轻，遂提起抗诉并提请二审改判。

法院二审认为，原审被告人杨某作为快递公司的工作人员，利用经手本单位财物的职务之便，采用盗窃方法侵占本单位价值1999元的财物，其行为应属职务侵占性质，但因侵占的财物价值未达到职务侵占罪数额较大的定罪起点1万元，依法不应以犯罪论处。判决如下：(1) 撤销原审判决，即被告人杨某犯盗窃罪，判处罚金人民币3000元。(2) 原审被告人杨某无罪。

---

[1] 案例来源：(2014) 成刑终字第293号刑事判决。

检察院提起抗诉，理由如下：第一，在职务侵占罪中，“利用职务上的便利”是指行为人利用自己在本单位所具有的一定职务、职权，即主管、管理、经营、经手本单位财物的便利条件。本案中原审被告人杨某作为快递公司的运作员，除了谨慎注意避免货物破损、按运单指定发货地点分拣货物外，对货物并没有管理、监督的职责。运作员仅负责在运输传送带上分拣货物、码货归类，对货物的接触时间相当短暂，且有监控摄像头负责监督货物分拣工作，这使得杨某的工作在监控之下进行，其对货物不可能产生实际控制的权利。第二，利用仅因工作关系熟悉作案环境或易于接近作案目标等方便条件侵吞单位财物的，不属于利用“职务便利”。第三，职务侵占罪与盗窃罪的客体存在重大差别。原审被告人杨某利用自己能够接触到货物的“工作便利”，采取用大件遮挡小件的方式躲避扫描，秘密将货物转移并藏匿，并未侵犯职务的廉洁性，而系利用不为监管人员（监控）知悉、发觉的方式窃取财物，其行为应构成盗窃罪。第四，原审被告人杨某系快递公司内部员工，其利用工作便利秘密窃取单位承接的快递货物，对快递公司乃至快递行业声誉造成较大影响，其社会危害性比普通盗窃犯罪更大。

2015年7月28日，高院判决认为，杨某负责公司快递包裹的分拣工作，对本单位财物具有临时的实际控制权，其利用这一职务上的便利，将财物非法占为己有，其行为符合职务侵占罪的犯罪行为特征，但因侵占的财物价值1999元并未达到职务侵占罪的定罪起点，故依法对其不以犯罪论处。

【主要法律问题】

利用职务便利窃取单位财物，未达到职务侵占罪的定罪起点，但超过盗窃罪的起点，能否以盗窃罪论处？

【主要法律依据】

《中华人民共和国刑法》

第264条　盗窃公私财物，数额较大的，或者多次盗窃、入户盗窃、携带凶器盗窃、扒窃的，处三年以下有期徒刑、拘役或者管制，并处或者单处罚金；数额巨大或者有其他严重情节的，处三年以上十年以下有期徒刑，并处罚金；数额特别巨大或者有其他特别严重情节的，处十年以上有期徒刑或者无期徒刑，并处罚金或者没收财产。

第271条第1款　公司、企业或者其他单位的工作人员，利用职务上的便利，将本单位财物非法占为己有，数额较大的，处三年以下有期徒刑或者拘役，并处罚金；数额巨大的，处三年以上十年以下有期徒刑，并处罚金；数额特别巨大的，处十年以上有期徒刑或者无期徒刑，并处罚金。

【理论分析】

1. 刑法中法条竞合概述

作为法律规范载体的法条，通常包括行为模式和法律后果，不同法条发生竞合是不同法条中行为模式（抽象行为）之间的竞合，而非法律后果之间的竞合。刑法中的法条竞合包括广义的法条竞合和狭义的法条竞合。广义的法条竞合是指，同一效力层级的刑法条文中，不同的抽象行为之间的重合部分，只能发生与其中一个抽象行为相对应的法律后果的情形。广义的法条竞合中重合部分的抽象行为，既包括影响定罪的抽象行为，又包括影响量刑的抽象行为。例如总则中的一般自首行为与分则中的特别自首行为、总则中的累犯行为与分则中的毒品再犯行为的竞合等。狭义的法条竞合是指，一个抽象行为同时符合了数个法条规定的犯罪构成，但实际上从数个法条规定的内容来看，它们之间存在某种包容或者交叉关系，只能适用其中一个最相适应的法条作为定罪量刑的依据，而排除适用其他法条的情况。狭义的法条竞合中重合部分的抽象行为，仅仅指影响定罪的抽象行为，例如职务侵占罪与贪污罪。

（1）刑法中法条竞合的特征。

第一，法条竞合发生在同一效力层级的刑法条文之间。下列情况不构成法条竞合：①无效法律文件中的条文，因无害溯及而得到适用的法律文件除外。②法条冲突。在有效的法律文件中，不同的法条对同一抽象行为规定了截然不同的法律后果，导致某个（或某些）法律条文永远得不到适用，这样这个条文实质无效。无效的原因包括下位法与上位法冲突时无效和法律变更导致旧法无效等。

第二，法条竞合是刑法条文中不同的抽象行为之间在外延上存在重合交叉关系的情形。法条竞合只是法条中抽象行为（行为模式）部分的重合交叉，不包括法律后果或法定制裁部分的重合交叉。法条竞合是刑法条文中的不同的抽象行为重合交叉，包括从属（包容）与交叉两种关系。从属（包容）关系一般也称为普通法与特别法关系，指一个抽象行为内涵大于另一抽象行为，因此其外延完全被另一抽象行为的外延包容的情形。这种情况表现为：①总则条文与分则条文的关系，如《刑法》第 29 条与《刑法》第 307 条所规定的，教唆犯罪行为与教唆犯伪证罪行为。②刑法分则中普通条文与特别条文关系，如《刑法》第 266 条与《刑法》第 198 条规定的诈骗罪与保险诈骗罪。交叉关系是指条文中不同抽象行为的外延交叉，交叉部分行为的内涵大于任一抽象行为的情形。如《刑法》第 194 条与第 193 条规定的票据诈骗行为与贷款诈骗行为，两者都是诈骗，但前者手段是利用票据，后者的对象是贷款。

第三，法条中不同抽象行为的重合部分只能发生与其中一个抽象行为相对应的法律后果。在某一个具体行为完全符合法条重合部分的特征时，该具体行为只发生一个法律后果，其他条文中抽象行为对应的法律后果不发生。如挪用公款违法发放高利贷超过三个月未还的，同时符合《刑法》第 384 条第 1 款中的三种挪用公款行为，但对这种行为只能按挪用公款进行非法活动确定法律后果或刑事责任。

（2）法条竞合的处断原则。

第一，对于从属竞合的，按照特别法优于普通法处断。例如《刑法》第 266 条与《刑法》第 198 条规定的诈骗罪与保险诈骗罪竞合时，按照保险诈骗罪处罚。

第二，对于交叉竞合的，一般按照重法优于轻法处断；法条不分轻重的，按照习惯处理。所谓轻法，是指条文规定之罪处刑较低。包括以下情况：①刑法对该犯罪规定的刑罚较轻。法定刑较轻是法定最高刑较轻；法定最高刑相同，看附加刑；法定最高刑和附加刑都相同，看法定最低刑。②法定刑一致的，立案标准较低者更不利于行为人，可以视为重罪。如《刑法》第 193 条和第 194 条规定的贷款诈骗罪与票据诈骗罪，前者诈骗 2 万元构罪，后者则为 5000 元，所以前者较轻。所谓法定最高刑或最低刑，是指重合部分抽象行为对应幅度的法定最高刑或最低刑。例如，非法侵入住宅罪相对于故意伤害（致人轻伤）罪是重罪，相对于故意伤害（致人重伤）罪是轻罪。对于法条不分轻重的，按习惯处理，例如抽象行为之间是原因与结果、手段与目的、必经过程与结果、过程与当然结果时，按结果行为法、目的行为法、结果行为法、过程行为法处理。

第三，对于交叉竞合的，法律有明文规定或者规范意旨有明确指示的，应按规范意旨处断。如《刑法》第 233 条（过失致人死亡罪）、第 234 条（故意伤害罪）、第 235 条（过失致人重伤罪），这些法条与其他法条竞合时，按照明示的规范意旨，原则上依其他法条定罪处罚。

（3）特别法条内容不周全。

特别法条内容不周全，是指特别法条将普通法条中的某种行为予以特别规定时，由于某种原因，其规定的行为方式、行为对象等因素少于普通法条规定的因素的情形。借鉴储槐植老师提出的罪数不典型概念，❶ 由于此情形与法条竞合类似却又不同，也可称为法条竞合不典型。虽然特别法条内容不周全现象发生的原因，既可能是立法者的无意或疏漏所致，也可能是立法者有意为之。但是，基于法治原则的立场和优先保障法律可预测性的要求，一般情况下应当推定是立法者有意为之，有充足理由证实确系立法技术瑕疵的除外。应区分特别违法行为的不同情况，确立以下不同的处理原则：

第一，特别法条轻于普通法条时，特别违法行为既不构成普通法条犯罪，也不构成特别法条犯罪。这种情形下，立法者于普通法条之外设置特别法条的目的明显在于，相对于一般违法行为，给予特别违法行为以从宽处理。既然立法者设置特别法条的目的在于对特别行为从宽处理，如果特别行为不符合特别法条，说明对特别行为给予从宽处罚仍然过重，当然不能转而适用普通法条追究行为人刑事责任。在特别行为的危害程度低于特别犯罪情况下，如果适用一般法加重行为人的刑事责任，显然与罪责刑相适应原则不符，也不符合立法者降低刑罚强度的目的。由于法律条文文义所表明的立法目的，比法律条文的文义具有更高的效力，是对法律条文文义进行限制或扩张解

❶ 储槐植. 论罪数不典型［J］. 法学研究，1995（1）：70-76.

释的合法依据。所以，对普通法条实质解释的结果，就是依据法律目的进行缩小解释，将特别违法行为排除在犯罪之外。

第二，特别法条重于普通法条时，可以适用普通法条而认定构成普通法条犯罪。这种情形下，立法者于普通法条之外设置特别法条的目的明显在于，相对于一般违法行为，给予特别违法行为以从严处理。既然立法者设置特别法条的目的在于从严惩处特别行为，如果没有特别法条或者特别行为不符合特别法条的规定，后果至多是不能实现立法者提升刑罚强度的目的，立法者仍然会主张按照一般法追究其刑事责任，而不会希望司法者放纵犯罪。

第三，特别法条与普通法条的法定刑相同时，通常情况下，不能适用普通法条认定构成一般犯罪。除非有充足理由证明特别法条之所以没有规定相应行为，是由于立法技术瑕疵所致。因为，从立法技术看，在特别法条与普通法条的法定刑相同时，只有立法者认为二者的处罚范围不应相同、需要专门明确特别法条的处罚范围时，才有必要设置特别法条。如果立法者主张二者处罚范围相同，就没有必要另外设置特别法条。既然二者的处罚范围不同，就不能依据普通法条对特别法条内容不周延现象进行补充，不能适用普通法条去处罚特别法条没有明文规定的行为。

（4）特别违法行为危害不足量。

在特别违法行为危害不足量中，特定违法行为在性质上符合特别法犯罪，而在数额、结果等危害程度上未到达立案标准，但达到了普通法犯罪的定罪量刑标准。不能仅因为特定违法行为形式上符合普通法条而以普通犯罪论处，而应根据法条的真实含义探究立法目的加以确定。一般情况下，只有特别法条较之普通法条更不利于行为人时，才能对特定违法行为以普通犯罪定罪论处。

对于特别违法行为危害不足量问题，实践和理论上存在较大争议。

主要观点有：第一种是有罪说。例如论者认为，国家工作人员的渎职行为如果符合《刑法》第 398 条至第 419 条的规定，按照该具体规定定罪处罚，如果不符合《刑法》第 398 条至第 419 条的具体规定，可以反过来适用第 397 条规定之罪（滥用职权罪和玩忽职守罪）定罪处罚。第二种观点认为，原则上，特别法属于重罪的，可以对特别违法行为适用一般法定罪处刑，但是一般法和特别法规定的犯罪必须属于同一类型（如结果犯、行为犯），其他情况下不能认定特别违法行为成立犯罪。例如，国家工作人员的渎职行为如果不符合《刑法》第 398 条至第 419 条的规定，最高法定刑低于第 397 条规定之罪的，不能反过来适用第 397 条规定之罪；如果最高法定刑等于或高于第 397 条规定之罪的，可以反过来适用第 397 条规定之罪。对于属于行为犯的特殊渎职罪，如果国家工作人员的渎职行为不符合该特别渎职罪规定，不能反过来适用第 397 条规定之罪，如徇私枉法罪。对于情节犯中结果情节属于“致使公共财产、国家和人民利益遭受重大损失的”，可以反过来适用第 397 条规定之罪。第三种观点认为，特别法不重于一般法的，可以适用一般法对特别违法行为定罪处刑；其他情形下不构成犯罪。例如，行为不符合《刑法》第 398 条至第 419 条的具体规定，如果特别法条最高法定刑等于或低于第 397 条规定之罪的，可以反过来适用第 397 条规定之罪。[1] 第四种，无罪说。例如，论者认为，以特别手段实施的金融诈骗行为，如果未达到金融诈骗的立案标准，就不能以金融诈骗罪或一般诈骗罪定罪处刑。[2]

我们认为，对于特别违法行为危害不足量问题，要依据法律设置特定法条的目的，来决定特别违法行为不符合特别法条时，是否可以转而适用普通法条定罪。即通常情况下，设置特别法的目的在于对特别违法行为从严处理时，应该对特别违法行为适用普通法条定罪处刑；设置特别法的目的不在于对特别违法行为从严处理时，不能对特别违法行为适用普通法条定罪处刑。

在这种情形下，立法者对于特别违法行为的态度，相对于一般违法行为是从宽还是从严，要结合构成要件的严格程度和法定刑的高低加以综合判断。以渎职犯罪为例，那些构成要件严格程度与一般犯罪相同的特别犯罪，如果其法定刑高于一般犯罪，就属于对特别违法行为从严惩处；如果其法定刑低于一般犯罪，就属于对特别违法行为从宽惩处。例如，徇私舞弊减刑、假释、暂予监外执行罪的法定刑就低于徇私舞弊型的滥用职权罪，而徇私舞弊发售发票、抵扣税款、出口退税罪的法定刑则高于徇私舞弊型的滥用职权罪。因此，对于税务机关的工作人员徇私舞弊发售发票、抵扣税款的行为，如果造成的损失没有达到特别犯罪的立案标准，但是造成极其恶劣的社会影响的，也可以滥用职权罪论处。因为，刑法在一般渎职犯罪外设立徇私舞弊发售发票、抵扣税款、出口退税罪的目的是对这种特殊渎职行为从严惩处，如果不能构成特殊渎职犯罪，但符合一般渎职犯罪构成要件的，应该以一般渎职犯罪论。这样才符合特别法条从严惩处此类行为的立法目的。有些特殊渎职犯罪的法定刑虽然与一般渎职罪相同，但是其成立不需要发生重大损失，这样实际上其构成要件较为宽松，相对于一般渎职犯罪就属于从严惩处。例如，故意泄露国家秘密罪的法定刑与一般型的滥用职权罪的法定刑相同，但是其成立不需要造成重大损失，因此，故意泄露国家秘密罪相比一般型的滥用职权罪属于重罪。因此，为了实现从严惩处故意泄露国家秘密行为的法律目的，对于故意泄露国家秘密而未达到故意泄露国家秘密罪立案标准的行为，如果造成重大损失，符合滥用职权罪构成要件的，可以滥用职权罪定罪处刑。

再例如，《刑法》第 196 条规定了信用卡诈骗罪，其中恶意透支“是指持卡人以非法占有为目的，超过规定限额或者规定期限透支，并且经发卡银行催收后仍不归还的行为”。行为人以非法占有为目的，超过规定限额多次透支后潜逃，但没有经过发卡银行催收。依照法律，这种情形下，行为缺乏“经发卡银行催收后仍不归还”的构成要件，不构成信用卡诈骗罪。但有论者认为可以诈骗罪定罪处刑。[3] 同样的观点认为，虽然《刑法》第 266 条规定了“本法另有规定的，依照规定”，但其实际含义是指当行为

---

[1] 韩耀元. 解读《最高人民检察院关于渎职侵权犯罪案件立案标准的规定》//张仲芳. 刑事司法指南［M］. 北京：法律出版社，2006：181-185.

[2] 北京市人民检察院政治部. 刑事司法疑难问题专家答问录（一）［M］. 北京：中国检察出版社，2008：15.

[3] 北京市人民检察院政治部. 刑事司法疑难问题专家答问录（一）［M］. 北京：中国检察出版社，2008：14.

完全符合本法另有的特别规定时，依照特别规定处理；而当行为并不完全符合另有的特别规定却符合普通规定时，当然应适用普通规定定罪处罚。[1] 我们认为，不应对行为人以诈骗罪定罪处刑。因为，从立法目的看，立法者在诈骗罪之外，规定恶意透支型信用卡诈骗罪，并明确规定了“经发卡银行催收后仍不归还”的构成要件，其目的就是通过设置这一要件，督促恶意债务人还债。如果认为只要以非法占有目的透支财物数额较大的，就要么构成信用卡诈骗罪，要么构成诈骗罪，这样等于取消了“经发卡银行催收后仍不归还”这一要件，显然违反了罪刑法定原则，属于法官造法。另外，《刑法》第266条规定的“本法另有规定的，依照规定”，实际上是认为对于特别违法行为，只能适用特别法条确定刑事责任问题，而非要求特别违法行为必须同时符合普通法条和特别法条的规定。否则，按照论者的逻辑，对于交通肇事案件中造成重伤或死亡后果的行为，如果不构成交通肇事罪的，一律可以按照过失致人死亡罪或过失致人重伤罪定罪处刑。这显然是不可接受的结论。

2. 对本案的分析

就本案而言，如果对利用职务便利窃取单位财物的行为转而适用普通法条，认定为盗窃罪，明显不妥当，理由如下：

其一，违反了特别法的立法宗旨，因为其立法目的就在于对特殊违法行为排除一般法的适用，不管按特别法是否构成犯罪，普通法都事先被排斥出局。法条竞合现象是出于立法技术上的需要。如果将某事项的特殊情形均规定在同一法条中，法条结构会过于复杂以至于臃肿不堪。特别法与一般法之间存在限制与被限制的关系，一般法是被限制法条，特别法是限制法条。对于特殊事项，被限制的法条必须与限制它的法条一起被引用，结合在一起才能构成“完全的法条”，才能正确地发挥立法者预期的规范功能，才能明确地显示限制法条和被限制法条的适用领域。其正常表述方式如下，一般情况下适用A法条，但在特殊情况下，适用B法条而不适用A法条。也就是说，虽然形式上限制法条与被限制法条构成竞合，但实质上被限制的法条在特定领域内相对失去规范效力。[2]

其二，在依据特别法不构成犯罪的场合，转而适用普通法，会导致过分的罪刑不均衡。假如行为人以盗窃手段职务侵占5万元，按盗窃罪论处，属于盗窃财物数额巨大的情形，最低判处有期徒刑三年；而以盗窃手段职务侵占6万元的行为，由于刚够立案标准，可能被判处免予刑事处罚或不起诉，这样将导致严重的罪刑失衡。

其三，职务侵占行为的危害性，通常实际小于同样数量的盗窃等一般侵财行为，按照同样数额的一般侵财犯罪处理，违背了罪刑均衡原则。因为职务侵占行为对社会秩序的危害程度较盗窃、抢夺等一般财产犯罪要小。社会能够容纳大量的单位人员少

---

[1] 张明楷．普通法条、特别法条的确定与适用//姜伟．刑事司法指南［C］．北京：法律出版社，2004：30.

[2] 黄荣茂．法学方法与现代民法［M］．北京：法律出版社，2007：159.

量侵吞单位财物行为，而不至于出现混乱，如果同样数量的人从事盗窃、诈骗、抢夺等犯罪行为，这个社会将陷入难以忍受的混乱局面。职务侵占行为，指向单位内部而非社会上不特定的公众，其引起的惊恐程度明显比一般财产犯罪要小；单位作为具体受害人，对侵财行为的痛苦感受程度和自然人被害人不同，同样的损失，自然人受害人感受的痛苦要比单位受害人大，因此盗窃的危害通常更大。[1]

其四，如果因达不到特别法的定罪量刑标准，转而以普通法罪名定罪量刑，实际上废止了立案标准在区分罪与非罪上的界限作用，背离了国家设立立案标准的初衷，也是对立法或司法权威的无视和损害。

【思考题】

员工以单位名义与客户签订合同、收取货款并占为己有，该行为究竟构成职务侵占罪还是合同诈骗罪？

案例六　王某某贷款诈骗案[2]

【基本案情】

2011 年 4 月 18 日，被告人王某某以收购粮食为名从农村信用合作联社贷款 17 万元，期限一年。贷款到期后，被告人王某某妻子杨某某从某担保公司借款 17 万元归还了该贷款。2012 年 4 月 26 日，被告人王某某又以收购粮食为名再次从农村信用合作联社信用贷款 21 万元，期限一年。该款贷出后，王某某将其中的 17.4 万元归还了担保公司的借款本金及利息，剩余的 3.6 万元用作其他支出，但并没有用于收购粮食。2013 年春节前，被告人王某某将其跑运输的半挂货车以 16.6 万元的价格卖给了侯某，未用于归还贷款。该笔贷款到期后，在信用社工作人员多次追要贷款本息的情况下，被告人王某某拒不偿还并外逃。2013 年 5 月 29 日，被告人王某某同杨某某签订离婚协议书并经公证处公证。2013 年 7 月 3 日，被告人王某某被公安机关抓获。另查明，2013 年 9 月 28 日，被告人王某某的家人以王某某的名义向农村信用合作联社信用归还贷款本金 105 000 元、利息 15 684.90 元，本息合计 120 684.90 元。

2014 年 1 月 23 日，法院认为，被告人王某某以非法占有为目的，采取虚构事实的方式骗取金融机构贷款，其行为已构成贷款诈骗罪，其犯罪数额为 21 万元，属数额特别巨大，依法应判处十年以上有期徒刑或者无期徒刑，并处罚金。综合考虑王某某家人案发后主动归还部分贷款本金及利息，及王某某当庭自愿认罪等从轻情节，依法判处被告人王某某有期徒刑十年，并处罚金人民币 50 000 元。被告人王某某不服，提出上诉。

---

[1] 吉米．边沁．立法理论［M］．李贵方，译．北京：中国人民大学出版社，2004：295，298，300.

[2] 案例来源：（2014）汴刑终字第 52 号刑事判决书。

中级人民法院经审理后认为，被告人王某某以非法占有为目的，采取虚构事实的方式骗取金融机构贷款，其行为已构成贷款诈骗罪，其犯罪数额为21万元，结合刑法及相关司法解释关于合同诈骗罪的犯罪数额规定，属数额巨大，依法应判处五年以上十年以下有期徒刑，并处罚金。因此一审法院认定被告人王某某犯贷款诈骗罪，认定事实清楚，定性准确，但适用法律错误，致量刑不当，二审法院依法改判为有期徒刑六年，并处罚金50 000元。

【主要法律问题】

在贷款诈骗罪这一特别法条犯罪的定罪量刑标准不明确的情况下，是否可以参照诈骗罪、合同诈骗罪等普通法条犯罪的定罪量刑标准？

【主要法律依据】

1.《中华人民共和国刑法》

第193条　有下列情形之一，以非法占有为目的，诈骗银行或者其他金融机构的贷款，数额较大的，处五年以下有期徒刑或者拘役，并处二万元以上二十万元以下罚金；数额巨大或者有其他严重情节的，处五年以上十年以下有期徒刑，并处五万元以上五十万元以下罚金；数额特别巨大或者有其他特别严重情节的，处十年以上有期徒刑或者无期徒刑，并处五万元以上五十万元以下罚金或者没收财产……

2. 1996年《最高人民法院关于审理诈骗案件具体应用法律的若干问题的解释》(2013年废止)

个人进行贷款诈骗数额在一万元以上的，属于数额较大；个人进行贷款诈骗数额在五万元以上的，属于数额巨大；个人进行贷款诈骗数额在二十万元以上的，属于数额特别巨大。

【理论分析】

对于司法解释在特定犯罪的定罪量刑标准上明显过苛的，可以根据当然解释原理，参照同类犯罪司法解释的定罪量刑。理由如下：

（1）行为时有效而审判时废止的司法解释如果不符合罪责刑相适应标准的，可以不予适用。一审法院依据1996年《最高人民法院关于审理诈骗案件具体应用法律的若干问题的解释》中“个人进行贷款诈骗数额在一万元以上的，属于数额较大；个人进行贷款诈骗数额在五万元以上的，属于数额巨大；个人进行贷款诈骗数额在二十万元以上的，属于数额特别巨大”的规定，认定本案适用“数额特别巨大”规定，判处被告人十年有期徒刑，并处罚金五万元。但是，2013年《最高人民法院关于废止1980年1月1日至1997年6月30日期间发布的部分司法解释和司法解释性质文件（第九批）的决定》中将上述1996年《最高人民法院关于审理诈骗案件具体应用法律的若干问题的解释》废止。

虽然按照从旧兼从轻原则，行为时有效而审判时废止的司法解释原则上可以适用，但如果按照当然解释原则明显不公正的，可以不予适用。贷款诈骗罪作为诈骗犯罪的个罪，其危害性低于普通诈骗罪，按照刑法理论，其认定标准不应当低于普通诈骗罪的犯罪数额标准。2013 年诈骗罪数额较大的标准为五千元、数额巨大为五万元、数额特别巨大五十万，本案如果按照 1996 年贷款诈骗罪的“数额特别巨大为二十万元”的标准量刑，明显不符合“出罪时举重以明轻”的当然解释原理。根据本案被告人的犯罪手段和犯罪后果，处以十年有期徒刑也明显偏重，不符合“罪责刑相适应”原则。

（2）新的司法解释对特定犯罪没有规定定罪量刑标准。2011 年最高人民法院、最高人民检察院颁布的《关于办理诈骗刑事案件具体应用法律若干问题的解释》中没有涉及贷款诈骗罪的规定。

（3）特别犯罪缺乏定罪量刑标准的，可以参照普通犯罪的标准执行。根据当前社会发展水平和社会治安状况，近年最高人民法院及河南省高级人民法院等部门分别对诈骗罪、合同诈骗罪的犯罪数额标准作出较大幅度调整，如合同诈骗罪 1998 年规定数额较大为五千元，数额巨大为五万元，数额特别巨大三十万；2013 年则规定数额较大为二万元，数额巨大为二十万元，数额特别巨大为一百万元。但对于贷款诈骗罪的犯罪数额认定标准没有作出规定。贷款诈骗属合同诈骗的一种情况，在贷款诈骗罪没有规定犯罪数额标准的情况下，应当依照合同诈骗罪的犯罪数额标准量刑。

（4）在最高人民法院的批复中，对于司法解释之间涉及关轻罪的定罪标准规定严重失衡的，对于轻罪可以适用较重犯罪的定罪量刑标准加以救济。例如，《最高人民法院研究室关于如何适用法发〔1996〕30 号司法解释数额标准问题的电话答复》指出，虚开增值税专用发票、用于骗取出口退税、抵押税款发票行为作为抽象危险犯，原司法解释的定罪量刑标准低于作为相关法益实害犯的骗取出口退税罪，可以参照 2002 年《最高人民法院关于审理骗取出口退税刑事案件具体应用法律若干问题的解释》有关规定执行。理由是随着经济社会发展水平的不断提高，有必要对经济犯罪的数额标准作出适度调整。为确保罪刑均衡，有必要平衡相关犯罪定罪量刑标准，克服重者不重、轻者不轻的问题，更好地体现轻轻重重的政策要求。

【思考题】

如何在罪责刑相适应原则的指导下，协调诈骗罪、职务侵占罪、贪污罪之间的定罪量刑标准和法定刑对比关系？

CHAPTER 5 第五章

交通肇事罪

本章知识要点

交通肇事罪案例。交通犯罪本质上是危害公共安全的犯罪，以现代社会生活中不可缺少的交通运输安全为侵犯客体。这类交通运输与广大人民群众的生命财产安全紧密相连，在交通运输受到妨害的时候，不特定多数人的生命、健康或者重大公私财产的安全往往会遭到严重损失。在实践中，交通犯罪以交通肇事罪为代表，因此本章主要介绍交通肇事罪。根据我国《刑法》第 133 条的规定，交通肇事罪，是指违反交通运输管理法规，因而发生重大事故，致人重伤、死亡或者使公私财产遭受重大损失的行为。在交通犯罪中交通肇事罪最为典型，本章将通过案例分析并结合相关法律，对交通肇事罪的构成要件、罪与非罪的界限以及对“逃逸”的认定等进行讲解，明确交通肇事罪在我国司法实践中的适用。

案例一 汪某樟交通肇事案[1]

【基本案情】

被告人汪某樟，2018 年 7 月 5 日 20 时 23 分驾驶二轮电动车与靠道路右侧路边持续、稳定同向行走的被害人陈某根发生碰撞，致使陈某根倒在车道中，汪某樟也连人带车摔倒，二轮电动车右侧碰地。事故发生后，汪某樟未报警和实施救助。汪某樟起来后，发现陈某根倒在车道中间并发出“哎哟”一声。20 时 24 分 00 秒，汪某樟站在路边白线外。20 时 24 分 50 秒左右，汪某樟开始捡东西，并扶起二轮电动车。20 时 26 分，许某洁驾驶小型轿车行驶至事故发生地时，将倒地的陈某根碾轧。

许某洁下车查看，并问被告人汪某樟有什么东西，汪某樟回答没有。许某洁将车底下的麦秆袋拉出扔在路边，向驾驶室方向走去。在此过程中，即 20 时 26 分 47 秒，汪某樟驾驶肇事车辆逃离现场。20 时 27 分至 20 时 29 分，许某洁上车，发现车子仍开

---

[1] 案例来源：《刑事审判参考》第 1364 号案例。

不动，倒车后发现车前倒着陈某根，就再次下车，并与同车的周某一起报警、报医。此时，陈某根头部还会动。当警察和医生赶到现场时陈某根已经死亡。经交通警察大队认定，汪某樟承担此事故的主要责任，许某洁承担此事故的次要责任，陈某根无责任。

法院经审理认为，被告人汪某樟违反交通运输管理法规，发生重大事故，且因逃逸致一人死亡，并负事故主要责任，其行为已构成交通肇事罪，判处有期徒刑七年。

一审宣判后，被告人汪某樟上诉，认为陈某根是因后车碾轧致死，并非其逃逸造成，原判认定其行为系逃逸致人死亡错误，致量刑过重，请求依法改判。二审出庭检察员认为，原判定罪正确，量刑适当，审判程序合法，被告人汪某樟的上诉理由不能成立。台州市中级人民法院经审理查明，原判所认定的事实清楚，证据确实、充分，裁定驳回上诉，维持原判。

【主要法律问题】

（1）交通肇事后逃逸是否以逃离事故现场为必要？

（2）肇事者交通事故后滞留现场不履行救助义务，被害人死亡的，可否认定为因逃逸致人死亡？可否认定为故意杀人？

【主要法律依据】

1.《中华人民共和国刑法》

第133条 违反交通运输管理法规，因而发生重大事故，致人重伤、死亡或者使公私财产遭受重大损失的，处三年以下有期徒刑或者拘役；交通运输肇事后逃逸或者有其他特别恶劣情节的，处三年以上七年以下有期徒刑；因逃逸致人死亡的，处七年以上有期徒刑。

2.《最高人民法院关于审理交通肇事刑事案件具体应用法律若干问题的解释》

第3条 “交通运输肇事后逃逸”，是指行为人具有本解释第2条第1款规定和第2款第（一）至（五）项规定的情形之一，在发生交通事故后，为逃避法律追究而逃跑的行为。

第5条第1款 “因逃逸致人死亡”，是指行为人在交通肇事后为逃避法律追究而逃跑，致使被害人因得不到救助而死亡的情形。

第6条 行为人在交通肇事后为逃避法律追究，将被害人带离事故现场后隐藏或者遗弃，致使被害人无法得到救助而死亡或者严重残疾的，应当分别依照刑法第232条、第234条第2款的规定，以故意杀人罪或者故意伤害罪定罪处罚。

【理论分析】

1. 交通肇事罪的概述

根据《刑法》第133条的规定，交通肇事罪，是指违反交通运输管理法规，因而发生重大事故，致人重伤、死亡或者使公私财产遭受重大损失的行为。

（1）交通肇事罪的构成要件。

第一，本罪侵犯的客体。本罪侵犯的客体主要是指交通运输安全中的公路交通运输和水路交通运输。侵犯航空、铁路运输安全造成严重后果的行为，不构成本罪，而是构成重大飞行事故罪、铁路运营安全事故罪等。对于那些客观上不可能造成不特定或多数人生命、健康或公私财产遭受重大损失的行为，不应以交通肇事罪处理。

第二，本罪的客观方面。本罪的客观方面表现为违反交通运输管理法规，因而发生重大事故，致人重伤、死亡或者使公私财产遭受重大损失的行为。包括以下几个方面的内容：

行为人必须有违反交通运输管理法规的行为。这是构成交通肇事罪的前提条件。所谓"违反交通运输管理法规"，是指违反了国家交通运输主管部门为了保障交通运输安全而制定的各种法律、法规，包括交通规则、劳动纪律等，主要是指公路交通运输、水路交通运输中的各种交通规则、操作规程、劳动纪律等。这些法律法规主要有《公路法》《道路交通安全法》《内河避碰规则》《海上交通安全法》等。违反交通运输管理法规的行为，可以是作为，也可以是不作为。违反公路交通运输管理法规的行为，有酒后驾驶、疲劳驾驶、无资格驾驶、逆行、闯红灯、超速、明知安全装置不全而仍驾驶该机动车上路等行为；违反水路交通运输管理法规的行为，有冒险超过安全航速行驶、航行中不注意避让等行为。

必须发生重大事故，致人重伤、死亡或者使公私财产遭受重大损失。这是本罪成立的关键条件。重大事故，是指发生撞人、撞车、翻车、翻船等事故，致人重伤、死亡或者使公私财产遭受重大损失。重大事故是构成交通肇事罪的必备的危害结果要件，虽有违反交通运输管理法规的行为，但并未造成上述严重后果的，不构成本罪。

违反交通运输管理法规的行为与重大事故之间必须具有因果关系，这是本罪成立的必备条件。如果重大事故和行为人违反交通运输管理法规的行为之间没有因果关系，则不应以本罪论处。行为人先违反交通运输管理法规，继而客观上也发生了重大事故，违规行为和重大事故存在先行后续、引起与被引起的关系。以下两类行为不构成本罪：虽然有违反交通运输管理法规的行为，但没有造成本条规定的重大事故；虽然有重大事故的发生，但行为人没有违反交通运输管理法规的行为。如行人擅自攀爬横穿高速公路，被正常行驶的车辆撞伤甚至撞死的，事故车辆的司机没有违反交通运输管理法规的行为，不构成犯罪。

重大事故必须发生在实行公共交通管理的范围内，这是本罪成立的时空条件。在公共交通管理的范围外，驾驶机动车辆或者使用其他交通工具致人伤亡或者致使公共财产或者他人财产遭受重大损失，构成犯罪的，分别依照《刑法》第 134 条、第 135 条、第 233 条等规定定罪处罚，即在公共交通管理范围外的这些行为不构成交通肇事罪，而是构成重大责任事故罪、重大劳动安全事故罪、过失致人死亡罪等。

根据 2021 年 4 月 29 日修正后的《道路交通安全法》第 119 条的规定：道路，是指公路、城市道路和虽在单位管辖范围但允许社会机动车通行的地方，包括广场、公共停车场等用于公众通行的场所。车辆，是指机动车和非机动车。交通事故，是指车辆在道路上因过错或者意外造成的人身伤亡或者财产损失的事件。第 77 条规定："车辆在道路以外通行时发生的事故，公安机关交通管理部门接到报案的，参照本法有关规定办理。"这些规定，实际上比原来扩大了适用交通规则认定事故责任的范围，也就相应扩大了交通肇事罪的范围。

第三，本罪的主体。本罪的主体为一般主体，凡已满十六周岁具有刑事责任能力的人均可成为本罪的主体，包括从事交通运输人员和非交通运输人员。从事交通运输的人员，主要是指交通运输工具的驾驶人员；交通设备的操纵人员；交通运输活动的直接领导、指挥人员；交通运输安全的管理人员等。他们担负的职责同交通运输有直接关系，一旦不正确履行自己的职责，都可能造成重大交通事故。根据 2000 年 11 月 15 日《最高人民法院关于审理交通肇事刑事案件具体应用法律若干问题的解释》（以下简称《交通肇事解释》）第 7 条的规定，单位主管人员、机动车辆所有人或者机动车承包人指使、强令他人违章驾驶造成重大交通事故，以交通肇事罪定罪处罚。

第四，本罪的主观方面。本罪在主观方面表现为过失，即行为人应当预见自己的违章行为可能发生造成重大交通事故，因为疏忽大意没有预见，或者已经预见到但轻信能够避免，以致发生了严重后果。行为人对自己的违章行为可能造成的重大交通事故的心理态度是过失，但在违反交通运输管理法规上往往是明知故犯，如酒后驾车、强行超车、超速行驶等。

（2）交通肇事罪的认定。

首先，明确罪与非罪的界限。《交通肇事解释》把交通事故造成的危害结果的大小和行为人应当承担的事故责任的大小以及法定的情节综合起来考虑，确定交通肇事行为入罪的标准。《交通肇事解释》规定，从事交通运输人员或者非交通运输人员，违反交通运输管理法规发生重大交通事故，具有下列情形之一的，认为是重大事故，应当以交通肇事罪定罪处罚：①死亡 1 人或者重伤 3 人以上，负事故全部或者主要责任的；②死亡 3 人以上，负事故同等责任的；③造成公共财产或者他人财产直接损失，负事故全部或者主要责任，无能力赔偿数额在 30 万元以上的。根据本解释，在交通事故中即使未造成人员伤亡的严重后果，但造成公共财产或者他人财产直接损失，且行为人无能力赔偿数额在 30 万元以上、在负事故全部或者主要责任的情况下，认定为重大事故，以交通肇事罪定罪处罚。

同时规定，交通肇事致 1 人以上重伤，负事故全部或者主要责任，并具有下列情形之一的，以交通肇事罪定罪处罚：①酒后、吸食毒品后驾驶机动车辆的；②无驾驶资格驾驶机动车辆的；③明知是安全装置不全或者安全机件失灵的机动车辆而驾驶的；④明知是无牌证或者已报废的机动车辆而驾驶的；⑤严重超载驾驶的；⑥为逃避法律追究逃离事故现场的。在具备上述 6 种情形之一的情况下，只要行为人负事故全部或者主要责任，即使交通事故造成的危害后果只有 1 人以上重伤，没有致人死亡，也可以对行为人以交通肇事罪追究刑事责任。这里的“为逃避法律追究逃离事故现场”的行为，成为交通肇事行为入罪的一个条件。机动车，是指以动力装置驱动或者牵引，上道路行驶的供人员乘用或者用于运送物品以及进行工程专项作业的轮式车辆。因违反交通运输管理法规而发生上述事故，且不具有上列情形之一的，按一般交通事故处理，不追究刑事责任。

其次，有关逃逸的认定。《刑法》第 133 条规定的交通肇事后逃逸行为，构成本罪的加重处罚情节。根据《交通肇事解释》的规定，“交通运输肇事后逃逸”，是指行为人具有法定情形，在发生交通事故后，为逃避法律追究而逃跑的行为。对于“交通运输肇事后逃逸”，可从以下几个方面理解：①行为人已经构成交通肇事罪，这是构成逃逸的前提条件。如果行为人的交通肇事行为根据司法解释的规定尚未达到犯罪标准，不以交通肇事罪定罪处罚，其逃逸行为不属于该加重处罚情节，但有可能构成交通肇事罪的入罪情节。②逃逸的主观态度为故意，行为人主观上明知发生了交通事故而逃逸。这是由逃逸的法定目的所决定的。③行为人实施逃跑行为的目的是逃避法律追究。如果行为人不知发生了交通事故而离开，或者虽然明知发生了交通事故，但离开的目的不是逃避法律追究，而是呼救、寻求帮助等，都不属于该加重处罚的逃逸情节。④逃逸的本质为能够对被害人实施救助而不救助。

“因逃逸致人死亡”，是指行为人在交通肇事后为逃避法律追究而逃跑，致使被害人因得不到救助而死亡的情形。因逃逸致人死亡的，构成本罪的结果加重犯。判断是否构成因逃逸致人死亡的情形，注意以下几点：①这一行为应当属于“交通肇事后逃逸”。如果该行为具备构成“交通肇事后逃逸”各个条件，就无所谓“因逃逸致人死亡”。②致人死亡的结果和逃逸之间具有因果关系，即行为人的逃逸致使被害人因得不到及时的救助而死亡。如果被害人的死亡和行为人的逃逸行为没有因果关系，即无论行为人是否逃逸，均不影响被害人的死亡，则不应认定为“因逃逸致人死亡”。

司法实践中发生各种各样的交通肇事后逃逸，且被害人死亡的案件，应当针对不同情形作出相应的定性和处理。

第一种情形，行为人肇事后，严重损害到被害人，行为人明知被害人受到严重伤害，但为了逃避法律追究而逃逸，致使被害人因得不到及时的救助而死亡。也即如果行为人不逃跑，及时实施救助，被害人就不会死亡。这种情况下，被害人的死亡和行为人的逃逸行为有直接的因果关系，应当认定为因逃逸致人死亡的情节。对于行为人的肇事行为，应当以交通肇事罪定罪，以逃逸致人死亡处七年以上十五年以下有期徒刑。

第二种情形，行为人肇事后，致被害人损伤特别严重，即使及时抢救也无法挽回被害人的生命，行为人为逃避法律追究而逃逸。这种情况下，被害人的死亡实质上不是由行为人的逃逸行为引起的，亦不应当认定为因逃逸致人死亡的情节。对肇事者的行为以交通肇事罪定罪，量刑情节上认定为交通肇事后逃逸，处以三至七年有期徒刑。

第三种情形，行为人肇事后，被害人当场死亡，行为人明知被害人已死亡，为逃避法律追究而逃逸。这种情况下，致被害人死亡的原因不是行为人的逃逸行为，而是由行为人先前的交通肇事行为所直接导致的，即被害人的死亡和行为人的逃逸行为没有因果关系，因而不应当认定为因逃逸致人死亡的情节。对行为人的肇事行为以交通肇事罪定罪，按照交通肇事后逃逸的恶劣情节处以三至七年有期徒刑。

第四种情形，行为人肇事后，被害人当场死亡，行为人不知被害人已死亡，但为了逃避法律追究而逃逸。这种情况下，致被害人死亡的原因仍然不是行为人的逃逸行为，虽然行为人肇事后有逃逸行为，置被害人的安危于不顾，主观上具有放任被害人死亡的故意，但被害人的死亡和行为人的逃逸行为仍然没有因果关系，因而不应当认定为因逃逸致人死亡的情节，对行为人的肇事行为应当以交通肇事罪定罪，处罚上按照交通肇事后逃逸的恶劣情节处以三至七年有期徒刑。

第五种情形，行为人在交通肇事后为逃避法律追究，将被害人带离事故现场后隐藏或者遗弃，此种情形在理论上称之为“积极的逃逸”。这种情况下，行为人往往将被害人移至不易被发现的地方后隐藏或者遗弃，使被害人失去被救助的机会，其主观上存在希望或者放任被害人伤亡结果发生的故意。致使被害人无法得到救助而死亡或者严重残疾的，应当分别依照《刑法》第 232 条、第 234 条第 2 款的规定，以故意杀人罪或者故意伤害罪定罪处罚，并与先前的交通肇事罪并罚。实践中，行为人在交通肇事后，隐藏、遗弃被害人的方式多种多样，对这里的隐藏、遗弃应当作广义解释。如行为人在肇事地点，用树叶、杂物遮住被害人的身体，将生命体征微弱的被害人掩埋到泥土中，或者将被害人置于肇事汽车中，故意带着被害人在相当广泛的区域长时间行驶，使被害人难以被其他人发现，彻底丧失得到他人救助的可能的，也应当理解为这里的隐藏、遗弃。

另外，交通肇事后，行为人为了逃避法律追究而驾车逃跑的过程中，如果以驾车撞人的方法危害公共安全，造成严重后果的，应以以危险方法危害公共安全罪定罪处罚。行为人交通肇事后心理上虽然紧张恐惧，但为了逃避法律追究而不顾一切，驾车飞驰撞车撞人，造成多人伤亡，行为人主观心理状态上已由过失转化为故意，放任不特定多数人伤亡结果的发生。这种情况下，对其驾车撞人的行为不应以故意杀人罪论处，而应按《刑法》第 115 条以危险方法危害公共安全罪定罪处罚，即对行为人前后两行为以交通肇事罪和以危险方法危害公共安全罪并罚。

最后，交通肇事罪的共犯。交通肇事后，单位主管人员、机动车辆所有人、承包人或者乘车人指使肇事人逃逸，致使被害人因得不到救助而死亡的，对其以交通肇事罪的共犯论处。此种情形的共犯以实际发生“逃逸致人死亡”为要件，如果肇事人虽然逃逸但并没有导致被害人死亡，则不成立此种情形的共犯。同时要注意，如果单位主管人员、机动车辆所有人或者机动车承包人指使、强令他人违章驾驶造成重大交通事故，以交通肇事罪定罪处罚，亦不属于此种情形的共犯。

2. 对本案的分析

（1）观点争议。

根据《刑法》第133条的规定，构成交通肇事罪的基本刑为三年以下有期徒刑或者拘役；交通肇事后逃逸或者有其他特别恶劣情节的，法定刑上升为三年以上七年以下有期徒刑；因逃逸致人死亡的刑罚最重，法定刑上升为七年以上有期徒刑。行为人的行为是否可以认定为法律规定的逃逸，直接影响到对行为人判处刑罚的量度。对于逃逸行为加重处罚的本意在于督促肇事者积极履行救助义务，将对被害人的损害尽力降至最低。根据《交通肇事解释》的规定，交通肇事后逃逸是指在发生法律规定的重大交通事故后，行为人为逃避法律追究而逃跑的行为。逃逸致人死亡是指因该逃逸行为致使被害人因得不到救助而死亡的情形。这里的逃逸，在理论上称之为“消极的逃逸”。如果行为人在交通肇事后为逃避法律追究，将被害人带离事故现场后隐藏或者遗弃，此种情形在理论称之为“积极的逃逸”。

一般而言，逃跑的意思是为躲避对自己不利的环境或事物而逃离，往往表现为离开于自己不利的场所。但在有关交通事故的司法实践中，有的肇事者在发生交通事故后，滞留在事故现场，并未离开，然而却不实施任何救助行为，不履行任何救助义务，对被害人进一步出现的伤亡结果表现出漠不关心、放任不管的心理态度。这种情况下，肇事者的行为可否认定为逃逸？被害人死亡的，肇事者的行为可否认定为交通肇事后逃逸？还是认定为“积极的逃逸”中的故意伤害或故意杀人？

本案的争议焦点在于被告人的行为是否属于“因逃逸致人死亡”，如何理解“因逃逸致人死亡”中的“逃逸”，主要有以下三种意见：

第一种意见，被告人汪某樟的行为属于不作为的故意杀人。理由如下：①根据《道路交通安全法》第70条第1款的规定，在道路上发生交通事故，车辆驾驶人应当立即停车，保护现场；造成人身伤亡的，车辆驾驶人应当立即抢救受伤人员，并迅速报告执勤的交通警察或者公安机关交通管理部门。虽然在本案中后车对被害人二次碾压，但不能排除被告人汪某樟自己的先行行为带来的救助义务。可见被告人汪某樟对于被害人陈某根是具有法定的救助义务的。②虽然在交通事故后汪某樟连车带人摔倒，但汪某樟能够自己站起并扶起电动车，能够对二次碾压者许某洁撒谎说没有其他东西，一直到后来的逃逸，说明被告人汪某樟具有辨认能力和控制能力，有能力履行救助义务。③被告人汪某樟既未报警亦未打急救电话，甚至没有告诉许某洁还有被碾压的被害人，而是选择了逃逸，以致被害人陈某根最终死亡。被告人汪某樟应当承担救助被害人陈某根的义务，有能力救助而不救助，符合刑法上不作为犯罪的构成条件。综上，被告人汪某樟明知自己的逃逸行为可能导致被害人陈某根失去救助机会而死亡的结果，但为了逃避法律的追究而逃跑，放任该危害结果的发生，因此，被告人汪某樟的行为应当构成不作为的故意杀人罪。

第二种意见，被告人汪某樟构成交通肇事罪中的因逃逸致人死亡。理由是：①虽然汪某樟在事故发生后没有立即逃跑，而是在后车发生事故后离开现场，但其在此期间没有暴露自己是肇事者，而是将自己隐匿在现场，并且未实施任何救助行为。②虽然有第三人的碾轧行为介入被告人肇事行为与被害人死亡之间，但从案发时间、地点、环境和被害人的情况来看，此介入因素的发生并未超出被告人合理预见的能力范围，不属于异常介入因素，不能阻断被告人肇事与被害人死亡之间的因果关系，应认定为交通肇事逃逸致人死亡。

第三种意见，被告人的行为属于一般交通肇事后逃逸，不构成交通肇事罪中的因逃逸致人死亡。理由是认定交通肇事逃逸必须具备离开事故现场这一客观要件，而被告人汪某樟在第一次事故后并没有离开事故现场，且被害人在第一次事故后并未死亡，而是在第二次事故后死亡的，故不能认定为交通肇事逃逸致人死亡。

（2）分析结论。

在本案中，我们同意第二种意见。分析如下：

根据《交通肇事解释》第 5 条的规定，“因逃逸致人死亡”是指行为人在交通肇事后为逃避法律追究而逃跑，致使被害人得不到救助而死亡的情形。“交通肇事后逃逸”和“因逃逸致人死亡”的加重处罚基础都是未履行法定义务。前者侧重于未履行报警、保护现场等义务，以及对其后交通状况所造成的抽象危险等。后者则突出未履行对被害人进行救助的义务。根据上述规定，我们认为被告人汪某樟的行为构成“交通肇事后逃逸”。“交通肇事后逃逸”的构成应当具备以下几个条件：

第一，被告人交通肇事后负有救助义务及具有救助能力。

根据《道路交通安全法》第 70 条的规定，肇事者发生交通事故后必须立即停车，保护现场；造成人身伤亡的，应当立即抢救受伤人员，并迅速报告执勤的交通警察或者公安机关交通管理部门。由此可见，保护事故现场、抢救伤员、报警并接受公安机关的处理，是肇事者必须履行的法定义务。除了上述法律明文规定外，基于交通肇事这一先行行为，交通肇事者在肇事后也负有救助义务。

肇事者是否具有救助能力，应依据肇事者所在现场的时空条件来认定，如果肇事者不具备救助能力，法律不强人所难。考察肇事者是否具有救助能力，要看肇事者本人是否处于清醒状态并具有活动能力、是否明知被害人受伤、现场是否具备救助可能，从事故的时间、地点、路况，以及行为人的知识、能力、经验等方面客观地评判肇事者是否具有救助能力。

本案中，被告人驾驶二轮电动车与同向行走的被害人发生碰撞，致被害人倒在车道中，被告人连人带车摔倒后站在路边白线外，并开始捡东西、扶二轮电动车。此时来往车辆车速比较缓慢，行驶在被害人倒地一侧车道的车辆经过事故点时，都做短暂停顿，接着借道对向车道行驶，被告人完全有机会将被害人搬离到安全的路边或阻拦呼叫车辆施救，但其未采取任何救助措施。上述事实足以说明被告人明知自己交通肇事，且在当时现场的时空条件下具有救助能力。

第二，被告人交通事故发生后逃逸，未履行救助义务。

我国刑法对逃逸规定加重处罚，主要是为了及时抢救伤者，防止事故损失的扩大；同时也便于尽快查清事故责任，处理事故善后。《道路交通事故处理程序规定》第112条规定，交通肇事逃逸是指发生道路交通事故后，当事人为逃避法律责任，驾驶或者遗弃车辆逃离道路交通事故现场以及潜逃藏匿的行为。司法实践中，不履行救助义务而逃逸在大多数情况下都表现为逃离现场，但现实的情况千差万别，有的没有逃离现场也可能构成逃逸，而有的离开现场却不构成逃逸。隐匿行为从本质上说仍是一种交通肇事后的逃逸行为，只要其不履行任何救助义务，人在现场与不在现场没有本质区别。

第三，肇事者逃逸的主观目的是逃避法律追究。

本案的特殊性在于，被告人在交通事故发生后并未马上离开现场，而在后车发生第二次事故后，隐瞒身份并离开现场。我们认为，是否认定为“因逃逸致人死亡”中的逃逸，应当弄清将逃逸规定为加重处罚条件的立法本意，不可仅仅看肇事者交通事故后是否逃离事故现场，要结合肇事者的主观目的和社会危害性进行判断。其中关键的一点就是要考察行为的主观目的是否为逃避法律追究。

《交通肇事解释》规定的“为逃避法律追究而逃跑”中“逃跑”，并没有对时间和场所的硬性限制。司法实践中，“逃跑”的手段与形式多种多样，核心问题仍在于是否逃避法律的追究。在事故现场躲藏、在现场却谎称不是肇事者，或者虽在现场但指使、同意他人冒名顶替，或者在将伤者送至医院后逃跑等情形，其最终目的是隐瞒肇事者身份、逃避法律的追究，仍然可以构成“逃逸”。如行为人虽未离开现场，但在现场隐匿自己的肇事者身份，致使现场的群众和警察都不知道谁是肇事者，肇事者也不受被害方、群众或者事故处理人员控制。

交通肇事后逃逸行为的本质特征就是为了逃避法律追究不履行法定义务，正确认定“逃逸”应当围绕肇事者在肇事后是否在有救助能力的情况下未履行救助义务。

就本案而言：第一，被告人汪某樟在肇事后具有救助义务和救助能力。首先，被告人汪某樟的先行肇事行为使受害人面临生命安全的紧迫危险，负有采取有效措施排除危险或防止更重危害结果发生的特定义务。汪某樟在发生事故后短时间内，下车开始捡东西、扶二轮电动车；在二次事故后，驾驶二轮电动车离开。可见，被告人神志清醒、行动自如、未受到任何威胁，具备辨认能力和控制能力。其次，被告人汪某樟未履行救助义务。汪某樟在其有救助能力和条件的情形下，在事故现场时未采取任何救助措施，二次事故后又实施了逃离事故现场的行为。再次，被告人汪某樟逃逸的主观目的是逃避法律追究。两次事故是应作为一个整体进行评价，被告人在第一次事故发生后没有立即逃跑，但二次碰撞的肇事者下车查看，并问被告人有什么东西，被告人回答没有，隐匿了自己是肇事者的事实，然后驾驶电动车离开现场。这一系列事实反映了被告人在肇事后有逃避法律追究的主观故意。因此，本案中被告人在有救助能力的情况下未履行救助义务，可以认定其属于“交通肇事后逃逸”中的“逃逸”。

第二，被告人汪某樟的行为构成“因逃逸致人死亡”。刑法中“因逃逸致人死亡”是指在出现交通事故后，肇事者逃逸，致使被害人因得不到及时救助而死亡。“因逃逸致人死亡”中被害人的死亡结果和被告人的逃逸行为应具备刑法上的因果关系。司法实践中，肇事者交通肇事后为逃避法律追究，不顾被害人的受伤结果，拒不履行救助义务而逃跑，致被害人因得不到及时救助而死亡，应构成“因逃逸致人死亡”；肇事者实施了救助，但履行救助义务后为逃避法律追究又逃跑，虽然被害人因抢救无效而死亡，但肇事者的逃逸行为和被害人的死亡不具备刑法上的因果关系，应当认定为“交通肇事后逃逸”，而不是“逃逸致人死亡”；肇事者不仅仅逃逸，而是将受害人带离事故现场后隐藏或者遗弃，致使被害人无法得到救助而死亡或者造成严重残疾的，则应当按照《交通肇事解释》第6条的规定，以故意杀人罪或者故意伤害罪定罪处罚。

在案件事实存在介入因素的场合，要判断哪个行为对结果的发生起到了决定性作用。要判断后车的第二次碰撞行为可否阻断第一次碰撞、逃逸行为与被害人死亡之间的因果关系，需要考虑以下因素：①第一次碰撞肇事者逃逸行为导致被害人死亡结果发生的危险性大小；②第二次碰撞行为的异常性大小；③第二次碰撞行为对被害人死亡结果发生的原因力大小；④第二次碰撞行为是否在第一次碰撞者逃逸行为的可控范围内。

就本案而言，被告人汪某樟肇事后听见被害人陈某根发出“哎哟”声，明知受害人受伤倒地不能自救，在来往车辆较多的公路上，正常人都会合理预见被害人若得不到救助，随时有被后车碾轧的可能。本案中二次碰撞发生在被告人起身扶电动车之后，如果被告人第一次事故后及时履行救助义务，就可以避免二次碰撞的发生；如果汪某樟二次碰撞发生后履行救助义务，也会使被害人得到一定的救助，可能不至于失去生命。但是，被告人汪某樟一直选择逃逸、不救助。据上，我们可以认定被告人应当也有能力预见二次事故的发生，被告人的逃逸行为导致被害人再次被碾轧甚至增大了被害人死亡的危险性。第二次碰撞行为在本案中不属于异常介入因素，不能阻断被告人汪某樟的逃逸行为和被害人陈某根死亡结果之间的因果关系。

第三，被告人的逃逸行为与故意杀人行为不具有相当性。按照《交通肇事解释》第6条规定，行为人在交通肇事后为逃避法律追究，将被害人带离事故现场后隐藏或者遗弃，致使被害人无法得到救助而死亡的，应当以故意杀人罪定罪处罚。行为人在交通肇事后，又实施隐藏、抛弃或移动至危险地带等积极移置性行为，使被害人得不到救助而死亡或发生再次碾轧事故，增加了被害人死亡的风险，其社会危害性与直接剥夺他人生命的行为具有相当性，已超出了“逃逸”的含义范围，不可再认定为“逃逸致人死亡”。

在判断逃逸行为与故意杀人是否具有相当性时，按照立法本意，应当把逃逸行为对结果发生的客观归责程度以及肇事者不履行义务的行为对结果发生的原因力大小等因素考虑进来。如果第二次碰撞的肇事者被认定为无责任，则说明第二次事故的发生具有很大的可能性，第一次事故对第二次事故的发生具有较大的原因力，可以进一步判断逃逸行为和故意杀人行为具有一定的相当性；如果第二次碰撞肇事者被认定负有责任，则说明第二次事故发生存在偶然性，不能将被害人的死亡结果完全归责于第一次事故的逃逸行为，应当认定为“因逃逸致人死亡”。本案中，被告人未实施将被害人带离事故现场后隐藏或者遗弃的行为，同时第二次的碰撞事故认定肇事者负次要责任，存在一定过错，因此可以认为被告人的逃逸行为与故意杀人行为不具备相当性。

综上，被告人汪某樟撞倒被害人陈某根后，在具备实施救助条件的情况下，置被害人生命处于高度危险状态而不顾，不履行任何救助义务，并故意隐瞒自己的肇事者身份，意图逃避法律追究，致使被害人被后车碾轧致死，应当认定被告人的行为属于交通肇事后逃逸致人死亡。一审、二审法院根据犯罪的事实、性质、情节和对社会的危害程度，以交通肇事罪判处被告人汪某樟有期徒刑七年，是合适的。

【思考题】

如何理解“交通运输肇事后逃逸”中“逃逸”的含义？

CHAPTER 6 第六章

经济犯罪

本章知识要点

（1）销售假药案例；（2）集资诈骗案例；（3）信用卡诈骗案例。经济犯罪，是指在经济领域内所实施的，以谋取非法利益为目的，违反国家法律规定，对社会经济秩序以及国家经济管理活动产生严重危害，依照我国刑法规定应受刑罚处罚的行为。与其他犯罪类型相比，经济犯罪主要有以下基本特征：其一，经济犯罪具有逐利性，经济犯罪的目的和动机一般都是获取非法利润。该特征在构成要件上表现为主观故意，一般来说过失不构成经济犯罪，多数经济犯罪是故意犯罪。其二，经济犯罪不仅具有刑事违法性，还具有行政违法性，是双重违法的犯罪类型。经济犯罪的前提条件和基础就是违反了国家前置性的关于经济活动管理的有关法律法规。

第一节 生产、销售、提供假药罪

本节通过对生产、销售、提供假药罪的构成要件进行讲解，结合案例和相关法律规定，主要分析对销售假药行为的认定。

案例一 陆某销售假药案[1]

【基本案情】

2002 年，陆某被查出患有慢粒性白血病，需要长期服用抗癌药品。我国对症治疗白血病的正规抗癌药品“格列卫”系列系瑞士进口，每盒需人民币 23 500 元，陆某曾服用该药品。为了进行同病患者之间的交流，相互传递寻医问药信息，通过增加购买

[1] 案例来源：沅检公刑不诉〔2015〕1 号。

同一药品的人数降低药品价格，陆某从2004年4月开始建立了白血病患者病友网络QQ群。2004年9月，陆某通过他人从日本购买由印度生产的同类药品，价格每盒约为人民币4000元，服用效果与瑞士进口的“格列卫”相同。之后，陆某按照药品说明书中提供的联系方式联系到了印度抗癌药物的经销商某公司，开始直接从该公司购买抗癌药物。服用一段时间后，陆某觉得印度同类药物疗效好、价格便宜，遂通过网络QQ群等方式向病友推荐。网络QQ群的病友也加入向该公司购买该药品的行列。随着病友间的传播，从该公司购买该抗癌药品的国内白血病患者逐渐增多，药品价格逐渐降低，直至每盒为人民币200余元。2013年3月，经该公司与陆某商谈，由陆某负责统计病友具体购药数量，将购药款存入其在国内设立的银行账户，定期将购药款转账到印度公司指定的户名为张某某的中国国内银行账户，然后由公司直接将药品邮寄给患者。经查证，共有21名白血病等癌症患者通过陆某先后提供并管理的三个银行账户向该公司购买了价值约120 000元的10余种抗癌药品。根据市食品药品监督管理局出具的鉴定，“VEENAT100”“IMATINIB400”“IMATINIB100”三种药品系未经我国批准进口的药品。

2014年7月22日，市检察院以陆某犯销售假药罪向市法院提起公诉。2015年1月27日，市检察院撤回起诉，2月26日对本案依法作出不起诉决定。

【主要法律问题】

（1）未经我国药品行政主管部门批准进口的抗癌药品是否属于刑法中的假药？

（2）陆某的行为是否构成销售假药罪？

【主要法律依据】

1.《中华人民共和国刑法》

第141条　生产、销售假药的，处三年以下有期徒刑或者拘役，并处罚金；对人体健康造成严重危害或者有其他严重情节的，处三年以上十年以下有期徒刑，并处罚金；致人死亡或者有其他特别严重情节的，处十年以上有期徒刑、无期徒刑或者死刑，并处罚金或者没收财产。

药品使用单位的人员明知是假药而提供给他人使用的，依照前款的规定处罚。

2.《中华人民共和国药品管理法》

第98条　禁止生产（包括配制，下同）、销售、使用假药、劣药。

有下列情形之一的，为假药：

（一）药品所含成份与国家药品标准规定的成份不符；

（二）以非药品冒充药品或者以他种药品冒充此种药品；

（三）变质的药品；

（四）药品所标明的适应症或者功能主治超出规定范围。

【理论分析】

1. 生产、销售、提供假药罪概述

根据《刑法》第 141 条的规定，生产、销售、提供假药罪是指违反国家药品管理法规，生产、销售、提供假药的行为。本罪的构成要件如下：

（1）本罪的客体是复杂客体，包括国家对药品的管理制度和不特定多数人的健康权、生命权。本罪的对象是假药。对假药的理解参照《药品管理法》第 98 条第 2 款的规定。

（2）本罪的客观方面表现为违反国家药品管理法规，生产、销售、提供假药的行为。违反国家药品管理法规，主要是指违反《药品管理法》以及《国家医药管理局关于贯彻〈中华人民共和国药品管理法〉的有关暂行规定》等法律、法规。生产假药，是指一切制造、加工、配制、采集、收集某种物品充当合格或者特定药品的行为。根据《最高人民法院、最高人民检察院关于办理危害药品安全刑事案件适用法律若干问题的解释》第 6 条第 1 款规定，生产假药的行为具体包括：①合成、精制、提取、储存、加工炮制药品原料的行为；②将药品原料、辅料、包装材料制成成品的过程中，进行配料、混合、制剂、储存、包装的行为；③印制包装材料、标签、说明书的行为。销售假药，是指将自己生产或者他人生产的假药非法出售的行为。提供假药，是指药品使用单位的人员明知是假药而提供给他人使用的行为。

（3）本罪的主体包括自然人和单位。其中，生产假药和销售假药的主体是一般主体，提供假药的主体是药品使用单位的人员。

（4）本罪的主观方面是故意，即行为人必须明知自己生产、销售、提供的是假药，而仍然生产、销售、提供。

2. 对本案的分析

本案的争议焦点是，陆某的行为是否构成销售假药罪？一种意见认为，陆某帮助印度公司在中国销售未经中国进口药品许可销售的药物的行为构成销售假药罪。相反的意见认为，陆某的行为不构成犯罪。解决前述本案争议问题的关键，在于对假药和销售行为的认定。

（1）假药的认定。生产、销售、提供假药罪是典型的行政犯，其特征在于以违反行政法规为前提。关于作为本罪犯罪对象的假药，《刑法修正案（十一）》颁布前的《刑法》第 141 条第 2 款明确规定“本条所称假药，是指依照《中华人民共和国药品管理法》的规定属于假药和按假药处理的药品、非药品”。根据现行《药品管理法》（2019 年 8 月 26 日修正）第 98 条的规定，假药包括以下四种：①药品所含成份与国家药品标准规定的成份不符；②以非药品冒充药品或者以他种药品冒充此种药品；③变质的药品；④药品所标明的适应症或者功能主治超出规定范围。与《药品管理法》（2015 年 4 月 24 日修正）相比，现行法不再将“依照本法必须批准而未经批准生产、

进口，或者依照本法必须检验而未经检验即销售的”药品按假药论处。所以，根据现行《药品管理法》的规定，本案中涉及的未经我国批准进口的印度公司生产的抗癌药物不属于假药。[1]

（2）销售假药行为的认定。本罪中的销售假药，是指将自己生产或者他人生产的假药非法出售的行为。然而，在本案中，陆某和其他白血病患者实际上是印度某公司抗癌药品的买方，其行为不属于销售假药的行为。因为，陆某本人就是白血病患者，自己服用印度该公司的药品证明有效后向病友介绍；陆某为病友购买药品提供帮助是无偿的，在整个过程中既没有加价行为，也没有收取代理费、中介费等任何费用；而且，陆某所帮助的药品购买者全部是白血病患者，没有任何为营利而从事销售或者中介等经营药品的人员。对于购买假药的行为，由我国刑法中使用的是“销售”而不是“买卖”或者“贩卖”可知，立法的主旨是只处罚销售一方，而不处罚购买一方。并且，陆某提供账号的行为也不构成印度公司销售假药的共犯。因为，提供账号的行为是为病友购药服务的，即收集病友的购物款，以便更加顺利、快捷地获得药品。所以，应当认为该行为作为白血病患者的求药群体购买药品行为整体中的组成行为即购买行为，而不是销售行为的帮助行为。

综上所述，陆某的行为没有侵犯他人的生命权和健康权，不构成销售假药罪。

【思考题】

救治病患能否成为本罪的出罪事由？

案例二　吕某甲等销售假药案[2]

【基本案情】

2014年底至2015年9月间，被告人吕某甲明知印度产抗癌药品“易瑞沙”“特罗凯”“格列卫”“多吉美”未经国家药品管理机构进口注册许可，仍以营利为目的，通过网络联系印度卖家购买，由印度卖家通过物流将药品发至国内。被告人吕某甲在网上发布销售印度抗癌药品的信息，并在淘宝网店以虚假发布玉石、手链、琥珀等物品的形式通过淘宝网面向全国各地销售印度抗癌药品“易瑞沙”“特罗凯”“格列卫”“多吉美”。根据市食品药品监督管理局回函，“易瑞沙”“特罗凯”“格列卫”“多吉美”均属必须批准而未经批准生产、进口的药品，按假药论处。经公安局网警大队远程勘验，被告人吕某甲涉嫌销售假药金额共计人民币34万余元。

---

[1] 即使按照《药品管理法》（2015年4月24日修正）的规定，本案中涉及的印度公司生产的抗癌药物也未必就是假药。具体而言，该规定中“按假药论”的药品必须是未经批准而进口且销售的，因此只要不能认定存在“销售”行为，就不能按照假药论处。

[2] 案例来源：（2016）苏0381刑初205号。

法院认为，被告人吕某甲明知是未经国家药品管理机构进口注册许可的药品而予以销售，其行为已构成销售假药罪并且情节严重，判处有期徒刑二年六个月，并处罚金人民币 70 万元。

【主要法律问题】

吕某甲的行为应当如何定性？

【主要法律依据】

1.《中华人民共和国刑法》

第 141 条　生产、销售假药的，处三年以下有期徒刑或者拘役，并处罚金；对人体健康造成严重危害或者有其他严重情节的，处三年以上十年以下有期徒刑，并处罚金；致人死亡或者有其他特别严重情节的，处十年以上有期徒刑、无期徒刑或者死刑，并处罚金或者没收财产。

药品使用单位的人员明知是假药而提供给他人使用的，依照前款的规定处罚。

第 142 条之一　违反药品管理法规，有下列情形之一，足以严重危害人体健康的，处三年以下有期徒刑或者拘役，并处或者单处罚金；对人体健康造成严重危害或者有其他严重情节的，处三年以上七年以下有期徒刑，并处罚金：

（一）生产、销售国务院药品监督管理部门禁止使用的药品的；

（二）未取得药品相关批准证明文件生产、进口药品或者明知是上述药品而销售的；

（三）药品申请注册中提供虚假的证明、数据、资料、样品或者采取其他欺骗手段的；

（四）编造生产、检验记录的。

有前款行为，同时又构成本法第 141 条、第 142 条规定之罪或者其他犯罪的，依照处罚较重的规定定罪处罚。

2.《最高人民法院、最高人民检察院关于办理危害药品安全刑事案件适用法律若干问题的解释》

第 3 条　生产、销售提供假药，具有下列情形之一的，应当认定为刑法第 141 条规定的“其他严重情节”：

（一）引发较大突发公共卫生事件的；

（二）生产、销售、提供假药的金额二十万元以上不满五十万元的；

（三）生产、销售、提供假药的金额十万元以上不满二十万元，并具有本解释第 1 条规定情形之一的；

（四）根据生产、销售、提供的时间、数量、假药种类、对人体健康危害程度等，应当认定为情节严重的。

【理论分析】

在本案的审理过程中，对于被告人吕某甲销售假药行为的定性基本上不存在分歧，而争议的焦点主要在于销售金额的认定以及量刑。但是，特别是在《刑法修正案（十一）》公布实施的背景下，应当如何对被告人吕某甲的行为进行定性，仍然值得研究。

在刑法修正之前，未经批准进口的药品属于《刑法》第141条中规定的“按假药处理的药品”，而《刑法修正案（十一）》删除了假药的定义。所以，按照现行《刑法》第141条的规定，本案中涉及的“易瑞沙”“特罗凯”“格列卫”“多吉美”等印度公司生产的抗癌药品不属于假药，因而不能认定为销售假药罪。

《刑法修正案（十一）》增设了妨害药品管理罪，规定“未取得药品相关批准证明文件生产、进口药品或者明知是上述药品而销售的”行为是构成本罪的情形之一。另外，本罪是具体危险犯，其成立要求必须“足以严重危害人体健康”。就本案而言，虽然销售印度公司生产的“易瑞沙”“特罗凯”“格列卫”“多吉美”等抗癌药品符合本罪的规定，但是这些药品是否足以危害人体健康，尚不明确。因此，是否构成本罪是存在疑问的。

既然未经批准进口的药品也是药品，那么，根据《药品管理法》《药品管理法实施条例》以及《药品经营许可证管理办法》等相关规定，销售这些药品就必须经过许可，否则就是非法经营行为。在本案中，被告人吕某甲以营利为目的，通过其淘宝网的网店以卖玉石、手链、琥珀等物品为掩护，向全国各地买家销售印度公司生产的抗癌药品，金额共计人民币34万余元。根据现行法的规定，应当认为其行为构成非法经营罪。

另外，虽然这些药品能够救治癌症患者，但是被告人吕某甲的销售行为是出于营利的目的，而且在网上以销售其他物品的方式进行掩饰隐瞒，由此可以证明其主观上不具有保护他人人身免受危险的目的，因而不符合紧急避险的主观条件。

【思考题】

如何理解妨害药品管理罪与非法经营罪的界限？

第二节　集资诈骗罪

本节通过对集资诈骗罪的构成要件进行解读，结合案例和相关法律规定，主要对本罪中“非法占有目的”的认定、“诈骗方法”的认定及集资诈骗罪的单位犯罪进行分析。

案例三　吴某志集资诈骗案[1]

【基本案情】

被告人吴某志于2011年至2013年8月期间，以经营瓷砖生意需资金周转为由，以高息为诱饵向被害人黄某1、王某2、周某3等25人非法集资。经法院审理，被告人吴某志非法集资共计3 550 000元，至案发时已归还本金40 000元及利息157 000元，实际集资诈骗3 353 000元。原审法院认为，被告人吴某志以非法占有为目的，使用诈骗方法向社会公众非法集资，数额特别巨大，其行为已构成集资诈骗罪。原审被告人吴某志不服，提出上诉。上诉人吴某志上诉称：（1）吴某志向集资参与人借款用于放贷赚利差，借款金额417万元（含向周某3借款57万元），放贷金额478万元，其中382万元借给颜某，由颜某实际占有和使用。2013年8月，颜某携集资款潜逃，致使吴某志无法偿还集资参与人借款本息，吴某志用自己的30万元存款支付集资参与人的利息，后在人身安全受到严重威胁的情况下逃匿，出逃时已没有集资款，不属于“携带集资款逃匿”的情形。因此，吴某志主观上没有非法占有的目的。（2）吴某志借款时已明确告知集资参与人借款是用于放高利贷赚利差，虽然集资参与人都主张吴某志以经营瓷砖生意为由向他们借钱，但全案几十张借条均未注明借款用于经营瓷砖生意，而且吴某志向集资参与人承诺的高息远超于其经营瓷砖生意的正常收益，可推断出集资参与人知道或应当知道吴某志的借款用途，因此，吴某志客观上没有使用诈骗方法非法集资。综上，吴某志的行为不构成集资诈骗罪。在二审审理期间，上诉人吴某志和检察院均没有提交新的证据。二审法院认为上诉人吴某志的供述与集资参与人的陈述、证人证言、借条、公安机关出具的抓获经过证明等证据相互印证，足以证实上诉人吴某志以高额回报为诱饵，虚构集资用途，谎称其经营瓷砖生意需要资金周转，骗取25名集资参与人的资金后全部用于放高利贷，没有用于经营瓷砖等生产经营活动，导致集资款不能如数返还给集资参与人，并且吴某志为躲避集资参与人追讨债务而长期逃匿，被抓获归案至今没有偿还集资参与人的经济损失，应认定吴某志主观上具有非法占有目的，应以集资诈骗罪追究其刑事责任。因此，二审法院认为原审法院认定吴某志行为构成集资诈骗罪的定性准确，驳回上诉。

【主要法律问题】

（1）如何认定吴某志是否具有“非法占有目的”？

（2）吴某志的行为是否属于“使用诈骗方法非法集资”？

---

[1] 案例来源：（2021）桂05刑终60号。

【主要法律依据】

1.《中华人民共和国刑法》

第 192 条第 1 款　以非法占有为目的，使用诈骗方法非法集资，数额较大的，处三年以上七年以下有期徒刑，并处罚金；数额巨大或者有其他严重情节的，处七年以上有期徒刑或者无期徒刑，并处罚金或者没收财产。

第 176 条第 1 款　非法吸收公众存款或者变相吸收公众存款，扰乱金融秩序的，处三年以下有期徒刑或者拘役，并处或者单处罚金；数额巨大或者有其他严重情节的，处三年以上十年以下有期徒刑，并处罚金；数额特别巨大或者有其他特别严重情节的，处十年以上有期徒刑，并处罚金。

2.《最高人民法院关于审理非法集资刑事案件具体应用法律若干问题的解释》

第 7 条　以非法占有为目的，使用诈骗方法实施本解释第 2 条规定所列行为的，应当依照刑法第 192 条的规定，以集资诈骗罪定罪处罚。

使用诈骗方法非法集资，具有下列情形之一的，可以认定为“以非法占有为目的”：

（一）集资后不用于生产经营活动或者用于生产经营活动与筹集资金规模明显不成比例，致使集资款不能返还的；

（二）肆意挥霍集资款，致使集资款不能返还的；

（三）携带集资款逃匿的；

（四）将集资款用于违法犯罪活动的；

（五）抽逃、转移资金、隐匿财产，逃避返还资金的；

（六）隐匿、销毁账目，或者搞假破产、假倒闭，逃避返还资金的；

（七）拒不交代资金去向，逃避返还资金的；

（八）其他可以认定非法占有目的的情形。

【理论分析】

1. 集资诈骗罪概述

集资诈骗罪是指行为人以非法占有为目的，使用诈骗方法非法集资，骗取数额较大的行为。

（1）本罪的构成要件。

本罪的客体是复杂客体。集资诈骗罪同时侵犯了国家的金融管理秩序和公私财产所有权。理论界通说认为，国家的金融管理秩序是主要客体，公私财产所有权是次要客体。本罪的客观方面表现为使用诈骗方法集资，骗取数额较大的行为。构成本罪客观方面的三个基本要素是：非法集资、诈骗方法与数额较大。第一，非法集资。合法集资是指公司、企业或者其他经济组织经过国家相关部门批准，依照法律、法规规定的条件和程序，向社会公众募集资金的行为。非法集资是指法人、个人或者其他组织未经有关部门依法批准，以合法集资形式掩盖非法集资目的，向不特定社会公众筹集资金的行为。非法集资的表现形式主要有：通过发行有价证券、会员证或者债务凭证等形式非法集资；通过对物价、地产等资产等份化，出让份额处置权非法集资；利用民间“会”“社”形式非法集资；以签订商品经销等经济合同形式非法集资；以发行或变相发行彩票非法集资；等等。第二，诈骗方法。根据最高人民法院1996年发布的《关于审理诈骗案件具体应用法律的若干问题的解释》第3条规定，本罪中所指的“诈骗方法”是指行为人采取虚构集资用途，以虚假的证明文件和高回报率为诱饵，骗取集资款的手段。第三，数额较大。犯罪数额是集资诈骗罪的客观认定标准之一，只有犯罪数额达到刑法所规定的数额以上，才能够构成本罪。关于“数额较大”的标准，最高人民检察院、公安部2010年发布的《最高人民检察院、公安部关于公安机关管辖的刑事案件立案追诉标准的规定（二）》第49条规定，个人集资诈骗数额在10万元以上、单位集资诈骗数额在50万元以上，应予立案追诉。本罪的主体是一般主体，既可以是达到刑事责任年龄、具有刑事责任能力的自然人，也可以是单位。本罪的主观方面表现为故意，并且必须以非法占有为目的。

（2）对“非法占有目的”的认定。

根据《刑法》第192条的规定，成立集资诈骗罪，行为人在主观方面必须具有“非法占有”的目的。刑法意义上的“以非法占有为目的”就是行为人意图通过非法手段排除权利人，将他人所有的财物为自己事实占有，并根据财物用途进行处分和收益等。集资诈骗罪中的“以非法占有为目的”还意味着行为人没有返还集资所得款项的主观意思，意图永久性占有集资款项。

由于“以非法占有为目的”是行为人的一种心理活动，因此无法从主观层面对其进行明确判断，但是主观见之于客观，我们可以通过评价行为人的客观行为来确定其主观方面是否有“非法占有”的目的。根据最高人民法院发布的司法解释，可以通过七种具体行为来判断行为人的主观态度：集资款项没有用于生产经营的；肆意挥霍集资款项的；携带集资款项逃匿的；将集资款项用于违法犯罪活动的；通过抽逃、转移资金、隐匿财产，隐匿、销毁账目，搞假破产、假倒闭，拒不交代资金去向以逃避返还资金的。从以上所列举的行为可以看出，主要是通过行为人对于集资款项的用途来判断其主观意图。

需要注意的是，虽然行为人的主观罪过要通过客观行为表现出来，但是并不能仅根据客观行为直接推断出行为人具有非法占有目的，否则会有客观归罪的倾向，在主观意图与客观事实之间应当有可以排除合理怀疑的法律推定。法律推定是指根据大众所熟知的经验法则以及一般人的生活经验，即人们在长期社会生活的反复实践中所获得事物与事物之间稳定的、常态化的、合理的因果联系，以案件事实为基础推定出待证事实，并且允许行为人进行合理反驳，但只有当行为人所提供的反证证明力大于推定，才能够推翻推定结论。

（3）对“诈骗方法”的认定。

普通诈骗罪中的诈骗行为是指行为人通过虚构事实或者隐瞒事实真相，让受害人产生错误认识，并在错误认识的基础上按照行为人的期望进行财产处分，从而造成被害人的财产损失。集资诈骗罪是从普通诈骗罪中独立出来的，属于普通诈骗罪的一种特别规定。集资诈骗罪与普通诈骗罪是法条竞合的关系，在适用时应当遵循特别法优于普通法的原则。

根据最高人民法院 1996 年发布的《关于审理诈骗案件具体应用法律的若干问题的解释》第 3 条的规定：“诈骗方法”是指行为人采取虚构集资用途，以虚假的证明文件和高回报为诱饵，骗取集资款的手段。依据上述规定，集资诈骗罪中的“诈骗方法”主要有三种：第一，虚构资金用途，即行为人告知或承诺集资参与人的资金用途与集资款项实际用途不一致，就是行为人虚构根本不存在的公司企业以及相关经营活动，以虚构的高额回报使集资参与人产生错误认识；第二，使用虚假的证明文件，即通过使用虚假的证书、批文、合同、报表等证明文件来达到欺骗集资参与人并使其交付资金的目的；第三，承诺高回报率，即行为人为了使被害人交付资金，利用被害人的投机心理和趋利心理，承诺高于同期银行存款利率的高额利润，使被害人产生错误认识。

分析上述规定，可以看出最高人民法院对“诈骗方法”的司法解释使用的是规范的构成要件要素，只是阐述了几种诈骗方法的具体类型来限定“诈骗方法”的外延，并没有明确“诈骗方法”的内涵。这就带来了一定的问题，现实社会生活总是千变万化的，尤其是在十分具有创新力的经济领域，新的犯罪方法和犯罪类型层出不穷，封闭的规范无法涵盖所有的诈骗方式，诈骗方式也不会仅仅局限于规范限定的几种情形，如果行为人采取规定以外的诈骗方式进行非法集资，例如在企业内部对员工进行有偿集资等，这一缺陷很容易使罪名认定产生困难。此外，最高人民法院解释规定的三种主要诈骗方法都属于“虚构事实”，但是不仅有“虚构事实”的诈骗方法，“隐瞒真相”的诈骗方法也应当包含在内。

认定“诈骗方法”可以通过主观方面与客观方面相结合的路径进行认定：从主观方面考察集资人的目的，判断集资人是为了非法占有集资款项还是为了投入正常的生产经营，正常的生产经营是不存在诈骗行为的；从客观方面考察集资人所使用的诈骗方法是不是其进行集资的主要手段或者是唯一手段，如果集资人只是使用一定成分的诈骗行为作为完成集资的辅助手段，则不能将其认定为集资诈骗罪中的“诈骗方法”。除此之外，对于集资诈骗罪中“诈骗方法”的认定还应当从集资参与人的角度进行考虑，如果集资参与人明知集资人有可能通过虚假宣传进行非法集资，出于投机心理仍为了追求高额利息回报向集资人交付资金，那么在这种情况下无法直接认定集资人是使用了诈骗方法令集资参与人陷入错误认识，从而取得集资款项。

2. 对本案的分析

对本案中吴某志是否具有“非法占有目的”的认定。从客观行为来看，吴某志并没有将集资所得款项用于经营瓷砖生意，而是将其用于放高利贷的非法活动，从而无法将资金如数返还给集资参与人，并且在集资参与人追讨资金时选择长期逃匿并未积极偿还集资参与人的经济损失，其行为符合最高人民法院 2010 年发布的《关于审理非法集资刑事案件具体应用法律若干问题的解释》第 4 条第 2 款第（一）项所列举的情形；从客观结果来看，吴某志的行为造成了资金无法归还各集资参与人的结果。在本案例中，吴某志在二审审理期间并没有提交有足够证明力的、可以反证的新证据，因此并不能推翻原审法院在其客观行为事实基础上对其主观心理的大概率推定，应当认定吴某志具有“非法占有目的”。因此，吴某志第一条上诉理由不成立。

对本案中吴某志的行为是否属于“使用诈骗方法非法集资”的认定。从主观目的来看，吴某志集资不是为了用于正常经营瓷砖生意，而是为了放贷赚利差；从客观方面来看，吴某志主要通过两种手段来达到自己的目的：一是虚构集资用途，吴某志将集资款项用于放贷赚利差，与其向集资参与人承诺的用于瓷砖生意资金周转不一致；二是承诺高回报率，吴某志向集资参与人许诺了高额利润率。吴某志所使用的上述两种诈骗方法是整个集资过程中的主要方法。综合主观方面与客观方面，应当认定吴某志的行为属于“使用诈骗方法非法集资”。因此，吴某志第二条上诉理由也不成立。

【思考题】

集资诈骗罪中的“数额较大”应当如何认定？

案例四　江某良、解某、丁某花等集资诈骗案[1]

【基本案情】

被告单位甲公司主要从事生产、销售白酒、配制酒等业务，被告人江某良系法定代表人。2014 年 11 月，被告人解某以他人名义设立乙公司，该公司为有限责任公司（自然人独资），法定代表人高某莲（解某持同村村民高某莲的身份证注册成立乙公司，高某莲不知情），经营范围为资产管理、投资管理等。2014 年，被告人江某良在甲公司生产经营状况不佳、负有大额外债的情况下，决定以销售甲公司原始股的形式对外集资，通过出具虚假财务资料，以年度分红 10%、企业在新三板上市等为诱饵，并承诺若三年内企业没有上市，将以投资额 1.5 倍的价格回购等方式向不特定社会公众集资。

---

[1] 案例来源：（2020）浙刑终 230 号。

所集资金用于甲公司生产经营、支付佣金、分红、归还甲公司及偿还江某良个人债务等。同年下半年，被告人王某玲得知甲公司采用前述方式募集资金后，帮助集资，并将被告人解某介绍给江某良，共谋以乙公司名义为甲公司集资。2014 年 12 月起，解某与被告人丁某花等人，招募业务员，以乙公司名义，通过向社会不特定人员拨打电话等方式宣传甲公司原始股项目，并夸大乙公司自身实力，使用虚假身份对外集资。王某玲帮助对外宣传，居中传递信息、转交资料，协助江某良核对集资款到账情况、支付分红、佣金等。甲公司将集资额的 30%~40% 以“佣金”名义支付给解某、王某玲等人。截至 2016 年 12 月，甲公司以上述方式向陈某等 149 人非法募集资金 9711.4 万元。原审根据以上事实，依据法律规定，认定被告单位甲公司构成集资诈骗罪单位犯罪、被告人江某良、解某、王某玲、丁某花集资诈骗罪构成集资诈骗罪共同犯罪。其中，甲公司、江某良、解某在共同犯罪中起主要作用，系主犯。王某玲、丁某花在共同犯罪中起次要、辅助作用，系从犯。一审宣判后，被告人解某提起上诉称本案属于乙公司单位犯罪而不是解某个人犯罪，二审法院驳回上诉，维持原判。

【主要法律问题】

乙公司的行为是否构成集资诈骗罪的单位犯罪？

【主要法律依据】

《中华人民共和国刑法》

第 30 条　公司、企业、事业单位、机关、团体实施的危害社会的行为，法律规定为单位犯罪的，应当负刑事责任。

第 192 条　以非法占有为目的，使用诈骗方法非法集资，数额较大的，处三年以上七年以下有期徒刑，并处罚金；数额巨大或者有其他严重情节的，处七年以上有期徒刑或者无期徒刑，并处罚金或者没收财产。

单位犯前款罪的，对单位判处罚金，并对其直接负责的主管人员和其他直接责任人员，依照前款的规定处罚。

【理论分析】

根据刑法的相关规定，集资诈骗罪的犯罪主体是一般主体，即构成集资诈骗罪主体的既可以是自然人也可以是单位。关于自然人犯罪，自然人构成集资诈骗罪不需要以特殊身份或者特殊资格为前提，只要达到刑事责任年龄并且具有刑事责任能力，就可以成为集资诈骗罪的犯罪主体。关于单位犯罪，是指公司、企业、事业单位、机关、团体为本单位谋取非法利益或者以单位名义为本单位成员或者多数单位成员谋取非法利益，由单位的决策机构按照单位的决策程序决定，由单位的直接责任人员具体实施，并且按照刑法规定单位应当受到刑罚处罚的犯罪。[1] 在司法实践中，集资诈骗罪的单位犯罪占有很大部分，因为集资诈骗罪要通过欺诈方法使集资参与人交付大数额资金，单位比个人要更有说服力和可信度，以单位名义集资更有利于达到犯罪目的。因此，集资诈骗罪的单位犯罪如何认定，以及如何区分集资诈骗罪的单位犯罪与自然人犯罪是十分重要的问题。

1. 集资诈骗罪单位犯罪的主体范围

根据《刑法》第 30 条的规定，可以成为单位犯罪主体的包括公司、企业、事业单位、机关和团体。本案例中的乙公司为解某个人独资的一人有限公司。一般来说，只要是单位实施了集资诈骗的客观犯罪行为都可以被认定为单位犯罪，但是一人有限公司能否成为集资诈骗罪单位犯罪主体存在着争议。

与不具有法人资格的个人独资企业不同，一人有限公司是指公司的股份由一个股东独自持有公司全部出资或者全部股份的有限公司。一人有限公司能否成为单位犯罪的主体一直存有争议。肯定观点主要有两个理由支撑：第一，根据《刑法》第 30 条的规定，法律并未将一人有限公司排除在单位犯罪主体之外，一人有限公司即使仅有唯一一个股东也属于具有法人资格的有限责任公司；第二，一人有限公司具有法人资格，与股东个人是不一样的两个独立的个体，一人有限公司有自己的独立意志。因此，一人有限公司是可以成为集资诈骗罪单位犯罪主体的。反对观点认为，由于一人有限公司只有唯一一个控股股东，将其作为单位犯罪的主体存在两方面的问题：一方面，一人有限公司尽管具有法人资格，但是公司股东的个人财产在实践中很难与公司所有财产相分离；另一方面，公司的单位整体意志与公司唯一股东的个人意志高度混同、难以区分。通说认为，一人有限公司符合《刑法》第 30 条对公司的理解，因此一人有限公司可以成为单位犯罪的主体。

2. 集资诈骗罪单位犯罪与自然人犯罪的区别

主要从集资诈骗罪单位犯罪的基本特征入手，对集资诈骗罪的单位犯罪与利用单位名义实施集资诈骗行为的自然人犯罪进行区分：

（1）单位必须依法成立。具有单位犯罪主体资格的单位应当是依法成立的，非法成立的单位实施犯罪不属于单位犯罪。依法成立不仅包括形式上的合法，还包括实质上的合法。形式上的合法是指单位是严格按照《公司法》以及其他相关法律所设立的，其成立必须满足法律所规定的条件并且依法登记。实质上的合法是指单位要有真实的注册资金、真实合法的经营活动以及办公场地。通过盗用、冒用或者伪造证明文件、法人印章等违法手段成立的单位实施集资诈骗行为的，不按照单位犯罪处理，应属于自然人犯罪。

---

[1] 张明楷．刑法学（第五版）［M］．北京：法律出版社，2016：135.

（2）集资诈骗行为体现单位整体意志。犯罪行为体现单位的整体意志是单位犯罪的典型特征，也是单位犯罪与自然人犯罪的重要区分点。在单位集资诈骗的犯罪中，实施集资诈骗行为的决定必须是单位内部集体商讨决议作出的，或者是由有关责任人员作出并按照单位的章程规定，经由正常的决策程序通过的。也就是说，集资诈骗的犯罪故意应当是单位作为一个独立个体产生的。如果是个人为了谋取私利没有通过单位正常程序伪造单位决策实施集资诈骗行为，这种情况下所实施的集资诈骗行为只是个人意志的体现，则应当以自然人犯罪处理。

（3）集资诈骗所得归属于单位。通过集资诈骗行为获取的违法所得是归属于自然人还是单位，是认定集资诈骗罪单位犯罪的一个重要根据。为单位谋取利益是成立单位犯罪的必备条件，也就是说只有集资得来的款项最终由单位占有和处分才能认定为集资诈骗罪单位犯罪。

3. 对本案的分析

在本案例中，虽然乙公司的法定代表人和负责人是高某莲，但实际上是解某冒用高某莲的身份证件进行注册，高某莲本人并不知情，解某才是乙公司的实际控制人。一人有限公司按照法律规定是具有单位犯罪主体资格的，但是本案例中的一人有限公司乙公司完全是为了便于解某向社会公众推销甲公司的原始股份才成立的，乙公司成立之后日常活动也主要是通过电话、微信、短信等方式，利用虚构的财务资料和报告向社会不特定人员宣传、介绍以及推销甲公司的原始股份。并且，公司的各项决议也未经过正常的决策程序，乙公司的单位意志实际上就是解某的个人意志。解某成立乙公司后，通过欺诈手段对外销售原始股份所得的非法款项虽然主要是由江某良及其设立的甲公司占有和处置，但是集资款项的 30%～40% 被作为“佣金”打入解某所控制的个人账户，违法所得并未归属乙公司。综上，乙公司不成立集资诈骗罪单位犯罪，应被认定为解某集资诈骗个人犯罪。

【思考题】

集资诈骗罪共同犯罪的成立条件有哪些？

第三节　信用卡诈骗罪

本节通过对信用卡诈骗罪的构成要件进行解读，结合案例和相关法律规定，主要对恶意透支型信用卡诈骗案和冒用型信用卡诈骗案进行分析。

案例五　王某俊恶意透支型信用卡诈骗案[1]

【基本案情】

被告人王某俊供认2013年至2014年期间，其分别向甲银行和乙银行申请信用卡各一张并予以使用。被告人王某俊供述，从2014年7、8月开始，其公司因经营不善快要倒闭，又欠了很多外债，为维持公司运转和支付工人工资，透支信用卡，之后偶尔偿还最低还款额。期间，上述两银行都有打电话和发短信向其催款，其有时接电话，有时不接。2015年，为了应对银行及其他要债人的催债，其更换了电话号码予以回避。根据乙银行工作人员王某的证言，证明其行通过打电话和发短信及发信函催收欠款，也有工作人员上门催款，但一直联系不上王某俊。并且，王某俊在透支后搬离了其在申领信用卡时所登记的工作单位和家庭住址。但王某俊的辩护人称更换手机仅是为了回避民间高利贷的讨债，不具有主观故意。截至2016年2月23日，被告人王某俊使用甲银行信用卡透支本金93 790.20元，经甲银行两次以上催缴后，超过三个月仍未还款。截至2015年11月7日，被告人王某俊使用乙银行信用卡透支本金200 352.14元，经乙银行两次以上催缴后，超过三个月仍未还款。透支总额共计294 142.34元。法院审理后认为，被告人王某俊以非法占有为目的，恶意透支信用卡，数额巨大，且经发卡银行两次催收超过三个月仍拒不归还，其行为已构成信用卡诈骗罪。

【主要法律问题】

王某俊主观上是否具有“非法占有目的”？

【主要法律依据】

1.《中华人民共和国刑法》

第196条　有下列情形之一，进行信用卡诈骗活动，数额较大的，处五年以下有期徒刑或者拘役，并处二万元以上二十万元以下罚金；数额巨大或者有其他严重情节的，处五年以上十年以下有期徒刑，并处五万元以上五十万元以下罚金；数额特别巨大或者有其他特别严重情节的，处十年以上有期徒刑或者无期徒刑，并处五万元以上五十万元以下罚金或者没收财产：

（一）使用伪造的信用卡，或者使用以虚假的身份证明骗领的信用卡的；

（二）使用作废的信用卡的；

（三）冒用他人信用卡的；

（四）恶意透支的。

---

[1] 案例来源：（2016）浙0327刑初1116号。

前款所称恶意透支，是指持卡人以非法占有为目的，超过规定限额或者规定期限透支，并且经发卡银行催收后仍不归还的行为。

盗窃信用卡并使用的，依照本法第 264 条的规定定罪处罚。

2.《最高人民法院、最高人民检察院关于办理妨害信用卡管理刑事案件具体应用法律若干问题的解释》

第 6 条　持卡人以非法占有为目的，超过规定限额或者规定期限透支，经发卡银行两次有效催收后超过三个月仍不归还的，应当认定为刑法第 196 条规定的“恶意透支”。

对于是否以非法占有为目的，应当综合持卡人信用记录、还款能力和意愿、申领和透支信用卡的状况、透支资金的用途、透支后的表现、未按规定还款的原因等情节作出判断。不得单纯依据持卡人未按规定还款的事实认定非法占有目的。

具有以下情形之一的，应当认定为刑法第 196 条第 2 款规定的“以非法占有为目的”，但有证据证明持卡人确实不具有非法占有目的的除外：

（一）明知没有还款能力而大量透支，无法归还的；

（二）使用虚假资信证明申领信用卡后透支，无法归还的；

（三）透支后通过逃匿、改变联系方式等手段，逃避银行催收的；

（四）抽逃、转移资金，隐匿财产，逃避还款的；

（五）使用透支的资金进行犯罪活动的；

（六）其他非法占有资金，拒不归还的情形。

第 8 条　恶意透支，数额在五万元以上不满五十万元的，应当认定为刑法第 196 条规定的“数额较大”；数额在五十万元以上不满五百万元的，应当认定为刑法第 196 条规定的“数额巨大”；数额在五百万元以上的，应当认定为刑法第 196 条规定的“数额特别巨大”。

【理论分析】

1. 信用卡诈骗罪概述

信用卡诈骗罪是指以非法占有为目的，利用信用卡进行诈骗活动，骗取数额较大财物的行为。本罪的构成要件如下：

（1）本罪的客体是复杂客体。信用卡诈骗罪同时侵犯了国家信用卡管理秩序和公私财产所有权。

（2）本罪在客观上表现为利用信用卡进行诈骗活动，骗取数额较大的财物。也就是说，该罪的客观方面包括两个基本要素：利用信用卡诈骗和骗取数额较大财物。利用信用卡诈骗的行为主要表现为以下情形：第一，使用伪造的信用卡，或者使用以虚假的身份证明骗领的信用卡的。使用信用卡是指行为人按照信用卡的正常使用方法，根据自己的需要，利用信用卡进行支付、结算以及消费，包括购买商品和服务、支取现金等。伪造的信用卡是指模仿信用卡的质地、模式以及版块等非法制造的空白信用卡，或者是在未添加信息的合法制作的信用卡上非法录入用户账号、姓名以及信用卡有效期等信息。[1] 使用伪造的信用卡来获得合法信用卡的正常服务功能就属于诈骗行为。以虚假身份骗领信用卡是指行为人提供虚假的证明文件，例如伪造的身份证、印章，以欺骗手段通过发卡银行的信用卡申领流程，从而获取信用卡。第二，使用作废的信用卡的。信用卡作废的原因主要包括已过有效使用期、未过有效使用期但已停用并已办理退卡手续、信用卡已挂失。作废的信用卡不再具有相应的服务功能，但是由于银行系统可能具有滞后性，行为人在同步信息之前的时间段非法使用该信用卡的行为就属于诈骗行为。第三，冒用他人信用卡的。根据 2018 年 11 月 28 日由最高人民法院、最高人民检察院联合修改发布的《关于办理妨害信用卡管理刑事案件具体应用法律若干问题的解释》（以下简称《解释》）第 5 条的规定，“冒用他人信用卡”，包括以下情形：拾得他人信用卡并使用的；骗取他人信用卡并使用的；窃取、收买、骗取或者以其他非法方式获取他人信用卡信息资料，并通过互联网、通讯终端等使用的；其他冒用他人信用卡的情形。第四，恶意透支的。恶意透支是指持卡人以非法占有为目的，在超过规定限额或者规定期限的情况下消费、提现，并且经过发卡银行催收 3 个月后仍旧不归还的行为。只有具有非法占有目的的透支行为才叫做恶意透支。《解释》第 6 条规定，具有以下情形之一的，应当认定为“以非法占有为目的”：明知没有还款能力而大量透支，无法归还的；使用虚假资信证明申领信用卡后透支，无法归还的；透支后通过逃匿、改变联系方式等手段，逃避银行催收的；抽逃、转移资金，隐匿财产，逃避还款的；使用透支的资金进行犯罪活动的；其他非法占有资金，拒不归还的情形。

（3）本罪的主体是达到刑事责任年龄、具有刑事责任能力的自然人，单位不能成为本罪主体。

（4）本罪的主观方面表现为故意，必须具有特定的犯罪目的，即非法占有目的。

2. 对本案的分析

按照刑法规定，恶意透支型信用卡诈骗罪是指持卡人以非法占有为目的，超过规定限额或者规定期限透支，并且经发卡银行催收后仍不归还的行为。“以非法占有为目的”的认定是该罪认定的核心问题：首先，恶意透支型信用卡诈骗罪是法定的目的犯，有无非法占有目的是罪与彼罪的重要认定标准。其次，透支被区分为善意透支和恶意透支，善意透支包括合法合规的透支以及虽然超过了限额与限期但属于当事人无意为之并经过银行催收及时归还的透支，善意透支人不具有非法占有目的，这是区分善意透支与恶意透支的重要标准。

本案例中的行为人符合《解释》第 6 条所列举的第一种情形和第三种情形：明知

[1] 田宏杰. 厘清伪造信用卡内涵促进科学定罪量刑［N］. 检察日报，2019-03-22（3）.

没有还款能力而大量透支，无法归还的；透支后通过逃匿、改变联系方式等手段，逃避银行催收的。

（1）明知没有还款能力而大量透支，无法归还的情形。

此种认定情形主要有两个认定难点，一是“明知”，二是“大量”。

“明知”的认定：认定“明知”，首先，要考察行为人透支前的个人财产情况以及是否具备偿还透支欠款的能力，“明知”作为一种主观态度需要通过客观事实来证明。如果行为人在申请和使用信用卡时个人财产状况就已经严重恶化，致其还款能力大幅下降，可以反推其透支行为具有“明知”的故意。其次，认定“明知”还需要确定其产生的时间节点，主要有行为人透支信用卡之前与行为人透支信用卡之后两种情形。一般认为，“明知”必须产生在透支信用卡之前，理由是：第一，从司法解释的表述顺序来看，应当是先“明知没有还款能力”，而后才“大量透支”；第二，从主客观相一致的基本刑法原则来看，行为人应当在实施危害行为之前就已经认识到或者应当认识到该行为是危害行为，也就是说持卡人在产生透支行为之前就认识到自己不具有归还欠款的能力但仍然透支信用卡，否则主客观就无法一致；第三，从刑法谦抑性的角度来说，如果将行为人实施透支行为之后才认识到自己没有还款能力的情况认定为“明知”，就会不适当地扩大刑法的处罚范围。

“大量”的认定：依据司法解释，“大量”并没有相对明确的标准，因此造成了理论界与实务界的分歧。一般来说，“大量”的认定应当参照信用卡诈骗罪所规定的“数额较大”的标准，不能低于“数额较大”的起刑点。司法实践对“大量”的认定应当根据信用卡透支限额与行为人的财产状况进行具体分析。

本案例中被告人王某俊自2014年7、8月起，因公司经营不善和拖欠外债造成其个人财务状况恶化，从而不具备还款能力。王某俊在已经认识到自身财务现状和还款能力不足的情况下，仍然在此之后直至2016年透支甲、乙银行信用卡，应当认定其具有“明知”的故意。根据《解释》第5条的规定，诈骗数额在5000元以上不满5万元的应当认定为《刑法》第196条规定的“数额较大”，诈骗数额在5万元以上不满50万元的应当认定为《刑法》第196条规定的“数额巨大”。被告人王某俊在明知没有还款能力后，仍使用信用卡透支共计294 142.34元，已经远高于“数额较大”的标准而构成“数额巨大”，也自然达到了司法解释中对于“大量”的要求。因此，应当认定被告人王某俊符合明知没有还款能力而大量透支、无法归还的情形，在主观上具有“非法占有的目的”。

（2）透支后通过逃匿、改变联系方式等手段，逃避银行催收的情形。

一般来说，实践中行为人在透支后逃匿、更改联系方式大多是具有明显的恶意透支意图的，但不能因此一概而论并进行客观归责。在认定行为人是否具备此种情形时应当明确行为人采取逃匿、改变联系方式等行为的真实目的，如果是发生了行为人意志以外的原因，例如行为人的其他债主采取了严重威胁到行为人人身安全的行为，使其不得不逃匿、改变联系方式来确保自身生命安全，或者是电话卡丢失，等等，在这些情况下行为人主观是没有逃避银行催收的意图的，也就不能以此认定行为人具有“非法占有目的”。在刑事诉讼中，行为人可以提出反证来证明自己逃匿、改变联系方式等行为并没有逃避还款的目的。

本案例中，被告人王某俊在信用卡透支后就搬离了申办信用卡时所登记的工作单位和家庭住址，并且在2015年直接更换了手机号码，明显具有逃避银行催收的故意。王某俊的辩护人称其更换手机只是为了回避民间高利贷欠款，不是为了逃避银行催收，但是根据王某俊的供述，其在2014年期间就对银行电话、短信催收持消极态度，银行经常出现联系不上王某俊的情况，王某俊及其辩护人并没有有足够证明力的反证来推翻其逃避银行催收的故意。因此，应当认定王某俊符合透支后通过逃匿、改变联系方式等手段逃避银行催收的情形，具有“非法占有目的”。

【思考题】

如何认定催收的有效性？

案例六　余某冒用型信用卡诈骗案[1]

【基本案情】

2018年11月23日17时许，余某趁与其熟识的被害人顾某某将手机放在卧室床上充电、本人不在卧室之际，未经顾某某同意，擅自使用顾某某手机，将顾某某支付宝所绑定的中国工商银行卡账户内人民币10 000元（以下币种均为人民币）通过支付宝转账至余某的支付宝账户。法院认为，余某冒用他人信用卡，进行信用卡诈骗活动，数额较大，其行为已构成信用卡诈骗罪，依法应予处罚。检察院抗诉提出，余某没有取得被害人的信用卡信息资料，不符合“冒用型”信用卡诈骗罪的基本特征，本案中银行不存在错误认识，不存在被骗的可能，余某的行为特征属于盗窃信用卡并使用，应认定为盗窃罪。中级人民法院认为检察院抗诉意见正确，上诉人余某以非法占有为目的，采用秘密方法窃取他人财物，数额较大，其行为已构成盗窃罪，依法应予惩处。

【主要法律问题】

余某的行为应当如何定性？

【主要法律依据】

1.《中华人民共和国刑法》

第196条　有下列情形之一，进行信用卡诈骗活动，数额较大的，处五年以下有

[1] 案例来源：（2019）沪02刑终1082号。

期徒刑或者拘役，并处二万元以上二十万元以下罚金；数额巨大或者有其他严重情节的，处五年以上十年以下有期徒刑，并处五万元以上五十万元以下罚金；数额特别巨大或者有其他特别严重情节的，处十年以上有期徒刑或者无期徒刑，并处五万元以上五十万元以下罚金或者没收财产：

（一）使用伪造的信用卡，或者使用以虚假的身份证明骗领的信用卡的；

（二）使用作废的信用卡的；

（三）冒用他人信用卡的；

（四）恶意透支的。

前款所称恶意透支，是指持卡人以非法占有为目的，超过规定限额或者规定期限透支，并且经发卡银行催收后仍不归还的行为。

盗窃信用卡并使用的，依照本法第 264 条的规定定罪处罚。

2.《最高人民法院、最高人民检察院关于办理妨害信用卡管理刑事案件具体应用法律若干问题的解释》

第 5 条　使用伪造的信用卡、以虚假的身份证明骗领的信用卡、作废的信用卡或者冒用他人信用卡，进行信用卡诈骗活动，数额在五千元以上不满五万元的，应当认定为刑法第 196 条规定的“数额较大”；数额在五万元以上不满五十万元的，应当认定为刑法第 196 条规定的“数额巨大”；数额在五十万元以上的，应当认定为刑法第 196 条规定的“数额特别巨大”。

刑法第 196 条第 1 款第（三）项所称“冒用他人信用卡”，包括以下情形：

（一）拾得他人信用卡并使用的；

（二）骗取他人信用卡并使用的；

（三）窃取、收买、骗取或者以其他非法方式获取他人信用卡信息资料，并通过互联网、通讯终端等使用的；

（四）其他冒用他人信用卡的情形。

【理论分析】

本案例中，辩护人、公诉机关以及审判机关的争议焦点在于余某利用他人绑定银行卡的第三方支付软件转账的行为应当以何种罪名定性。主要有两种观点：第一，余某的行为属于冒用型信用卡诈骗行为；第二，余某的行为属于盗窃罪中的秘密窃取行为。

1. 信用卡诈骗说

持信用卡诈骗说的观点认为，行为人以非法占有为目的，利用绑定银行卡的第三方支付软件与客户之间的服务协议，未经合法账户持有人允许，擅自冒充账户主体，使第三方支付平台产生错误认识进而将账户所绑定银行卡中的资金转出。该行为不仅侵害了公私财产所有权，同时也侵害了信用卡管理秩序，符合刑法中“冒用他人信用卡”的规定，应当被认定为信用卡诈骗罪。主要理由如下：

第一，“信用卡”的实质内涵应当是具有特定关系的金融账户，第三方支付平台与信用卡具有同一性质。❶ 如此推论的原因是：首先，网络金融发展迅速，信用卡的外在形式、功能服务等也在不断发生变化，对信用卡概念的理解不应局限于传统观念；其次，虽然根据相关解释规定，信用卡应当是由金融机构所发行的，但是刑法中的“金融机构”可以作与金融法规不一样的更为宽泛的理解，例如刑法中的信用卡可以包括借记卡；最后，信用卡的核心服务功能就是支付功能，此功能也是第三方支付软件的核心功能，信用卡支付和第三方平台所提供的支付服务最终都需要通过金融机构来完成支付，完全可以把第三方软件支付作为信用卡支付的延伸。因此，冒用他人第三方支付账户应当被包含于“冒用他人信用卡”。

第二，信用卡诈骗罪与盗窃罪最主要的区别在于行为人的犯罪手段是“骗取”还是“窃取”，冒用他人第三方支付软件转账的行为属于“骗取”行为。这一理由以软件作为一种智能机器能够成为诈骗对象作为理论依据，该肯定说内部存在着两种观点的分歧。第一种观点认为机器虽然不能成为受骗“人”，但是设置机器的自然人可以成为受骗人，表面上欺骗的是机器，实际上是操纵机器的自然人陷入了错误认识进而错误地处分了财物。❷ 第二种观点认为智能机器代替人脑进行业务处理，具有类人的识别功能，是可以产生错误认识的。❸ 第三方支付软件通过绑定了实名信息的支付账号和支付密码识别客户，然后进行转账服务，整个流程与银行实地转账并没有太大差别，能够和银行员工一样成为欺骗行为的实施对象。

第三，冒用他人绑定银行卡的第三方支付软件转账的行为不具有“秘密窃取”的性质。“秘密窃取”是盗窃罪最基本的特征，不具备“秘密窃取”就不成立盗窃罪。从字面意思理解，“秘密窃取”是指使用隐蔽的、不为他人所知的手段实施窃取行为。虽然行为人获得他人第三方软件账号密码的方式可能会具有秘密性，但是行为人非法转移财产的整个过程第三方软件以及银行都是知晓的，而且网络平台本身就具有开放性，因此该行为不具有“秘密窃取”的特性。

按照信用卡诈骗说，余某利用顾某某绑定银行卡的支付宝账号转账至自己名下的行为应当构成信用卡诈骗罪。首先，支付宝作为以支付功能为核心的第三方支付软件，虽然并非金融机构所设立，但完全具备信用卡的核心功能，其本质也是通过信用卡和信用卡所属金融机构完成转账流程，可以对“信用卡”进行扩大解释包含第三方支付软件。其次，余某的行为不属于“秘密盗窃”，而是“冒用”并“骗取”。余某是于顾某某不在场之际未经其同意，擅自使用顾某某手机转账，此行为在表面上具有一定的

---

❶ 刘宪权，李舒俊．网络支付环境下信用卡诈骗罪定性研究［J］．现代法学，2017（6）：121.

❷ 黎宏．欺骗机器取财行为的定性分析［J］．人民检察，2011（2）：78.

❸ 刘宪权．论新型支付方式下网络侵财犯罪的定性［J］．法学评论，2017（5）：40.

秘密性，但是其转账的过程是在网络平台上公开进行的，第三方软件和银行均知情，所以余某不是“秘密窃取”的违法所得。而且，行为人通过顾某某的手机获得了顾某某的账号和密码，而账号和密码与顾某某的信用卡实名身份信息资料是绑定的，只有利用信息资料才完成转账行为，符合“冒用型”信用卡诈骗罪获取他人信用卡信息资料并使用的特征。最后，支付宝和银行的线上转账程序虽然不是自然人，但是可以成为被欺骗的对象，线上转账程序具有类人的识别能力，银行线上转账系统受到余某的欺骗误以为是顾某进行的正常转账操作，在收到转账指令后将顾某的财产转移至余某的账户，这不仅侵害了顾某的个人财产所有权，同时也侵害了国家信用卡管理秩序。因此，余某的行为属于冒用他人信用卡，应当构成信用卡诈骗罪。

2. 盗窃罪说

持盗窃罪说的观点认为，行为人以非法占有为目的，窃取他人的第三方支付软件账号与密码建立了新的财产支配关系，在违背他人意愿且他人不知情的情况下非法转移他人财产的行为，侵害了他人的财产所有权，符合盗窃罪的构成要件。主要理由如下：

第一，第三方支付软件不属于“信用卡”的范畴。根据 2004 年 12 月 29 日第十届全国人民代表大会常务委员会第十三次会议通过的《关于〈中华人民共和国刑法〉有关信用卡规定的解释》的规定：“刑法规定的‘信用卡’，是指由商业银行或者其他金融机构发行的具有消费支付、信用贷款、转账结算、存取现金等全部功能或者部分功能的电子支付卡。”虽然第三方支付软件的功能与信用卡的大部分功能基本一致，但是第三方支付软件并非金融机构，将其解释为“信用卡”属于类推解释。

第二，第三方支付软件不能成为欺诈行为的实施对象。第三方软件在本质上是智能机器，虽然智能但也无法等同于人，没有人的意识，也不可能因被欺诈而产生错误认识，因此也不会在错误认识下处分财产，所以不能构成信用卡诈骗罪，只能构成盗窃罪。[1]

第三，从客观方面看，行为人在他人不知情的情况下利用绑定第三方支付软件转账的行为符合盗窃罪的“秘密窃取”。前文阐述了“秘密窃取”是指使用隐蔽的、不为他人所知的手段实施窃取行为。从行为人自身角度而言，在没有他人发现的情况下，非法获得他人的第三方软件账号密码，进而违背账号权利主体的意志秘密地处分财产，是完全符合“秘密窃取”这一盗窃罪基本特征的。

第四，从犯罪客体看，盗取他人第三方支付软件账号密码转账的行为侵害的是他人财产所有权。第三方支付软件一般都会与客户签订协议，在此种情况下银行与第三方软件对客户所遭受的损失并不承担责任，因此该行为只造成了第三方支付软件客户合法财产损失。此外，由于第三方支付软件属于智能机器，不能成为受骗对象，那么

---

[1] 张明楷．许霆案的刑法分析［J］．中外法学，2009（01）：45-49.

银行在第三方支付软件的指令下进行转账服务也不存在被骗的情况，因此并没有损害银行信用卡管理秩序，不构成信用卡诈骗罪。

按照盗窃罪说，余某利用顾某某绑定银行卡的支付宝账号转账至自己名下的行为应当构成盗窃罪。首先，余某利用顾某某不在场之际，在顾某某不知情的情况下，擅自利用顾某某手机上的支付宝软件非法获得其支付宝账号以及密码，对顾某某信用卡账户中的财产进行了转移，符合盗窃罪“秘密窃取”的构成要件。其次，根据法院的判决，余某“秘密窃取”的对象是顾某某的信用卡，应当属于“盗窃信用卡并使用”的情形，可以看出法院并不否认支付宝的金融性，没有按照盗窃罪说所持的一般观点将支付宝排除在“信用卡”之外，而是对“信用卡”进行了扩大解释。再次，根据《解释》第5条的规定，《刑法》第196条第1款第（三）项所称“冒用他人信用卡”，包括窃取、收买、骗取或者以其他非法方式获取他人信用卡信息资料，并通过互联网、通讯终端等使用的情形。本案例中，余某只是窃取了顾某某的支付宝账号以及支付密码，并没有获取顾某某的信用卡信息资料，不符合“冒用他人信用卡”的规定。最后，支付宝作为智能机器，没有人的意识，也就不会被骗而产生错误认识，也不会在错误认识下对银行下达转账指令，因此也不存在银行被骗的情况，也就没有妨害银行的信用卡管理秩序，只是对顾某某的个人财产造成了损失，侵害了顾某某的个人财产所有权，符合盗窃罪的犯罪客体。

本书认为，微信、支付宝账户不等于银行卡账户，微信、支付宝的信息资料不等于银行卡信息资料。因此本案中余某的行为不能适用《解释》的规定，不构成信用卡诈骗罪。

综上，余某的行为属于盗窃信用卡并使用，应当被认定为盗窃罪。

【思考题】

抢劫信用卡并使用的行为应当如何定性?

CHAPTER 7 第七章

侵犯公民人身权利、民主权利罪

本章知识要点

（1）故意杀人罪案例；（2）故意伤害罪案例；（3）虐待罪案例。侵犯公民人身权利、民主权利罪是指故意或者过失地侵犯公民的人身权利、民主权利以及与人身直接有关的其他权利的行为。本类犯罪的客体即公民的人身权利、民主权利以及与人身直接有关的其他权利。同时有部分罪为复杂客体，之所以规定在本章是因为其主要侵犯的是本章中的客体。本类犯罪的客观方面表现为以各种方法侵犯公民的人身权利、民主权利以及其他直接相关权利。本类犯罪的主体多为一般主体，同时对于故意杀人、故意伤害致人重伤或者死亡、强奸罪，已满 14 周岁未满 16 周岁的人也可以作为犯罪主体。本类犯罪的主观方面可以出于故意，也可以出于过失。

第一节　故意杀人罪

本节通过对故意杀人罪的构成要件以及自杀及相关情况的认定进行讲解，结合相关案例进一步明确故意杀人罪与其他罪名之间的界定。

案例一　席某某故意杀人案❶

【基本案情】

2019 年 4 月 7 日 19 时许，被告人席某某驾驶电动三轮车回家途中将在前方同向行走的方某撞倒在地，席某某下车将方某从地上抱起，放在电动三轮车车厢内，拉至一乡间土路上，将方某遗弃在路边后逃逸，致使方某因得不到及时救助而死亡。

❶ 案例来源：（2020）豫刑终 114 号。

经鉴定，被害人方某符合因钝性暴力作用致闭合性胸部损伤等复合型损伤，其伤后存活时间为4小时左右及以上；证人姚某证言证实听到被害人被抱到三轮上还发出声音。以上证据证实事故发生时被害人并未当场死亡。席某某也承认其将被害人带离事故现场是为了逃避法律追究和赔偿医药费，而在晚上将被害人遗弃在乡间土路上，致使被害人无法得到及时救助而死亡。一审宣判后，原审被告人席某某不服，提出上诉。二审法院驳回上诉，维持原判。

【主要法律问题】

本案中席某某成立交通肇事罪还是故意杀人罪？

【主要法律依据】

1.《中华人民共和国刑法》

第133条　违反交通运输管理法规，因而发生重大事故，致人重伤、死亡或者使公私财产遭受重大损失的，处三年以下有期徒刑或者拘役；交通运输肇事后逃逸或者有其他特别恶劣情节的，处三年以上七年以下有期徒刑；因逃逸致人死亡的，处七年以上有期徒刑。

第232条　故意杀人的，处死刑、无期徒刑或者十年以上有期徒刑；情节较轻的，处三年以上十年以下有期徒刑。

第234条　故意伤害他人身体的，处三年以下有期徒刑、拘役或者管制。

犯前款罪，致人重伤的，处三年以上十年以下有期徒刑；致人死亡或者以特别残忍手段致人重伤造成严重残疾的，处十年以上有期徒刑、无期徒刑或者死刑。本法另有规定的，依照规定。

2.《最高人民法院关于审理交通肇事刑事案件具体应用法律若干问题的解释》

第6条　行为人在交通肇事后为逃避法律追究，将被害人带离事故现场后隐藏或者遗弃，致使被害人无法得到救助而死亡或者严重残疾的，应当分别依照刑法第232条、第234条第2款的规定，以故意杀人罪或者故意伤害罪定罪处罚。

【理论分析】

1. 基础理论

（1）故意杀人罪的构成要件。

故意杀人罪的客体是他人的生命权。所谓他人的生命权，是指己身以外的自然人非经法律规定不得非法剥夺其生存的权利。人的生命权利始于出生，终于死亡。因此，本罪的对象只能是有生命的自然人。生命的起始标准，刑法理论上认识不一致，我国通说采取独立呼吸说，即人的生命，起始于胎儿脱离母体后，开始独立呼吸。生命的终结，传统观点认为以心脏停止跳动为标志。但近年来随着医学科学的发展提出了“脑死亡”的概念，即应以脑死亡为准。只有包括大脑、小脑和脑干在内的脑的全部功能不可逆地完全消失，才是死亡的标志，即使心脏仍在跳动，也认为已经死亡。我国实践中仍以心脏停止跳动为生命终结的标志。所以，任何人的生命权利在出生后和死亡前都受到刑法保护，不因对象的条件不同而有所区别。在行为人出于故意而误把尸体当活人加以杀害的情况下，属于事实认识错误，应以对象不能犯的故意杀人罪未遂来处罚。

本罪的客观方面表现为非法剥夺他人生命的行为。首先，这种剥夺他人生命的行为须是非法的。如果实行正当防卫或执行公务而将他人杀死，不构成犯罪。其次，要有剥夺他人生命的行为。行为方式既可以表现为作为，如枪击、刀砍、斧劈、拳打脚踢；也可以表现为不作为，如有救助义务的人见死不救，致人死亡。实践中常见的是前者，后者只有在负有防止被害人死亡的特定义务的前提下才能成立。最后，在死亡结果发生的情况下，杀害行为与死亡结果之间必须有因果关系，否则不成立本罪的既遂。

故意杀人罪的主体是一般主体。凡是年满 14 周岁，具有刑事责任能力的自然人均可构成。《刑法修正案（十一）》对《刑法》第 17 条进行了修改，已满 12 周岁不满 14 周岁的人，犯故意杀人、故意伤害罪，致人死亡或者以特别残忍手段致人重伤造成严重残疾，情节恶劣，经最高人民检察院核准追诉的，应当负刑事责任。

故意杀人罪在主观方面要求行为人具有非法剥夺他人生命的故意，包括直接故意和间接故意。在间接故意情况下，须有放任的死亡结果发生。故意杀人的动机是多种多样的，但动机不影响本罪的成立，只是量刑的情节。

（2）自杀及相关情况的认定。

一是致人自杀行为的定性。自杀是自己剥夺自己的生命，非特定情况下在我国自杀行为不为罪。但实践中自杀的情况颇为复杂，特别是因他人行为引起自杀，往往涉及是否构成故意杀人罪的问题，需认真分析。司法实践中的致人自杀主要有以下三种情况：第一，行为人的合法正当行为，如履行职责对他人批评或处分，处分过重、态度生硬、粗暴或因一般违法行为，如打骂引起他人自杀。这种情形下自杀行为往往是由于自杀者的心胸狭隘所致，不应追究其刑事责任。第二，行为人的犯罪行为，如强奸、暴力干涉他人婚姻自由等引起自杀。这种情况下，行为人主观上无杀人的故意，应以相应的罪论处，不构成故意杀人罪。根据具体情况，一是可将引起自杀作为强奸、暴力干涉婚姻自由等罪的一个从重处罚情节；二是引起他人自杀这一事实可作为定罪与否的情节，如侮辱、诽谤他人引起自杀的，引起自杀就成为判定情节严重与否的一个重要因素。第三，行为人具有致他人死亡的故意，并凭借权势或以暴力、胁迫、诱骗等手段促使他人自杀，由于行为人主观上具有杀人故意，客观上又实施了与死亡有一定因果关系的行为，实质上是一种“借刀杀人”的行为，应以故意杀人罪论处。

二是教唆自杀、帮助自杀行为的定性。所谓教唆自杀，是指唆使没有自杀意图的人产生自杀决意，实施自杀行为。教唆自杀多数情况下都是为了帮助自杀者摆脱精神或者肉体的痛苦。由于非特定情况下的自杀行为在我国是非罪行为，所以，教唆者非共同犯罪的教唆犯。对于是否自杀，有意志选择自由的是自杀者。因此，当教唆行为与他人自杀之间具有因果关系时，法律属性上仍属于故意杀人行为。不过教唆自杀行为的社会危害性较小，虽应以故意杀人罪论处，也应按情节较轻的故意杀人罪从轻、减轻或者免除处罚。

帮助自杀，是指他人已有自杀意图，行为人对其在精神上加以鼓励，使其坚定自杀的意图，或者对其给予物质上的帮助，使他人得以实现自杀的行为。由于非特定情况下的自杀行为在我国是非罪行为，所以，帮助者不是共同犯罪的从犯。在前一种情况下，行为人的行为对自杀死亡结果的原因力较小，危害也不大，可以不追究其故意杀人的刑事责任。在后一种情况下，行为人的行为多是应请求在物质上为自杀者提供帮助，如将毒药递给自杀者，对于自杀者的死亡结果发生具有较大的原因力，原则上应构成故意杀人罪。不过由于自杀与否是自杀者本人的意思决定，因此，这种情形下可对帮助者从轻或减轻处罚。对于虽然是应自杀者要求实行帮助，却直接动手将对方杀死（得承诺杀人），应当认定为故意杀人罪，但处罚可以考虑从轻。

对特定情况下的教唆自杀、帮助自杀行为，应当按照一般的故意杀人罪判处刑罚。2017 年《最高人民法院、最高人民检察院关于办理组织、利用邪教组织破坏法律实施等刑事案件适用法律若干问题的解释》第 11 条规定：组织、利用邪教组织，制造、散布迷信邪说，组织、策划、煽动、胁迫、教唆、帮助其成员或者他人实施自杀、自伤的，依照刑法第 232 条、第 234 条的规定，以故意杀人罪或者故意伤害罪定罪处罚。

三是相约自杀行为的定性。在相约自杀中以婚恋原因者居多。实践中存在以下五种具体情况应分别处理：第一，双方相约共同自杀，一方未对他方实施教唆、帮助或诱使行为。在这种情况下，虽然相约自杀而没有死亡一方的行为对自杀者有精神支持作用，但由于客观上没有实施教唆、帮助或诱使行为，因此，自杀没有成功的一方不应对他方的死亡负故意杀人的刑事责任。第二，双方相约共同自杀，一方要求对方先杀死自己，后者应对方请求先将对方杀死，然后自杀未成功或又放弃自杀的。这在本质上是一种得承诺（受托）杀人，行为人主观上有明知，客观行为与死亡结果之间具有因果关系，应按故意杀人罪论处，处理上可从轻考虑。第三，双方相约共同自杀，一方为自杀提供条件，另一方利用此条件自杀死亡，而提供条件者自杀未能成功的，从性质上讲是一种帮助自杀的行为，可依照帮助自杀的原则处理。第四，诱使他人共同自杀，而自己自杀未能成功的，性质上是教唆自杀，除特定情况下的教唆自杀外，按教唆自杀从宽处理。第五，一方诱骗对方相约共同自杀，而行为人根本没有自杀的意图和自杀行为的，对诱骗者应以故意杀人罪定性。应注意这种情形与诱使他人相约共同自杀而自己自杀未成功情形的区别。

四是受嘱托杀人行为及“安乐死”问题。受嘱托杀人，也称“得承诺杀人”，是指受已有自杀意图者的嘱托而直接将他人杀死的行为。从广义上来讲，这也是一种帮助自杀行为，但与帮助自杀不同在于行为人是直接实施杀人行为，而不是对嘱托者本人的自杀行为给予帮助。这种受嘱托杀人行为构成故意杀人罪，但由于是应已有自杀意图者所求，在处罚时可考虑从轻。“安乐死”在本质上也是一种受嘱托杀人的行为。一般是指应身患绝症，精神、肉体处于极度痛苦的病人的请求，实施促使其提前、迅速无痛苦死亡的行为。已有个别国家承认“安乐死”合法化，我国也有学者认为应以专门立法允许通过实行“安乐死”来减轻病人的痛苦，使“安乐死”合法化，但应有严格的条件限制。我国学者提出的条件可归纳为以下几点：第一，病人只能是身患绝症，临近死亡，即因疾病，死亡已经不可避免。所谓绝症，是指经现代医疗诊断证明，是当前医疗手段尚无法治愈的疾病。第二，病人须是处于无法忍受的精神、肉体的痛苦之中。第三，必须有病患者本人的真诚嘱托和承诺，其他人都不能代替患者提出“安乐死”的请求。但为了切实保障病患者的自主权，可以用遗嘱的方式记载病人的要求，并指定一个或多个代理人为其临终问题作决定。第四，须由医生按照法定程序，并以为解除病人的痛苦为目的，采用伦理上被认为是适当的方法进行。目前立法上尚未承认“安乐死”合法，对实践中“安乐死”的案件仍应按照故意杀人罪定性，但可根据具体情况减轻或者免除处罚。

2. 本案分析

本案中的争议焦点在于交通肇事逃逸致人死亡与故意杀人的界限。因逃逸致人死亡是指行为人在交通肇事后为逃避法律追究而逃跑，致使被害人因得不到救助而死亡的情形。就《最高人民法院关于审理交通肇事刑事案件具体应用法律若干问题的解释》（以下简称《解释》）规定的内容看，理解为“因逃逸”致本次事故被害人死亡比较合理。至于“致人死亡”，理解为因“过失”比较恰当，即指行为人发生重大事故以后，因惊慌、害怕等原因置受伤人于不顾，逃离现场，使其未得到及时救助而死亡。如果明知将伤者弃置不管可能会造成死亡结果，或者将伤者遗弃于荒野后逃走，致使被害人因抢救失时而造成其死亡的，则应以故意杀人罪论处。“因逃逸致人死亡”的“逃逸”，也是指行为人在交通肇事后，为逃避法律追究而逃跑的行为，这是适用该款的客观违法行为。该款要求因“逃逸”不抢救被害人致使抢救失时而发生死亡结果，但由于我国现行刑法中尚未有对单纯的“逃跑”行为规定为犯罪的条款，将依附于违法的逃逸行为而“致人死亡”的心理活动称之为“罪过”是否妥当，还值得研究。对此，我们认为，对“因逃逸致人死亡”的规定，理解为客观上处罚的条件比较妥当，它只是涉及行为人“逃逸”行为的直接后果，只要“因逃逸”而造成“致人死亡”结果的，就符合法律规定的客观处罚条件，至于其心理活动对致人死亡是“过失”还是“故意”，只对适用《解释》该条款时的刑罚轻重有影响，对是否能够适用该规定并没有任何影响。

在本案中，被告人席某某将被害人撞倒在地，事故发生时被害人并未当场死亡。

由于行为人的行为而使刑法所保护的社会关系处于危险状态时，行为人负有以采取有效措施排除危险或防止结果发生的特定义务。若行为人不履行这种义务，就是以不作为的形式实施的危害行为。被告人席某某交通肇事撞伤了被害人，有义务将被害人送往医院进行救治，如果不履行这一作为义务导致被害人死亡，就成立不作为的故意杀人罪。不作为行为与危害结果之间的因果关系是客观存在的，不是法律强加的。不作为的原因力，就在于它应该阻止而没有阻止事物向危险方向发展，以致引起了危害结果的发生。不作为犯罪因果关系的特殊性只在于，它要以行为人负有特定的义务为前提，除此以外，它的因果关系应与作为犯罪一样。

【思考题】

交通肇事罪中“因逃逸致人死亡”如何认定？与故意杀人罪有何区别？

案例二　杜某某故意伤害案[1]

【基本案情】

被告人杜某某于2009年认识公司老板徐某，在其公司打零工。2017年8月，徐某给公司副总经理沈某生租房作为宿舍，杜某某及女友李某兰随同沈某生一同搬入，沈某生住在东侧卧室，杜某某与李某兰住在中间卧室。同年11月，沈某生让朋友被害人刘某到公司帮忙。12月，刘某到该宿舍西侧卧室居住，刘某入住后经常醉酒后无故对杜某某和李某兰进行谩骂，杜某某均未予理会。2018年1月26日晚，刘某再次酒后谩骂。1月27日，杜某某在纸板上写下警告话语交给沈某生，让沈某生从中说和劝解。1月30日23时许，刘某酒后撞开杜某某和李某兰居住的卧室门，先用拳头和玻璃酒瓶对李某兰进行殴打，杜某某起身用拳头打刘某，刘某持酒瓶朝杜某某头部砸，二人发生打斗。杜某某用头将刘某仰面顶倒在客厅内，从刘某手中夺过打斗过程中破碎的酒瓶，朝刘某头面部、颈部多次捅刺，致刘某当场死亡。经鉴定，刘某系玻璃瓶残端刺破大血管致失血性休克死亡。

另经鉴定，杜某某左眼上下睑瘀血肿胀，头左颞顶部有三处长分别为2.0cm、1.3cm、0.6cm缝合创口，右手虎口处有一不规则长3.6cm缝合创口，右手食指中节侧面有一挫创口；李某兰右枕部可触及一皮下血肿，右手背散在皮下瘀血。杜某某、李秀兰所受损伤程度均已构成轻微伤。案发后，被告人杜某某要求李某兰拨打110电话报警，其在现场等候。后公安机关根据沈某生的报警到现场将杜某某抓获。

一审判决被告人杜某某无罪，驳回附带民事诉讼原告人刘某同的诉讼请求。宣判后，检察院提出抗诉。在高级人民法院审理期间，检察院决定撤回抗诉。

---

[1] 案例来源：（2019）豫刑终116号。

【主要法律问题】

本案中被告人杜某某成立故意犯罪还是防卫过当？

【主要法律依据】

《中华人民共和国刑法》

第20条　为了使国家、公共利益、本人或者他人的人身、财产和其他权利免受正在进行的不法侵害，而采取的制止不法侵害的行为，对不法侵害人造成损害的，属于正当防卫，不负刑事责任。

正当防卫明显超过必要限度造成重大损害的，应当负刑事责任，但是应当减轻或者免除处罚。

对正在进行行凶、杀人、抢劫、强奸、绑架以及其他严重危及人身安全的暴力犯罪，采取防卫行为，造成不法侵害人伤亡的，不属于防卫过当，不负刑事责任。

【理论分析】

1. 观点争议

本案的争议焦点在于故意犯罪与受不法侵害后正当防卫的区别。

2. 分析结论

公诉机关指控被告人杜某某用从刘某手中抢夺到的玻璃酒瓶碎片对刘某头面部、颈部多次捅刺，致刘某死亡的事实清楚，证据确实、充分，指控事实成立，但指控被告人杜某某犯故意伤害罪属适用法律错误，指控罪名不能成立。根据我国《刑法》第20条第1款、第3款的规定，被告人杜某某的行为符合正当防卫的成立条件，属于特殊防卫，依法不负刑事责任。具体理由如下：第一，刘某的行为属于《刑法》第20条明文规定的不法侵害。自刘某入住公司为沈某生租住的宿舍后，曾多次无故对杜某某谩骂，杜某某均未与刘某发生正面冲突。案发前几日，刘某再次对杜某某谩骂，杜某某无奈之下，也只是在纸板上写下警告语交给沈某生，让沈某生从中说和劝解。可见在案发前，杜某某对刘某的行为一直持克制忍让的态度。案发当晚23时许，刘某酒后再次无故撞开杜某某、李某兰居住的房间，持玻璃酒瓶对李某兰谩骂、殴打，刘某的行为显然属于《刑法》第20条规定的不法侵害。第二，刘某的行为属于刑法明文规定的正在进行的不法侵害。杜某某和刘某虽在同一套房中居住，但各居一室，且杜某某系与女友李某兰同住，生活空间相对更加私密。刘某酒后于深夜23时许撞开房门闯入杜某某卧室，属于非法入侵。进入卧室后，刘某先用拳头和酒瓶殴打李某兰，又持酒瓶砸杜某某头部，刘某的不法侵害行为使杜某某、李某兰面临现实、急迫的危险，刘某的行为显然属于《刑法》第20条明文规定的正在进行的不法侵害。第三，被告人杜某某主观上具有防卫意图，其制止不法侵害符合防卫认识和防卫意志的成立条件。该案发生在深夜23时许，侵害人酒后持玻璃酒瓶撞开杜某某、李某兰的居住的房间，先对李某兰进行侵害，杜某某仅穿一件上衣起身制止不法侵害，充分证明杜某某制止不法侵害时是因认识到其同居女友李某兰受到现实、紧迫的不法侵害，而侵害人刘某仍在手持酒瓶继续实施不法侵害行为。为制止不法侵害，杜某某使用从刘某手中夺取的碎玻璃酒瓶对刘某进行反击，其反击的目的是制止不法侵害，保护李某兰和自己的生命健康，故杜某某具有正当的防卫意图。第四，受害人刘某酒后持玻璃酒瓶侵害杜某某、李某兰的行为属于《刑法》第20条第3款规定的严重危及人身安全的暴力犯罪行为。本案受害人刘某深夜强闯杜某某、李某兰卧室，先殴打李某兰，后持玻璃酒瓶砸杜某某头部，其行为攻击性极强。二人打斗过程中酒瓶破碎，刘某手持碎酒瓶仍未停止不法侵害杜某某，碎酒瓶残端随时能够轻易致杜某某死伤，损害后果难以预料，故刘某的不法侵害显然属于严重危及杜某某生命安全的暴力犯罪行为。第五，被告人杜某某制止刘某不法侵害的防卫行为属于特殊防卫，没有超出必要限度。本案受害人刘某深夜手持酒瓶实施的严重危及杜某某、李某兰人身安全的严重暴力犯罪行为，杜某某只有奋力防卫才能保护自己和李某兰的人身生命安全，故杜某某夺过碎酒瓶后虽对刘某捅刺次数较多，但反击过程短暂，其行为在客观上虽然造成刘某死亡的后果，但却是在其人身生命安全受到严重侵害的紧急情形下的本能反应，是正当的、不得已而采取的防卫措施，故被告人杜某某制止受害人刘某的防卫行为属于特殊防卫，根据《刑法》第20条第3款的规定“造成不法侵害人伤亡的，不属于防卫过当，不负刑事责任。”综上，被告人杜某某的行为属于正当防卫，且系对正在进行的严重危及人身安全的行凶暴力犯罪行为采取的防卫行为，显然属于特殊防卫，依法不负刑事责任。

在正当防卫的司法适用中，案件定性应结合整体案情进行全面考量。首先，正当防卫针对的是不法侵害，是刑法明文规定的“以正对不正”的正当、合法的行为。故在对待正当防卫必要限度的认定上，要避免陷入“对等伤害论”与“唯结果论”的认识误区。法院审理过程中对不法侵害的认定应整体看待，法庭必须查明防卫行为的前因后果及特定时空，不能局部地、孤立地、静止地看待，将防卫行为与防卫瞬间的不法侵害进行简单对比。其次，本案中刘某多次主动滋事、无故谩骂引发双方冲突，并且先用拳头和酒瓶殴打李某兰，又持酒瓶砸杜某某头部，其不法侵害行为使杜某某、李某兰面临现实、急迫、持续性的紧急危险。杜某某使用从刘某手中夺取的碎玻璃酒瓶对刘某进行反击，目的是制止不法侵害，主观上具有防卫意图。最后，本案的特殊情形还在于刘某深夜强闯杜某某、李某兰卧室，持玻璃酒瓶先攻击李某兰，后用玻璃酒瓶砸杜某某头部，攻击性极强，碎酒瓶残端随时可致杜某某死伤，故刘某的行为属于《刑法》第20条第3款规定的“严重危及人身安全的暴力犯罪”。综上，通过综合判断本案的事实和证据，认为本案中杜某某的防卫行为虽客观上造成了刘某的死亡结果，但却是在其人身生命安全受到严重侵害的紧急情形下采取的防卫行为，杜某某实施的行为属于法律规定的无限防卫权，故对其行为性质的正确认定，不仅体现了刑法保护人民基本权利的目的，也是司法裁判法律效果的体现。

正当防卫的司法适用应符合常识、常理、常情。首先，常识、常理、常情是现代法治的灵魂，也是社会公众最基本的是非标准、伦理要求，司法裁判应尊重人民群众的基本价值伦理观念，法律裁判不仅定性要正确，而且还应注重释法说理，做到以法为据、以理服人、以情感人。其次，司法裁判应充分反映社会公众的朴素情感和正义观念。本案中刘某深夜酒后持玻璃酒瓶闯入他人房间，先后实施严重危及他人人身安全的暴力犯罪行为，如将被告人杜某某的正当防卫措施认定为犯罪行为，显然是社会公众对该行为性质认知的违背，明显会背离人民群众对事物认识的是非标准和伦理要求。我们认为刑事审判要严格依法裁判，但严格司法并非单纯固守法律、机械办案、孤立办案，必须根据案件的事实和证据，同时也应充分考虑天理、国法、人情等扎根于民众心中的基本情感。正确适用正当防卫制度，同样要考虑常识、常理、常情，尊重民众的朴素情感和道德诉求，反映社会的普遍正义观念，这样的裁判才能更好地做到法律效果与社会效果的有机统一。最后，法律不强人所难。对防卫限度的判断，应考虑一般公民面对不法侵害的具体情形时如何进行防卫，而不是在事后将理性人的判断标准强加在普通民众身上。要充分考量防卫人所处的特殊时空状态下，设身处地想想“一般人在此种情况下会如何处理”。那些要求防卫人在孤立无援、高度紧张的情形下实施刚好制止不法侵害的行为，不仅违背普通民众的常识、常理、常情，也违背法律的明文规定。本案中，杜某某在防卫过程中虽对刘某捅刺次数较多，但反击过程短暂，在如此短暂的时空条件下，法律不能苛求被告人精准控制捅刺次数及部位。针对那些严重危及人身安全的暴力犯罪行为，为了保护自己及他人的合法权益而实施的无限防卫不仅是法律赋予公民的权利，也是社会公众正义价值观的诉求。相反，我们应该判断如果杜某某没有夺过刘某的碎玻璃瓶，刘某的危害行为将可能导致多大的危害结果发生。由此，面对不法侵害人行凶行为性质的判断，不能对防卫人苛刻限制，否则有违立法本意，也难以发挥刑法惩罚犯罪、保护公民的目的，故法律不能强人所难。

司法适用应充分体现其应有的指导功能。针对本案，首先，要厘清侵害人不法侵害的严重程度，在此基础上依据事实和证据分析防卫人防卫的是一般不法侵害，还是严重危及人身安全的暴力犯罪，并从社会公众的角度思考在案件特定时空条件下，分析判断防卫人的防卫意图及防卫是否需要考虑防卫的限度条件。针对一般正当防卫，即使行为人的防卫措施虽明显超过必要限度但防卫结果客观上并未造成重大损害，或者防卫结果虽客观上造成重大损害但防卫措施并未明显超过必要限度，均不能认定为防卫过当。针对《刑法》第 20 条第 3 款规定的特殊防卫，一定要考虑特定时空因侵害人实施的危及人身安全的严重暴力犯罪所导致的防卫人因恐慌、惊愕、无助、紧张、激愤等情形采取的特殊防卫，即使客观上防卫人造成了侵害人死亡的结果，也应该按照第 20 条第 3 款认定防卫人构成正当防卫。如此才能使正当防卫“震慑犯罪、弘扬社会正义、合法没有必要向不法让步”的价值理念体现出来。其次，认定防卫人的防卫行为属于正当防卫还是防卫过当，应根据法律规定、结合案件事实与证据进行综合判断。正当防卫的实质在于正义行为对不法侵害的反击，在防卫过当与正当防卫认定存在争议时，应当根据具体案件事实与证据，结合法律的规定进行分析判断。本案中，杜某某虽造成刘某死亡的后果，但根据案件具体事实，如果杜某某面对不法侵害人严重危及人身安全的暴力侵害行为，仍然苛刻对防卫人的防卫措施予以限制，必将导致正当防卫难以发挥其保护公民人身权利不受侵害的效果，也与《刑法》第 20 条第 3 款的规定相违背。最后，本案刑事裁判的指导功能还在于，通过判决认定防卫人的行为属于正当防卫，不负刑事责任，向社会传递“正当不必向不正当低头”的价值观念。同时，本案通过对杜某某正当防卫的认定，能够鼓励人民群众同违法犯罪行为作斗争，通过实施正当防卫制止不法侵害，保护人民合法权益不受侵犯。

【思考题】

请说明防卫过当与故意犯罪的界限。

第二节　故意伤害罪

故意伤害罪，具体规定在我国《刑法》第 234 条，是指故意伤害他人身体健康的行为。本节通过贾某某故意伤害案这一具体案例进一步说明应如何界定故意伤害罪。

案例三　贾某某故意伤害案[1]

【基本案情】

2018 年 6 月 22 日 21 时许，被告人贾某某怀疑其车辆经常被孙某某划伤，在孙某某家找到孙某某交涉时发生纠纷，贾某某将孙某某嘴部打伤，经公安局法医学人体损伤程度鉴定：孙某某嘴部损伤构成轻伤二级。2018 年 11 月 21 日，贾某某主动到公安局投案。另查明，贾某某的犯罪行为给附带民事诉讼原告人造成的经济损失共计 12 669.31 元。法院生效裁判认为：被告人贾某某因琐事故意伤害他人身体，致人轻伤，其行为已构成故意伤害罪。关于孙某某提出的贾某某不构成自首的意见，经查，公安机关于 2018 年 6 月 22 日 21 时 27 分接到孙某某的报警，当晚 22 时治安大队对贾某某进行询问时，贾某某陈述了其殴打孙某某的事实。贾某某在未被公安机关采取强制措施前如实供述自己的罪行，构成自首。最终宣判被告人贾某某犯故意伤害罪，判处有期徒刑一年零二个月；并判决其在判决生效后十日内赔偿附带民事诉讼原告人孙某某各项经济损失共计 12 669.31 元。宣判后，附带民事诉讼原告人孙某某提出上诉，

[1] 案例来源：（2019）豫 07 刑终 313 号。

二审法院驳回上诉，维持原判。

【主要法律问题】

如何区分本案中贾某某的行为是构成故意伤害罪还是寻衅滋事罪？

【主要法律依据】

《中华人民共和国刑法》

第36条第1款　由于犯罪行为而使被害人遭受经济损失的，对犯罪分子除依法给予刑事处罚外，并应根据情况判处赔偿经济损失。

第234条第1款　故意伤害他人身体的，处三年以下有期徒刑、拘役或者管制。

【理论分析】

1. 故意伤害罪基础理论

（1）故意伤害罪的客体。

本罪的客体，是他人的健康权利。《刑法》第234条规定，故意伤害罪是“故意伤害他人身体”的行为。我国刑法理论一般认为本罪侵犯的直接客体是他人的健康权利，即行为人通过其实施的伤害行为来追求或者放任给他人身体健康造成损害的结果。这是本罪的本质特征。

本罪的对象必须是他人。自己对自己的身体健康造成损害的不构成本罪。但是，如果军人在作战时自伤身体逃避军事义务可构成战时自伤罪。故意伤害罪区别于其他侵犯人身权利犯罪的本质特征，就在于损害他人肢体、器官、组织的完整和正常机能。如果虽以他人身体为侵害对象，但未造成损害他人肢体、器官、组织的完整和正常机能的，虽然造成一定程度的肉体疼痛（如一般殴打），也不应以故意伤害罪论处。殴打如符合其他犯罪的要件，应构成相应的罪。

（2）故意伤害罪的客观方面。

本罪的客观方面，表现为非法损害他人身体健康的行为。关于本罪的客观方面，应当注意掌握以下三个方面。

一是伤害行为的认定。伤害行为是使他人身体健康受到或者足以受到损害的行为。伤害的方法，法律未加限定，一般多是采用徒手或使用工具实施具有攻击性的强烈的打击、猛刺、猛砍、猛砸等行为；有的也可以表现为利用动物（狗、毒蛇等）伤害他人，一般是作为形式。此外，还注意其他两方面的问题。第一，损害他人身体健康的行为必须是非法的，合法行为而损害他人身体健康的，不构成犯罪。如实施正当防卫行为而打伤不法侵害者。第二，必须具有损害他人身体健康的行为，即具有破坏他人人体的肢体、组织的完整或者损坏人体组织、肢体、器官的正常机能的行为。损害他人身体健康的行为，以作为的方式及暴力方法最为常见，但对故意伤害行为法律并没有以作为及暴力为必要条件。需要指出的是，在我国刑法中，针对他人身体而实施的犯罪有多种，而且也多使用暴力并对被害人身体健康造成一定程度的损害。如绑架罪，拐卖妇女、儿童罪，暴力取证罪，抢劫罪等。只要刑法对此另有规定，就不能以伤害罪论处。

二是伤害结果的认定。故意伤害罪，是故意损害他人身体健康的行为。这种行为不仅可能造成程度不同的伤害结果，有的还可能出乎行为人意料造成死亡。因此，为了贯彻罪刑相适应原则，各国刑法典一般都根据伤害行为对人体损害的程度不同，分别规定不同的处罚。我国《刑法》第 234 条将此区分为三个程度：①一般伤害（轻伤）；②重伤；③伤害致死。可见，处理伤害案件，正确认定伤害的结果，对于定罪量刑是有重要意义的。

三是因果关系的认定。刑法理论认为，在刑事案件中，被告人只能对自己的行为（包括自己与他人共同行为）所产生的危害结果承担刑事责任，即必须查明被告人的行为与所要追究的危害结果有因果关系，才能令其负刑事责任，否则不能把该危害结果归责于被告人。

（3）故意伤害罪的主体特征。

本罪的主体是一般主体，即年满 16 周岁的人对故意伤害罪负刑事责任；已满 14 周岁不满 16 周岁的人，只对故意伤害致人重伤或者死亡负刑事责任；已满 12 周岁不满 14 周岁的人故意伤害致人死亡或者以特别残忍手段致人重伤造成严重残疾，情节恶劣并经最高人民检察院核准追诉的，应负刑事责任。假如此年龄段的少年参与其他暴力犯罪，例如非法拘禁罪、聚众斗殴罪等，在犯罪过程中，该少年使用暴力致他人重伤，应当承担刑事责任。因为按照《刑法》第 17 条的规定，上述少年对上述非法拘禁等罪不负刑事责任，但是《刑法》第 238 条、第 292 条明文规定，在上述犯罪过程中致人重伤的，应按故意伤害罪定罪处罚，上述少年实施了故意伤害行为致人重伤，当然应当以故意伤害罪论处。

（4）故意伤害罪的主观特征。

本罪的主观方面是非法伤害他人身体健康的故意。对造成伤害结果而言，可包括直接故意和间接故意。而故意伤害致死，行为人对伤害结果出于故意，对死亡结果则必须是过失的心理态度，即属于复杂罪过的情况。需注意的是，在间接故意伤害的情况下只能是放任对他人身体健康损害结果的发生，而不能是放任死亡结果发生，否则，应构成故意杀人罪。故意伤害的动机是多种多样的，但动机不影响本罪的成立，只是量刑情节。

2. 故意伤害罪与寻衅滋事罪

司法实践中，因故意伤害罪与随意殴打他人类型的寻衅滋事罪常见多发，且在客观行为上有重合，均是行为人对他人实施的一种人身攻击，当寻衅滋事罪造成轻伤以上后果时，两罪更易混淆；另外，因无清晰、可操作的辨别标准，公检法办案人员对案件产生不同见解，带来了较大的办案难度，不乏存在频繁改变案件定性的情形。故如何正确区分此罪与彼罪，将关于故意伤害罪与寻衅滋事罪的法学理论运用到各司法案例中，合理有效地解决实践中两罪的判定问题，对提高公正司法水平，保障被告人合法权益，最大限度维护法律公平正义具有重要意义。

如上所述，正因为两罪在客观方面存在交叉，要把这两种罪区别开来，应遵循主客观相一致的原则，查明案件的全部事实，从行为人与被害人的关系，案件的起因、过程、结果，作案的手段，使用的工具，打击的部位、强度，作案的时间、地点、环境条件，行为人作案前后的表现等方面入手，进行综合分析、判断。

首先，两罪的犯罪客体不同。故意伤害罪侵害的是人的身体安全，随意殴打他人类型的寻衅滋事罪侵害的不仅仅是个人的人身安全，也是社会规则所确立的人与人和谐相处的安定状态，其保护的法益应是与公共秩序关联的个人的身体安全。若行为人基于特定原因殴打特定的个人，则不会侵害公共秩序，可能构成故意伤害罪；反之，如行为人随意殴打他人时也扰乱了正常的社会运行状态，则可能构成寻衅滋事罪。

其次，主观方面即犯罪目的和犯罪动机不同。故意伤害罪的主观故意是伤害他人的身体健康，希望并且放任这种行为的发生，且伤害的动机多种多样。而寻衅滋事罪的故意则要求行为人明知自己的行为会发生破坏社会秩序的危害结果，且希望或促使这种结果发生，其动机是为了满足要威风、取乐等不正常的精神刺激或其他不健康的心理需要，以达到满足精神空虚的犯罪目的，故意伤害罪则无此动机和目的。

最后，客观方面不同。一方面，故意伤害罪的起因往往“事出有因”，而寻衅滋事罪的起因通常是“无事生非”和随意殴打他人，表现为无端生事和小题大做等行为。区别“事出有因”和“无事生非”应以一般正常人而非行为人的认识为判断标准。寻衅滋事行为人在实施殴打他人行为之前，亦会寻找某些借口和理由，所以并非“事出有因”殴打他人致伤即应认定为故意伤害罪，还应结合具体案件的其他情况。另一方面，两罪所侵害的对象不同。故意伤害罪所侵害的对象往往比较明确和特定，一般是认识的或有过节的人，且在伤害行为实施之前往往有一个准备过程，行为人与被害人有一定的接触或者交往，而且纠纷往往在伤害发生之前没有得到较好的解决，导致矛盾激化，进而产生了行为人挑起事端伤害对方，报复对方；而寻衅滋事罪中的随意殴打他人，“随意”即不特定，可以是熟人，也可以是陌生人，是可以被置换或替代的想打就打，不讲原因，没有理由，只要自己看不惯就惹是生非，寻求精神上的刺激来满足自己非正常的心理，在行为发生时大多是临时起意的，对认识或素不相识的人无理无故进行殴打。此外，犯罪场所也有所不同。故意伤害行为人以伤害到被害人为目的，为逃避打击，通常选择场所较秘密；而寻衅滋事行为人一般在公共场所进行，希望知道的人越多越好，以满足其虚荣心。

就本案而言，本案案发的起因是贾某某怀疑自己的车辆经常被孙某某划擦、吐痰，案发当晚孙某2看到孙某某向贾某某的汽车上吐痰，于是贾某某、孙某2二人找到孙某某家，贾某某对孙某某进行了殴打致其轻伤，其损害的法益和主观故意上仅表现为伤害孙某某的身体健康，并未破坏社会秩序，客观上事出有因，且对象特定明确不可替代，实施行为的场所系孙某某的家中而非公共场所，其行为已符合故意伤害罪的构成要件。根据刑法理论及司法实践中关于故意伤害罪与寻衅滋事罪的认定标准，贾某某应成立故意伤害罪。当然，在具体司法实践中，要正确界分随意殴打他人造成轻伤的寻衅滋事行为与故意伤害行为，需要司法人员充分运用司法智慧，综合考虑法律效果、社会效果等相关因素予以认定，进而充分实现程序正义和实体正义。

【思考题】

故意伤害罪与寻衅滋事罪应如何区分？

第三节　虐待罪

虐待罪，是指经常以打骂、冻饿、禁闭、有病不给治疗、强迫过度劳动或者限制人身自由、凌辱人格等方法，对共同生活的家庭成员进行肉体上、精神上的摧残和折磨，情节恶劣的行为。本节通过许某某、刘某虐待案以及赵某故意伤害案两个案例对实践中如何适用相关法律和现存理论争议进行解释说明。

案例四　虐待罪相关案例[1]

【基本案情一　许某某、刘某虐待案】

被告人许某某、刘某原系夫妻关系。2014 年 5 月 7 日，被告人许某某、刘某为购房至民政部门办理了离婚手续，约定一双子女均由被告人许某某抚养、随其生活，但是办理离婚手续后仍然共同居住生活。被害人许某 1 系二被告人的龙凤胎女儿，生于 2011 年 9 月，出生后不久被送至老家交由被告人刘某的父母照顾。2016 年 2 月，被告人许某某、刘某将女儿许某 1 接回苏州共同生活。因认为许某 1 存在不服管教、生活自理能力差等问题，二被告人逐渐对教育许某 1 失去耐心。被告人许某某在 2016 年 4 月至 5 月，多次采用皮带抽打身体、关进露天阳台等手段虐待被害人许某 1，而共同居住的被告人刘某对上述虐待行为放任不管、听之任之，且二被告人从未带被害人许某 1 至医院治疗身体损伤。2016 年 5 月 18 日晚，被告人许某某因被害人许某 1 在房间床上吃零食，再次用皮带抽打被害人许某 1 并将其关进了露天阳台；当晚及次日晚，被害人许某 1 均被关在露天阳台过夜；5 月 20 日中午，被告人许某某发现外面下雨、被害人许某 1 躺在雨水中一动不动，才联系被告人刘某回家，再共同驾车将被害人许某 1

---

[1] 案例来源：（2017）苏 05 刑终 180 号。

送至医院抢救；当日15时15分许，经医院诊断，被害人许某1心跳呼吸停止一个半小时许，当日16时40分许，医院停止抢救、宣布被害人许某1死亡（殁年四周岁）。经法医病理学鉴定，被害人许某1全身体表散在多处陈旧性瘢痕及新、旧程度不同的软组织挫伤，顶部头皮下有散在出血，右侧颈部胸锁乳突肌外侧片状皮下出血，左大腿外侧青紫皮肤切开见皮下少量出血，以上损伤符合虐待伤的特征，但损伤程度较轻，尚不足致死；其系患大叶性肺炎致呼吸、循环功能衰竭而死亡。

法院认为，许某某和刘某虐待未成年女儿许某1，情节恶劣，其行为均已构成虐待罪，且导致被害人许某1死亡。在共同虐待犯罪中，许某某起主要作用，系主犯；刘某起次要作用，系从犯。

【基本案情二　赵某故意伤害案】

2012年，被告人赵某与杨某1在深圳打工时认识，认识之前赵某已怀孕，赵某与杨某1发展成为男女朋友关系后同居生活。2012年6月5日，赵某在深圳市产下一子——被害人杨某2（殁年两岁零五个月），杨某2八个月大时，被送给杨某1的父母照看。2014年1月14日，赵某与杨某1登记结婚，同年9月将杨某2接到出租房一起生活，赵某负责在家带孩子，杨某1在某快递公司工作。2014年9月至11月期间，赵某在抚养照看杨某2期间，以不听话、调皮为由，采用徒手或持衣架等方式多次对其进行殴打和辱骂。2014年9月20日，赵某在家殴打杨某2，致其头部受伤后到医院住院九天。杨某2的伤尚未痊愈，因无力支付医药费，赵某夫妇主动要求出院，出院时医生叮嘱，杨某2需要调养不能摔倒和受刺激。经鉴定，杨某2的伤为钝性外力作用所致，蛛网膜下腔出血及枕骨骨折评定为轻伤二级，左侧额颞顶部硬膜下血肿评定为轻伤一级。出院调养期间，赵某仍然徒手和持衣架多次对杨某2实施打骂，致其全身不同程度受伤。2014年11月2日，赵某在一玩具店门前徒手殴打杨某2，致杨某2摔倒在地。2014年11月5日12时许，赵某又对杨某2实施殴打，致杨某2摔倒，头部着地死亡。经法医病理鉴定，杨某2死亡原因系颅脑损伤致右侧额颞顶部硬膜下血肿及蛛网膜下腔出血引起颅内压升高导致急性脑功能衰竭死亡。

法院认为，赵某故意伤害他人身体，致一人死亡，其行为构成故意伤害罪。

【主要法律问题】

虐待过程中致被虐待人死亡的，应当如何适用法律？

【主要法律依据】

1.《中华人民共和国刑法》

第232条　故意杀人的，处死刑、无期徒刑或者十年以上有期徒刑；情节较轻的，处三年以上十年以下有期徒刑。

第234条　故意伤害他人身体的，处三年以下有期徒刑、拘役或者管制。

犯前款罪，致人重伤的，处三年以上十年以下有期徒刑；致人死亡或者以特别残忍手段致人重伤造成严重残疾的，处十年以上有期徒刑、无期徒刑或者死刑。本法另有规定的，依照规定。

第 260 条　虐待家庭成员，情节恶劣的，处二年以下有期徒刑、拘役或者管制。

犯前款罪，致使被害人重伤、死亡的，处二年以上七年以下有期徒刑。

第一款罪，告诉的才处理，但被害人没有能力告诉，或者因受到强制、威吓无法告诉的除外。

2.《最高人民法院、最高人民检察院、公安部、司法部关于依法办理家庭暴力犯罪案件的意见》

第 16 条　依法准确定罪处罚。对故意杀人、故意伤害、强奸、猥亵儿童、非法拘禁、侮辱、暴力干涉婚姻自由、虐待、遗弃等侵害公民人身权利的家庭暴力犯罪，应当根据犯罪的事实、犯罪的性质、情节和对社会的危害程度，严格依照刑法的有关规定判处。对于同一行为同时触犯多个罪名的，依照处罚较重的规定定罪处罚。

第 17 条第 1 款　依法惩处虐待犯罪。采取殴打、冻饿、强迫过度劳动、限制人身自由、恐吓、侮辱、谩骂等手段，对家庭成员的身体和精神进行摧残、折磨，是实践中较为多发的虐待性质的家庭暴力。根据司法实践，具有虐待持续时间较长、次数较多；虐待手段残忍；虐待造成被害人轻微伤或者患较严重疾病；对未成年人、老年人、残疾人、孕妇、哺乳期妇女、重病患者实施较为严重的虐待行为等情形，属于刑法第 260 条第 1 款规定的虐待“情节恶劣”，应当依法以虐待罪定罪处罚。

第 17 条第 2 款　准确区分虐待犯罪致人重伤、死亡与故意伤害、故意杀人犯罪致人重伤、死亡的界限，要根据被告人的主观故意、所实施的暴力手段与方式、是否立即或者直接造成被害人伤亡后果等进行综合判断。对于被告人主观上不具有侵害被害人健康或者剥夺被害人生命的故意，而是出于追求被害人肉体和精神上的痛苦，长期或者多次实施虐待行为，逐渐造成被害人身体损害，过失导致被害人重伤或者死亡的；或者因虐待致使被害人不堪忍受而自残、自杀，导致重伤或者死亡的，属于刑法第 260 条第 2 款规定的虐待“致使被害人重伤、死亡”，应当以虐待罪定罪处罚。对于被告人虽然实施家庭暴力呈现出经常性、持续性、反复性的特点，但其主观上具有希望或者放任被害人重伤或者死亡的故意，持凶器实施暴力，暴力手段残忍，暴力程度较强，直接或者立即造成被害人重伤或者死亡的，应当以故意伤害罪或者故意杀人罪定罪处罚。

【理论分析】

1. 基础理论

本罪的客体是复杂客体，即共同生活的家庭成员在家庭生活中的平等权利和共同生活的家庭成员的人身权利。本罪的行为对象是共同生活的家庭成员。家庭成员，是指基于血亲关系、婚姻关系、收养关系在同一个家庭中生活的成员。本罪的客观方面表现为经常对家庭成员进行虐待且情节恶劣的行为。虐待行为包括使被害人产生肉体上或者精神上痛苦的一切行为。两种虐待手段可以同时使用，也可以分别实施或者交替实施。虐待行为的方式既可表现为作为，也可表现为不作为，还可能同时包含作为和不作为。但是，单纯的不作为难以成立本罪。而且，虐待行为必须具有经常性、持续性、反复性的特点。如果仅是偶尔实施虐待行为，一般不构成本罪。虐待是否达到"情节恶劣"，一般要从虐待的手段、持续的时间、对象、结果、社会影响、行为人的动机等方面进行综合评价。所谓情节恶劣，主要表现为：虐待手段残酷、持续时间长，动机卑鄙以及屡教不改，虐待老人、儿童，病人或者残废而不能独立生活的人，先后虐待多人引起公愤等。本罪的主体只能是与被虐待人共同生活在一个家庭之中，具有一定的亲属关系或收养关系的成员。一般来说，虐待者都是在经济上或者亲属关系上占优势地位的人，但这只是案件事实而非法律要求。本罪的主观方面是故意，即行为人明知自己的虐待行为侵害了被害人的人身权利，并且希望或者放任这种结果发生。动机可以是多种多样的，虽然动机不影响犯罪成立，但动机是影响情节是否恶劣的一个重要因素。

2. 观点争议

大体而言，虐待致死包括两种类型：第一，行为人长期或者多次实施虐待行为逐渐造成被害人身体损害，并最终导致被害人死亡，行为人对于死亡结果存在过失；第二，行为人的虐待行为具有经常性、持续性、反复性，而且往往使用凶器施暴，手段残忍，暴力程度较高，由此直接或者立即造成被害人死亡。这两种情况的关键区别在于，一方面，前者的暴力程度较低，而后者的暴力程度较高；另一方面，前者的死亡结果是日积月累导致的，而后者的死亡结果是由最后一次虐待行为直接或者立即造成的。于是，对于诸如"许某某、刘某虐待案"和"赵某故意伤害案"应当如何定性，就成为问题。此时的争议焦点是行为人对于死亡结果的主观心态。例如，在后类案件中，被告方就主张自己对死亡结果不存在故意。

3. 虐待致死的定性

（1）《刑法》第 260 条第 2 款"致使被害人重伤、死亡"的含义。

虐待是折磨、摧残家庭成员身心健康的行为。在长期共同生活期间，行为人对家庭成员进行持续或者连续的肉体摧残、精神折磨，致使被害人的身心遭受严重创伤，通常表现为打骂、冻饿、捆绑、强迫超体力劳动、限制自由、凌辱人格等行为。而且，构成本罪要求情节恶劣，例如虐待持续时间较长、次数较多；虐待手段残忍；虐待造成被害人轻微伤或者患较严重疾病；对未成年人、老年人、残疾人、孕妇、哺乳期妇女、重病患者实施较为严重的虐待行为；等等。由此可见，虐待罪的基本犯的构造是：

实行行为是虐待行为，行为人对此存在明知；作为情节要件的伤害结果是轻微伤，行为人对此持希望或者放任的态度。

然而，由于虐待行为往往具有暴力性，而且行为人甚至可能使用凶器，因而立法者将本罪规定为结果加重犯，即如果超出基本犯发生了“致使被害人重伤、死亡”的重结果，就应当判处“二年以上七年以下有期徒刑”。一般认为，“致使被害人重伤、死亡”是指由于被害人经常受到虐待，身体和精神受到严重的损害而导致死亡，或者不堪忍受而自杀造成死亡或者重伤等情形。[1] 根据结果加重犯的基本原理，行为人对于重结果只能出于过失，不能出于故意。所以，就本罪而言，行为人不具有侵害被害人健康或者剥夺被害人生命的故意，而是出于追求被害人肉体和精神上的痛苦，长期或者多次实施虐待行为，逐渐造成被害人身体损害，过失导致其重伤或者死亡；或者因虐待致使被害人不堪忍受而自残、自杀，导致重伤或者死亡。

（2）案例的定性分析。

结合《关于依法办理家庭暴力犯罪案件的意见》第 17 条的规定，虐待致死和故意伤害致死的区别体现在以下两个方面：第一，行为的暴力程度，即前者的暴力程度较低，在本质上仍然属于对精神和肉体的摧残行为，不存在导致被害人死亡的危险性；后者的暴力程度较高，在本质上属于伤害行为，存在导致被害人死亡的危险性。第二，死亡结果与行为的关系，即前者的死亡结果是日积月累造成的，任何一次虐待行为都不足以导致死亡结果发生，而且死亡结果通常不是在最后一次虐待行为过程中立即发生的；后者的死亡结果是由最后一次暴力行为直接或者立即造成的。至于行为人对死亡结果的态度，二者均属于结果加重犯，都要求对加重结果存在过失。所以，否定对死亡结果存在故意只能排除故意杀人罪，对于区分虐待致死和故意伤害致死是没有意义的。

根据上述标准，可以对案例四和案例五作如下分析：

在案例四中，被告人许某某对被害人（四周岁）实施虐待采取的是使用皮带抽打、禁闭在露天阳台等手段，导致被害人全身体表散在多处陈旧性瘢痕以及新、旧程度不同的软组织挫伤，顶部头皮下有散在出血，右侧颈部胸锁乳突肌外侧片状皮下出血，左大腿外侧青紫皮肤切开见皮下少量出血。然而，这些损伤程度较轻，符合虐待伤的特征，但是尚不足以致死。经鉴定，被害人系患大叶性肺炎致呼吸、循环功能衰竭而死亡。而且，死亡不是在被告人许某某用皮带抽打后立即发生的。由此可见，被告人许某某采取的殴打、限制人身自由等手段对被害人的身体及精神进行摧残、折磨，并未超出虐待行为的暴力程度；被害人死亡是由于长期遭受虐待，逐渐造成身体损害，并且没有被及时送到医院救治而造成的，被告人对此存在过失。所以，对被告人应当适用《刑法》第 260 条第 2 款的规定以虐待致人死亡论处。

在案例五中，第一，犯罪对象具有特殊性，即被害人是年仅两周岁的幼童，身体

---

[1] 王爱立．中华人民共和国刑法解读（第五版）［M］．北京：中国法制出版社，2018：609.

极其弱小；第二，行为暴力程度的严重性，即被告人赵某在殴打被害人时会使用衣架，并且曾给被害人造成住院九日且未痊愈的轻伤（一级），出院调养期间仍然徒手和持衣架多次殴打被害人；第三，行为与死亡结果存在因果关系，即被害人遭到被告人赵某的殴打以致头部着地摔倒死亡，死亡原因为颅脑损伤致右侧额颞顶部硬膜下血肿及蛛网膜下腔出血引起颅内压升高导致急性脑功能衰竭；第四，主观恶性和人身危险性较大，被告人赵某不顾医生的叮嘱以及民警口头教育，在被害人未痊愈的情况下仍然徒手和使用衣架多次对其实施殴打。所以，被告人赵某明知殴打被害人的行为会导致其摔倒造成严重后果，仍然对被害人实施殴打致其头部着地摔倒而死亡，该行为符合《刑法》第 234 条第 2 款规定的故意伤害致人死亡的情形，因而被法院判处有期徒刑十二年。

【思考题】

如何理解《刑法》第 260 条第 2 款中的“致使被害人重伤、死亡”？

CHAPTER 8 第八章

财产犯罪

本章知识要点

（1）诈骗案例；（2）盗窃案例；（3）抢劫案例。财产犯罪作为犯罪的类型之一，是指以非法占有为目的，以公私财产为目标，侵犯财产所有权的犯罪。财产犯罪所侵犯的客体是公私财产的所有权，也就是指所有权人依法对自己的财产享有的占有、使用、收益、处分的权利。该权利包括占有、使用、处分、收益四项权能，本章中所有侵犯财产的犯罪均是对这些权能不同程度的侵犯。财产犯罪的对象是公私财产所有权的物质表现，即公共财产和公民私人所有的财产。作为财产犯罪对象的财物具有以下三个特征：其一，具有可管理性。因为本章的罪名都表现为将他人占有的财物据为己有或为第三人占有，所以只有被害人具有管理可能性的财物才能够被转移占有。其二，具有转移的可能性。该条特征是针对行为人来说的，如果行为人不能转移被害人的财物，就不可能取得该财物，可转移性是取得行为的前提。当然可转移性的判断要结合同时代的科学技术条件进行。其三，具有价值性。这是相对于保护的法益而言的。这也就是说，如果一个东西没有任何价值，那么就不值得刑法保护。财产犯罪的目的不是单一的，而是具有多样性的，具体包括以下三种：其一，以非法占有为目的而将他人的公私财产非法转为自己所有或者是为第三人所有，例如盗窃罪、诈骗罪、抢劫罪。其二，不以非法占有为目的，而是以挪用为目的转移他人财产，例如挪用资金罪。其三，不以非法占有为目的，而是以毁损财物为目的，例如故意毁坏财物罪。

第一节　诈骗罪

本节通过对诈骗罪的构成要件进行解读，结合案例和相关法律规定，主要对诈骗罪的共同犯罪问题与刑事诈骗和民事借贷的区别进行分析。

案例一　殷某某、李某某诈骗案[1]

【基本案情】

2018 年初，被告人殷某某通过他人在微信平台上创建微信公众号，宣传“不考试就可办理准驾车型为 A、B、C 的驾驶证”，并让管理人员杜某某（另案处理）上传伪造的驾驶证件等，以取得他人信任，对他人实施诈骗。2018 年至 2019 年 3 月，殷某某通过该微信平台，并通过赵某、吴某、张某等人介绍，骗取侯某、宣某、杜某等 34 人每人 7000 至 10 000 余元不等的办理驾驶证款，共计人民币 296 100 元。殷某某收取办证款后，以每人 200 元的价格支付给被告人李某某，李某某明知殷某某伪造驾驶证是为了骗取他人财物，而帮助殷某某伪造驾驶证 30 余本，被告人李某某共收到殷某某转来办证款 34 150 元。

法院作出判决：（1）被告人殷某某犯诈骗罪，判处有期徒刑五年零六个月。并处罚金人民币 20 000 元，于判决生效之日起十日内缴纳。（2）被告人李某某犯诈骗罪，判处有期徒刑四年，并处罚金人民币 10 000 元，于判决生效之日起十日内缴纳。（3）被告人殷某某违法所得价值 269 100 元及被告人李某某违法所得 34 150 元，依法予以追缴并返还给被害人。侦查机关扣押被告人殷某某在犯罪时所用的三部手机及其他物品，由侦查机关依法处置。一审宣判后，李某某不服，称自己在殷某某利用微信公众号诈骗他人的整个过程中，并未与殷某某有过任何形式的合谋，亦未对被害人实施过诈骗行为，因此提出上诉。中级人民法院裁定驳回上诉，维持原判。

【主要法律问题】

李某某是否构成诈骗罪共同犯罪？

【主要法律依据】

1.《中华人民共和国刑法》

第 25 条第 1 款　共同犯罪是指二人以上共同故意犯罪。

第 266 条　诈骗公私财物，数额较大的，处三年以下有期徒刑、拘役或者管制，并处或者单处罚金；数额巨大其他严重情节的，处三年以上十年以下有期徒刑，并处罚金；数额特别巨大或者有其他特别严重情节的，处十年以上有期徒刑或者无期徒刑，并处罚金或者没收财产。本法另有规定的，依照规定。

[1] 案例来源：（2020）豫 16 刑终 220 号。

2.《最高人民法院、最高人民检察院关于办理诈骗刑事案件具体应用法律若干问题的解释》

第1条　诈骗公私财物价值三千元至一万元以上、三万元至十万元以上，五十万元以上的，应当分别认定为刑法第266条规定的“数额较大”、“数额巨大”、“数额特别巨大”。

各省、自治区、直辖市高级人民法院、人民检察院可以结合本地区经济社会发展状况，在前款规定的数额幅度内，共同研究确定本地区执行的具体数额标准，报最高人民法院、最高人民检察院备案。

【理论分析】

1. 诈骗罪概述

诈骗罪是指以非法占有为目的，用虚构事实或者隐瞒真相的方法，骗取公私财物数额较大的行为。本罪的构成要件如下：

（1）本罪的客体是公私财产的所有权。本罪的犯罪对象可以是动产，也可以是不动产。行为人用欺骗方法骗取公私财物的行为在刑法上另有规定的，应当按照相应的规定进行定罪处罚。例如，以非法占有为目的骗取贷款、保险金的，分别构成贷款诈骗罪和保险诈骗罪；使用伪造的证件骗取结婚登记的，不构成诈骗罪。[1]

（2）本罪的客观方面表现为用虚构事实或隐瞒真相的欺骗方法，骗取公私财物，数额较大的行为。诈骗罪的行为结构是：行为人实施了欺骗行为或者隐瞒真相的行为—对方因为欺骗行为产生或者维持了自身的认识错误—对方基于该认识错误处分了财物—行为人取得财物—对方遭受财产损失。本罪的行为方式包括两种。诈骗的手段虽然多样，但可以用两种形式概括：第一，虚构事实，即编造某种根本不存在的或者根本不可能发生的并足以使他人受蒙蔽的事实，骗取他人财物；第二，隐瞒真相，即行为人对客观存在的事实进行隐瞒，可以是部分隐瞒，也可以是全部隐瞒，这种隐瞒足以使对方陷入认识错误。

（3）本罪的主体为一般主体。

（4）本罪的主观方面是直接故意，并以非法占有为目的。

2. 共同犯罪学说理论简析

在共同故意犯罪中，犯意联络是实现单独实行行为向共同实行行为跨越的桥梁，如何认定犯罪人之间的犯意联络，是正确认定共同犯罪、确定共同行为参与人，进而解决其刑事责任的关键。刑法中关于“共同犯罪中的共同是犯罪的共同还是行为的共

[1] 高铭暄，马克昌．刑法学（第九版）［M］．北京：北京大学出版社，2019：501．

同”的争论，表明了对共同犯罪本质的看法不同，而这一不同又决定了对共同犯罪中犯意联络问题认识的不同。关于犯意联络的判断问题，有以下几种不同观点。

（1）犯罪共同说认为，犯罪的本质是侵害法益，共同犯罪是二人以上共同对同一法益实施犯罪的侵害。[1] 因此，共同犯罪的共同性就是犯罪的共同性，也就是把共同犯罪关系理解为是两人以上共犯一罪的关系。在该说看来，犯意联络的内容是行为人具有特定犯罪的共同故意，这决定了行为人之间不可能就不同的构成要件成立共同犯罪，也就是说行为人之间只能成立相同罪名的犯罪。

（2）行为共同说认为，二人以上通过共同行为以实现各自企图的犯罪，就是共同犯罪。行为共同说从主观主义的立场出发，认为犯罪是行为人恶性的表现，所以不但数人共犯一罪是共同犯罪，而且只要是二人以上有共同行为而实施犯罪的，不管是不是共犯一罪，都应当被评价为共同犯罪。[2] 在该说看来，共同犯罪人的意思联络不仅限于犯罪故意的联络，也不要求行为人具有实施某一具体犯罪的意思联络，而且依照该说对犯意联络的限制，共同犯罪可能在不同的构成要件之间成立。

就上述两种学说来讲，行为共同说更加具有可取性。在本案中，即使李某某是在不知道殷某某伪造驾驶证是为了骗取他人财物的情况下，帮助殷某某伪造驾驶证30余本，也不影响二人成立共同犯罪。

3. 犯意联络的具体判断

行为人之间是否有犯意联络如何判断，我们可以从以下几个方面进行：

（1）犯意联络的表现方式。

所谓意思联络的表现形式，是指行为人之间就实施犯罪行为的犯意进行沟通并通过某种外在形式表现出来，能够为他人所感知。犯意联络的方式主要包括明示、暗示和默示。明示是指行为人以积极的外在举动让共同犯罪人认识到犯罪的意图；暗示是指行为人采取不易为外界所察觉，但是能够被其他共同犯罪参与人所感知和领会的意思表示方式；默示是指对共同犯罪参与人一方表示出来的犯意既不积极作出回应，也不明确拒绝。在这种情况下，行为人没有明确退出共同犯罪，而是继续和其他行为人一起实施犯罪。在本案中，没有证据证明两被告人就诈骗作案明确商议过，但卷宗中上诉人李某某的供述，足以说明其在明确知道殷某某找他办理假驾驶证是用来进行诈骗的情况下而未拒绝办理，并联系他人积极为殷某某办理假证，且办理假证时间长达一年有余，彼此之间已经形成长期、稳定、默契的合作关系。在诈骗作案中，二被告人相互之间已经通过默示的方式完成了犯意联络。

（2）犯意联络的内容。

正如上述行为共同说所要求的那样，共同犯罪人无需对共同行为的性质和结果有

---

[1] 陈兴良．共同犯罪论［J］．现代法学，2001（3）：48.

[2] 张明楷．共同犯罪是违法形态［J］．人民检察，2010（13）：7.

清晰的认识，但这种概括的犯意联络要求必须具有明确指向的犯罪目的，即对将要共同成立的犯罪有一个可预见的范围。具体到该案，李某某对他和殷某某之间的共同行为只需要有概括的认识即可，李某某明知殷某某让其帮忙伪造证件是为了诈骗犯罪，还帮助殷某某伪造证件，这表明李某某对二人的行为可能构成诈骗罪是有预见性的。

（3）犯意联络的时间。

犯意联络不要求一定发生在事前，也可以发生在事中。发生在事前是指共同犯罪人在实施犯罪行为之前就已经进行了犯意联络；发生在事中的情况是指先行为人已经开始实施犯罪，后行为人则是在前行为人实施实行行为的过程中参与进来，此时二者仍构成共同犯罪。这表明犯意联络不要求必须事先通谋，不要求行为人一起商讨，临时成立合意也完全可以。在本案中，殷某某为进行诈骗犯罪在微信平台上创建公众号，宣称“不考试可办理准驾车型为 A、B、C 的驾驶证”，来对他人实施诈骗行为时李某某还未参与进来，其参与活动发生在办假证环节，也就是在事中为殷某某的犯罪提供了造假证的物理帮助，二者的犯意联络发生在事中，因此二人构成共犯。

【思考题】

三角诈骗与盗窃罪的间接正犯如何区分？

案例二 轩某诈骗案[1]

【基本案情】

2014 年 10 月，轩某找到好友张某某商议合伙投资买卖承兑汇票，轩某又通过张某某找到郝某某高息借款。2014 年 10 月 21 日至 2017 年 2 月 8 日期间，三人间有多次转账记录，轩某向郝某某的最后一次汇款日期为 2015 年 12 月 25 日、向张某某的最后一次汇款日期为 2017 年 1 月 16 日。2015 年 3 月，张某某、郝某某索要借款，轩某称其向某集团投资 1500 万元；2016 年 7 月 14 日，轩某向郝某某出具 620 万元的借据一份，张某某在借款人处补签字，后郝某某持借据向法院提起民事诉讼；诉讼期间三人达成还款协议，法院依法制作调解书。2017 年 3 月，郝某某申请强制执行，张某某报案。经鉴定，至案发时为止，轩某欠张某某、郝某某共计 821.605 万元。另查明，2014 年 2 月 28 日，轩某开始为该集团融资，之后有借有还，至 7 月份该集团尚欠轩某 2000 万元，2015 年 9 月 30 日余款结清。

法院作出判决，判处轩某有期徒刑十年六个月，并处罚金人民币 5 万元；判决继续追缴轩某犯罪所得 821.605 万元，发还被害人。宣判后，轩某提出上诉。中级人民法院以事实不清，证据不足为由，作出判决，改判轩某无罪。

---

[1] 案例来源：（2019）豫 1424 刑初 47 号。

【主要法律问题】

刑事诈骗和民事借贷的区别是什么？

【主要法律依据】

1.《中华人民共和国刑法》

第266条 诈骗公私财物，数额较大的，处三年以下有期徒刑、拘役或者管制，并处或者单处罚金；数额巨大其他严重情节的，处三年以上十年以下有期徒刑，并处罚金；数额特别巨大或者有其他特别严重情节的，处十年以上有期徒刑或者无期徒刑，并处罚金或者没收财产。本法另有规定的，依照规定。

2.《最高人民法院关于适用财产刑若干问题的规定》

第1条 刑法规定“并处”没收财产或者罚金的犯罪，人民法院在对犯罪分子判处主刑的同时，必须依法判处相应的财产刑；刑法规定“可以并处”没收财产或者罚金的犯罪，人民法院应当根据案件具体情况及犯罪分子的财产状况，决定是否适用财产刑。

【理论分析】

1. 民事借贷与借款型诈骗的相同点

我国民间借贷行为由来已久，并且在社会主义市场经济条件下其形式也变得多种多样。在司法实践中对于有借条的借贷行为属于民法上所规定的民间借贷还是属于刑法所规制的借款型诈骗罪通常难以区分。

民事借贷和借款型诈骗罪之所以容易混淆，是因为二者在形式上具有一些相同点，例如借款时借款人都有打借条，借条上的内容包括借款时间、借款人、借款数量及还款时间等内容。因此，单从形式上来看，二者之间确实具有较大的相似性，比较不容易区分，但二者之间也不是毫无界限。

2. 民间借贷与借款型诈骗的不同点

(1) 是否以真实的合同为依托。

在民间借贷中，当事人之间存在产生、变更和消灭的民事法律关系的真实意思表示；而在借贷型诈骗罪中，加害方往往是通过虚构事实或隐瞒真相的方式，诱使被害人陷入错误认识并处分自己的财产利益，在该法律关系中，加害人并没有要达成真实借贷合同的意思，其只是想假借订立合同的外衣行诈骗之实。在本案中，轩某虽多次向被害人张某某借钱，但轩某前期有借有还，在不能正常归还的情况下没有拒不返还、逃避民事责任，这表明被告人轩某在向被害人张某某借钱时具有受该借款合同拘束的意思，并不存在假借订立合同之名行诈骗之实的情况。

（2）行为所产生的法律后果不同。

民事借贷行为发生后，一般会出现两种后果。第一种是双方都按照合同规定的内容履行了相应的义务；第二种是借款人到期不能归还借款。而在诈骗罪中，最终只会发生一种结果，那就是被骗的一方会遭受利益损失的不利后果，而行为人会获得利益，并且这种利益的获得是建立在借款人利益受到损害的基础之上的。在出现不利后果的民间借贷关系中，不利后果的出现往往不是因为行为人的某些行为，而常常是因为客观情势变化，比如金融危机或者第三人的行为致使借款人不能及时履行还款义务。而借款型诈骗罪却恰恰相反，借款人的诈骗行为与借款人所遭受的不利后果之间具有相当因果关系，也就是说，借款人到期不能归还借款的原因只可能是借款人主观上具有非法占有的目的，不想到期归还借款。

（3）是否存在非法占有目的。

非法占有目的，是指排除权利人占有，将他人的财物作为自己的所有物进行支配，并按照财物的用途进行利用、处分的意思。❶ 在民事借贷纠纷中，行为人只是想借钱为自己所用并按照合同约定及时归还欠款，主观上没有非法占有的目的，而在借款型诈骗中，行为人从订立合同之初就是要将他人的财物据为己有。这一点是区分合法民间借贷与诈骗罪的重要特征。在考虑行为人是否具有非法占有目的时，应当考虑以下几方面的因素：第一，借款用途。如果行为人将其借来的钱用于借钱时声称的用途，那么该行为属于民间借贷的可能性就较大，但如果行为人将借来的钱挥霍，借钱时所说的用途也是自己虚构的，目的是骗取出借人信任，那么这种情况下，行为人具有非法占有目的的可能性就较大。第二，借款人是否具有偿还债务的能力。如果借款人明知自己没有还款的能力还向他人借款的，那么其具有非法占有目的的可能性较大。第三，在借款时是否虚构事实或者隐瞒真相。这是指行为人在借钱时所说的理由是否真实，借条中所载的内容是否为自己的真实意愿，如果行为人对事实进行了虚构或者隐瞒，事后并不想还钱，那么其具有非法占有目的的可能性就较大。

具体到本案，被告人轩某将借来的钱用于借钱时所说的用途并且在前期有借有还，其现在虽不能正常归还，但依现有证据不足以证实被告人在向被害人借款时资金链断裂，背负巨额债务，无偿还能力，亦无法认定其具有拒不返还、非法占有的情形，因此，轩某的行为并不构成借款型诈骗罪。

【思考题】

诈骗罪与招摇撞骗罪的区别是什么？

---

❶ 张明楷．论财产罪的非法占有目的［J］．法商研究，2005（5）：44．

第二节 盗窃罪

本节通过对盗窃罪的构成要件进行解读，结合案例和相关法律规定，主要对诈骗罪和盗窃罪的界限、盗窃罪和职务侵占罪的界限进行分析。

案例三 王某等人合谋盗窃罪案[1]

【基本案情】

2011年7月9日1时许，被告人王某、程某某在网上某聊天室发布虚假广告，谎称可以有激情视频聊天服务，寻找作案目标。后王某通过临时QQ号在与被害人邵某某聊天时，谎称付费1元即可以参与激情视频聊天，并要求邵某某转发其所有的网银卡余额截图，以表示其有支付能力。后王某根据邵某某发出的网银卡余额截图，得知邵某某网银卡余额10万余元。程某某便在王某事先编写好的软件程序中填写盗取数额98 000元，王某将该软件程序发给了邵某某。邵某某按照王某所告知的账号及登录口令打开登录，并在支付页面显示付款1元的情况下，输入了自己的网银卡号及密码，予以确认。被告人王某、程某某利用此软件程序按照之前设置好的盗取数额将邵某某网上银行内的人民币98 000元盗走。被告人王某归案后，其亲属代其退出赃款人民币55 000元；被告人程某某归案后，其亲属代其退出赃款人民币10 000元。被告人王某、程某某以非法占有为目的，采用秘密手段，窃取他人财物，数额特别巨大，其行为均构成盗窃罪，且系共同犯罪。在共同犯罪中，被告人王某编写盗窃软件，与被害人聊天，并进行赃款分配等行为，是主犯，依法应当按照其所参与的全部犯罪处罚。被告人程某某在共同犯罪中起次要作用，是从犯，依法应当从轻或减轻处罚。被告人王某、程某某归案后均能如实供述自己的犯罪事实，依法均可从轻处罚。被告人王某、程某某的亲属积极代其退赃，对两名被告人均可酌情从轻处罚。

法院一审以盗窃罪判处被告人王某有期徒刑十年，并处罚金人民币4万元；以盗窃罪判处被告人程某某有期徒刑八年，并处罚金人民币2万元；对被告人的违法所得依法继续追缴。一审宣判后，被告人王某不服，以本案的定性应为诈骗罪为由向淮安市中级人民法院提出上诉。该法院依据1996年修正的《中华人民共和国刑事诉讼法》第189条第（一）项的规定裁定驳回上诉，维持原判。

---

[1] 案例来源：（2012）淮中刑二终字第33号。

【主要法律问题】

如何对诱使被害人使用网银支付木马病毒程序，窃取被害人财物数额特别巨大的行为进行定性？

【主要法律依据】

《中华人民共和国刑法》

第25条第1款 共同犯罪是指二人以上共同故意犯罪。

第67条第3款 犯罪嫌疑人虽不具有前两款规定的自首情节，但是如实供述自己罪行的，可以从轻处罚；因其如实供述自己罪行，避免特别严重后果发生的，可以减轻处罚。

第264条 盗窃公私财物，数额较大的，或者多次盗窃、入户盗窃、携带凶器盗窃、扒窃的，处三年以下有期徒刑、拘役或者管制，并处或者单处罚金。数额巨大或者有其他严重情节的，处三年以上十年以下有期徒刑，并处罚金；数额特别巨大或者有其他特别严重情节的，处十年以上有期徒刑或者无期徒刑，并处罚金或者没收财产。

【理论分析】

1. 盗窃罪概述

盗窃罪是指以非法占有为目的，秘密窃取公私财物，数额较大，或者多次盗窃、入户盗窃、携带凶器盗窃、扒窃公私财物的行为。本罪的构成要件是：

（1）本罪的客体是公私财产所有权。本罪的犯罪对象可以是任何一种公私财物，但刑法另有规定的，应依照规定处理。本罪的对象一般是动产，即可以移动位置转移到行为人手中的财物。但对于不动产能否成为本罪的犯罪对象，目前我国学界仍存在许多争议。肯定论者认为，刑法规定盗窃公私财物，没有限定为动产，而且不动产也可以用秘密的方法占为己有。否定论者认为，窃取是指将他人控制下的财物秘密转移到行为人手中，不动产不能移动，故不能成为盗窃的对象。我们认为，由于我国刑法没有明文规定盗窃的财物仅限于动产，所以我们应当从有利于保护公私财产所有权出发，对财物不作限制解释。

（2）本罪的客观方面一般表现为以秘密窃取的方法，将公私财物转移到自己的控制之下，并非法占有的行为。秘密窃取是指行为人采用自认为不使他人发觉的方法占有他人财物。只要行为人主观上是意图秘密窃取，即使客观上已被他人发觉，也不影响盗窃性质的认定。秘密窃取行为概括起来，主要包括三种表现形式：第一种形式为，将可移动的财物秘密转移到行为人的控制之下，并且脱离财物所有人或持有人的控制范围。第二种形式为，通过传输系统加以使用和消耗。例如，盗窃电力、煤气、天然气等。只要行为人启动开关，电力、煤气、天然气等即开始消耗，所有人的损失就立即产生，盗窃行为即告完成。第三种形式为，以牟利为目的，盗接他人通信线路、复制他人电信号码或者明知是盗接、复制的电信设备、设施而使用。这种形式的犯罪属于特殊形式的盗窃罪。根据《最高人民法院关于审理扰乱电信市场管理秩序案件具体应用法律若干问题的解释》第 8 条的规定，盗用他人公共信息网络上网账号、密码上网，造成他人电信资费损失数额较大的，依照《刑法》第 264 条的规定，以盗窃罪定罪处罚。

（3）本罪的主体为一般主体，即年满 16 周岁，具有刑事责任能力的自然人。

（4）本罪的主观方面是直接故意，即明知是他人或者单位所有或者持有的财物，而以非法占有为目的，实施窃取财物的行为。误将他人的财物认为是自己的财物而取走，因不具有非法占有他人财物的目的，因而不构成盗窃罪。

2. 对本案的分析

随着网络技术的不断发展进步，人们为了让自己的生活更加高效便捷，由互联网衍生的电子产品逐渐进入我们的生活，并且随着互联网的不断发展，众多的新型支付方式不断产生，它们在给我们的生活带来便捷的同时，也出现了各种网络侵财案件，主要涉及诈骗罪和盗窃罪的区分。事实上，新型支付方式下的网络侵财犯罪与传统侵财犯罪的刑法规制和惩罚的思路并无二致。具体而言，对两罪的区分主要围绕以下几个方面展开。

（1）盗窃罪与诈骗罪在构成要件上的异同。

两罪的共同点表现在以下几个方面：首先，两罪的犯罪主体都是一般主体，即年满 16 周岁，具有刑事责任能力的自然人。其次，两罪所侵犯的客体都是财产所有权，不仅包括公共财产所有权，也包括私人财产所有权。最后，在主观上，两罪都属于故意犯罪，并且具有非法占有的目的。

两者在构成要件方面的区别主要有以下几点：其一，两罪实行行为的手段不同。盗窃罪的行为手段表现为秘密窃取，而且盗窃的过程不具有交互性，行为人的行为通常只针对财物，被盗者往往对盗窃行为是不能够察觉的；诈骗罪的实行行为表现为虚构事实或者隐瞒真相，在诈骗的过程中行为人与被害人具有一定的交互性，行为人要先采取虚构事实或者隐瞒真相的方式对相对人进行欺诈，从而使相对人产生认识错误，并且在认识错误的基础上向行为人交付财物。其二，是否违背受害人意愿有所不同。在诈骗罪中，受害人在处分自己的财产时是完全出于自愿的；在盗窃罪中，财产的转移完全违背了受害人的意志。其三，两者的行为逻辑结构不同。盗窃罪的逻辑结构比较简单，即行为人实施秘密窃取财物的行为—受害人的财产所有权遭到破坏—行为人取得财物；诈骗罪的逻辑结构则要复杂得多，其逻辑结构为行为人实施诈骗行为—受害人陷入认识错误—受害人基于认识错误而处分财产—行为人取得财物。在整个逻辑结构上，两者的根本区别在于受害人是否基于认识错误而处分财产，这也是区分盗窃罪和诈骗罪的核心问题。

（2）根据处分行为在两罪中的地位不同来对两罪进行区别。

处分行为一开始是民法中的概念，后来我国刑法对该词进行了借鉴，而且其内涵也发生了一定的变化，与民事处分行为相比较，诈骗罪中处分行为不仅包含引起法律关系变更之意，还包括行为人自身自愿遭受财产损失。正如有的学者对刑法中的处分行为的表述：被害人任何自愿地直接造成财产减损的法律性和事实性的作为、容忍和不作为。[1] 处分行为作为诈骗罪的重要构成要件虽然在法条中并未进行明确的表述，但是这并不能否认处分行为在诈骗罪中的必要性。有的学者将处分行为进行了表述上的转换，大多以“交付行为”的形式出现。而且关于处分行为是否必要，在理论界存在不必要说和必要说两种观点。处分行为不必要说认为处分行为不是构成诈骗罪的必要条件，它只对财产损失起到了因果关系的连接作用。而必要说则认为处分行为是诈骗罪成立的独立要件，没有处分行为，就不构成诈骗罪。必要说的观点更具科学性。理由有以下两点：一是因为在诈骗罪中，行为人的骗取行为首先使对方产生错误认识，进而再取得财产，所以在这两者之间必然存在着一个关键环节来表明二者的因果关系，那就是处分行为。二是因为在盗窃罪中，行为人的侵财行为违反了对方的意思，而诈骗罪则属于基于对方瑕疵意思而获取受害人的交付，这一区别的重要体现就是处分行为的有无。

在本案中，上诉人王某伙同程某某既虚构了付款 1 元即可参与激情视频聊天的事实，又隐瞒了确认付款 1 元实为对付款 98 000 元予以确认的真相，被害人邵某某按照王某所告知的账号及登录口令打开登录后，其仅对支付页面显示付款 1 元进行了确认，当时并未看到显示付款 98 000 元的内容，而且行为人也并未告知其付款 98 000 元的事实，因此，应当认定本案受害人对 98 000 元的支付转移是不知情的。行为人王某等人的行为究竟是盗窃罪还是诈骗罪，关键看行为人使用该方法是否使对方陷入错误认识进而对其财产作出处分，将之“自愿”交给行为人。如果行为人使用欺骗方法，但其欺骗行为只是为盗窃行为创造条件，并未使对方基于认识错误自愿交付财物，那么就仍应认定为盗窃罪。结合本案，首先，在这个犯罪过程中，受害人邵某某并没有自愿处分 98 000 元的意思表示，不符合诈骗罪自愿处分原则的要求；其次，王某等人所实施的欺骗行为仅是为后续的秘密窃取行为创造一定的条件，王某伙同程某某获得财物的方式为秘密窃取，即在邵某某不知情的情况下，使用电脑程序掩盖了实际付款 98 000 元的事实，邵某某并非陷入错误认识而“自愿”交付 98 000 元。故王某、程某某的行为不符合诈骗罪的特征，而是符合盗窃罪的行为特征，应当以盗窃罪论处。

【思考题】

盗窃罪中的非法占有目的如何认定？

---

[1] 王钢．盗窃与诈骗的区分——围绕最高人民法院第 27 号指导案例的展开［J］．政治与法律，2015（4）：31.

案例四　张某、高某盗窃案[1]

【基本案情】

罗某某等人（均另案处理）为运输站的司机，负责把面包铁（即生铁）从炼铁厂铸铁机处运至炼钢厂（钢铁公司将该业务外包给运输站）。被告人张某为钢铁公司保安，负责检查车辆是否有进出厂门的手续。2012 年 6 月至 2012 年 9 月，被告人张某在厂区门卫工作期间，与罗某某等人（均另案处理）相互勾结，先后 9 次为罗某某等人装运盗窃面包铁等物品的货车放行，涉案赃物共计价值人民币 910 300 元（另有 6 万元属未遂）。被告人高某参与盗窃 1 次，窃得价值人民币 63 450 元的废结晶器铜管。被告人张某共分得赃款 7 万余元。被告人张某及其辩护人辩称，同伙罗某某等人为货车司机，利用职务便利，将其负有押运、保管职责的面包铁扣留后运输出厂，本案不应定性为盗窃罪，而应定性为职务侵占罪。

法院综合全案事实，于 2013 年 7 月 10 日作出判决：（1）被告人张某犯盗窃罪，判处有期徒刑十年，并处罚金人民币 8 万元；被告人高某犯盗窃罪，判处有期徒刑三年，并处罚金人民币 1 万元。（2）尚未追缴的赃物继续予以追缴。宣判后，被告人均未提出上诉，判决已发生法律效力。

【主要法律问题】

盗窃罪和职务侵占罪的界限应当如何认定？

【主要法律依据】

《中华人民共和国刑法》

第 25 条第 1 款　共同犯罪是指二人以上共同故意犯罪。

第 67 条第 3 款　犯罪嫌疑人虽不具有前两款规定的自首情节，但是如实供述自己罪行的，可以从轻处罚；因其如实供述自己罪行，避免特别严重后果发生的，可以减轻处罚。

第 264 条　盗窃公私财物，数额较大的，或者多次盗窃、入户盗窃、携带凶器盗窃、扒窃的，处三年以下有期徒刑、拘役或者管制，并处或者单处罚金。数额巨大或者有其他严重情节的，处三年以上十年以下有期徒刑，并处罚金；数额特别巨大或者有其他特别严重情节的，处十年以上有期徒刑或者无期徒刑，并处罚金或者没收财产。

---

[1] 案例来源：（2013）武刑初字第 578 号。

【理论分析】

职务侵占罪和盗窃罪都属于侵犯财产的犯罪，两罪主观方面相同，都以非法占有为目的。由于两者具有一定程度的相似性，所以在司法实践中往往会出现对某一行为定性模糊的情况，因此二者区分标准的确定就显得尤为重要。从法条上来看，盗窃罪是指盗窃公私财物，数额较大或者多次盗窃的行为；职务侵占罪是指公司、企业或者其他单位的人员，利用职务上的便利，将本单位财物非法占为己有的行为。

两者在构成要件上有以下几点区别。第一，两者的犯罪主体不同。盗窃罪的犯罪主体为一般主体，即年满16周岁的人都可以成为该罪的犯罪主体；职务侵占罪的犯罪主体则是特殊主体，只能是公司、企业或者其他单位的职工。第二，两者的犯罪对象不同。职务侵占罪侵犯的是所在公司的公共财物；盗窃罪的犯罪对象不仅包括公共财物，还包括私人财物，其对象范围更广。第三，两罪中行为人的犯罪手段不同。盗窃罪的犯罪手段表现为“秘密窃取”；职务侵占罪中除了与盗窃罪相同的“窃取”这一行为手段，还包括“侵吞、骗取及其他手段”，也就是说职务侵占罪的行为手段较盗窃罪来说更具多样化。第四，两者的量刑程度不同。职务侵占罪的最高刑是有期徒刑十五年，量刑幅度较窄且最高刑较轻；而盗窃罪的最高刑为死刑，量刑幅度较宽且最高刑较重。

上述区分虽然看起来为区分两罪提供了较为具体明确的标准，但是如果仅仅依照上述区分标准还是不能完全将两者区分开来。那么，在实务中应当如何准确区分二者，本书认为可以从以下几个方面进行。

1. 从是否“利用职务之便”进行区分

职务侵占罪的客观方面表现为利用职务上的便利，将本单位的财物非法据为己有，数额较大的行为。这表明“利用职务上的便利”是构成职务侵占罪的必要条件。对职务侵占罪中“利用职务上的便利”，学者们有不同的看法，大致有以下几种观点：

（1）“利用职务上的便利”是指行为人利用的是其在管理本单位经营、生产过程中所进行的领导、指挥、监督的职权所形成的便利[1]。这一观点的实质是将“职务上的便利”理解为“公务上的便利”，这也就是说如果行为人侵害财产的行为不是利用自己对某项事物所拥有的决定处置权，而仅仅是利用了自身在该单位从事工作的便利的情况下是不构成职务侵占罪的。

（2）“利用职务上的便利”是指行为人利用工作上拥有的主管、管理、经手本单位财物的权利，该职务便利所包含的范围较大，不仅包括从事公务活动的便利，还包括从事劳务活动的便利。

（3）“职务上的便利”是指行为人因工作或业务而合法持有、控制、管理、支配单

[1] 黄晓平．盗窃罪与职务侵占罪辨析［J］．中国检察官，2010（1）：4.

位财产的便利，即理解为“工作上的便利”。[1]

第一种观点强调行为人“利用职务上的便利”必须具有管理性质，把普通劳务关系排除在该罪“职务”范围外，大大缩小了职务含义的外延。而第三种观点则与第一种观点相反，它对“职务”的外延做了扩大处理，不仅包括具有管理性质的工作便利，还包括其他一切利用自身工作所形成的便利条件，这样一来就使职务侵占罪与盗窃罪的区别变得较为模糊，这也是该观点的缺点所在。第二种观点相较于以上两种观点来说则较为科学，其不仅包括行为人利用自己具有主管、管理性质的工作便利，还包括行为人利用自身从事劳务的便利。这里的利用职务上的便利，是指本人的职权范围内或者因执行职务而产生的主管、经手、管理单位财物的便利条件。主管财物，主要是指领导人员在职务上具有的对单位财物的购置、调配、流向等决定权利。经手财物，主要是指因执行职务而领取、使用、支配单位财务的权利。管理财物，主要是指对单位财物的保管与管理。[2] 因此，只要是因为行为人的职务关系而主管、经手、管理单位财物，都能为侵占单位财物提供便利条件，如果行为人仅仅是利用自身在本单位工作，熟悉作案环境等条件，那么就不能视为利用职务上的便利，当然也不构成职务侵占罪。

2. 从行为人对被侵犯财物的占有状况进行区分

涉案财物的占有状况的不同通常也是区分盗窃罪和职务侵占罪的重要标准。我国刑法对盗窃罪规定的刑罚重于职务侵占罪，也是基于占有状况的考虑，这是因为盗窃罪是在自己不享有财物合法占有权的情况下对他人占有权限的侵犯，而职务侵占罪则是对自己合法占有、他人所有的财物的占有权限的滥用。如何区分行为人对财物的占有状态，应当从主观方面和客观方面来进行区分，即主观上要求行为人要有占有的意思，客观上要对财物有实际的支配或控制，包括物理上的支配和规范上的支配。如果行为人基于职务便利已经对财物进行了占有，不需要克服他人对财物的支配就可以获得所有，此时就构成职务侵占罪。相反，如果行为人从一开始就不享有凭借自己的职务便利而合法占有财物的权利，那么此时行为人若想取得财产的所有权就必须通过平和的手段使财物脱离有权占有人，此时行为人的行为就构成盗窃罪。

3. 从被侵犯财物自身的状况进行区分

在实践中对单位财物进行封装会直接影响他人对该财物占有归属的认定，因此，被侵犯财物自身的状况也是判断行为人和财物之间关系的一个重要因素。当行为人占有封缄物时，对其中的内容物是否也构成占有，关于这个问题，我国刑法理论界有委托者占有说、受托人占有说、分别占有说三种学说。

---

[1] 赵永红，钱业弘．试论职务侵占罪的几个问题［J］．人民检察，2001（4）：14.

[2] 高铭暄，马克昌．刑法学（第九版）［M］．北京：北京大学出版社，2019：509.

（1）委托者占有说。该说认为，在有关保管封缄物占有的问题上，应当认为封缄物整体都归委托人占有。这是因为从表面上看，封缄物随着容器在被行为人支配，但事实上受托人并不能接触到封缄物，也不能凭自己的意愿对内容物进行处分。在这里，受托人的角色更像是委托人的占有辅助者，是委托人手足之延长。因此，在受托人非法占有封缄物的情形下，应成立盗窃罪而不成立侵占罪或职务侵占罪。

（2）受托人占有说。该说与第一种学说的观点相反，该说认为在封缄物转给受托人保管运输的场合，封缄物整体应当为受托人占有，这是因为不管受托人能不能对封缄物进行支配，该财物都已经脱离了委托人的占有而现实地处在受托人的管领和控制之下，因此封缄物应当归受托人占有。若此时受托人将封缄物据为己有，应当成立侵占罪。[1]

（3）分别占有说。该说与前两种学说的不同之处在于，它不再将封缄物作为一个整体看待，而是将其分为封缄物整体和封缄内容物。首先，由于委托事实的存在，封缄物整体由受托人占有，所以封缄物整体的占有人为受托人，若其实施非法占有的行为，则构成侵占罪或职务侵占罪。其次，委托人既然将财物进行封缄，则说明其想要排除自己以外的其他人的占有，所以受托人并未取得封缄内容物的占有，对封缄内容物的占有人仍是委托人，此时受托人如果非法占有封缄内容物，则构成盗窃罪。该观点相较于其他两个观点具有较强的合理性。

在本案中，首先，从犯罪人身份上来看，被告人罗某某作为犯罪主体，其身份是运输站的职工，而并非钢铁厂的职工，其偷运面包铁的行为并没有侵犯本单位的财产所有权，不符合职务侵占罪的主体条件；而被告人张某的身份则是钢铁厂的门卫，属于钢铁厂的员工，符合职务侵占罪的主体身份。其次，从利用职务便利上来看，被告人罗某某并非钢铁厂的员工，所以其并没有利用职务之便的情况；而被告人张某作为该厂的门卫，虽然是该公司的员工，但不符合职务侵占罪中对利用职务便利的要求。该罪的利用职务上的便利，是指本人的职权范围内或者因执行职务而产生的主管、经手、管理单位财物的便利条件。而张某的职务显然不属于这里主管、经手、管理之中的任何一种。最后，从行为人对被侵犯财物的占有状况来看，张某作为门卫，其主要职责是负责检查车辆是否有进出厂门的手续，其对车上所载货物并无占有权限，因此并不构成职务侵占罪中在非法取得所有权之前已经合法占有财物的要求。因此张某的行为不符合职务侵占罪的构成要件。张某、罗某某等人以非法占有为目的，利用自身工作所形成的便利条件，趁人不备将他人公司所有的财物偷运出厂，其行为符合盗窃罪的构成要件，因此，本案应定性为盗窃罪，而不应定性为职务侵占罪。

【思考题】

（1）盗窃行为是否要求具有秘密性？

（2）请说明盗窃罪中“数额”的体系定位。

---

[1] 周光权．刑法各论讲义［M］．北京：清华大学出版社，2003：112.

第三节　抢劫罪

本节通过对抢劫罪的构成要件和转化型抢劫进行解读，结合案例和相关法律规定，主要对索债型非法拘禁和抢劫罪的界限进行分析，表明我国司法实践中遵循主客观相统一原则的态度。

案例五　王某品抢劫案[1]

【基本案情】

被告人王某强与被害人方某某之间存在债务纠纷，王某强通过万某某（另案处理）介绍在万某某办公室认识了被告人王某品，王某强与被告人王某品共谋找人去平顶山找方某某索要该债务。2018 年 2 月 2 日 13 时许，方某某被王某品以其老婆老乡的名义打电话约见面，见面后即被王某品、闫某良、闫某海三人强行带至车上。闫某海用手铐把方某某的一只手铐住，方某某一路上遭到王某品等人的殴打。王某强等人先将受害人方某某带某林区内，而后王某品等人对其实施殴打并逼其说出手机、支付宝、微信等密码。期间，王某品背着王某强等人通过方某某的手机微信、QQ、支付宝转款共计 77 500 元至自己手机账户内，其对王某强、方某某等人声称只转走了方某某 3 万元。次日凌晨 1 点左右方某某又被带回漯河市，由于王某强回家休息，王某品等人便开车继续带着方某某在市区闲转，中午 11 时左右，当方某某的家属代替方某某还款给王某强 15 万元（加上王某品之前划转的 3 万元共计 18 万元）后，将欠债还清，方某某才得以获得自由。时隔几日，方某某发现王某品多划转他银行账户资金 47 500 元，于是向公安机关报案。法院经审理认为，被告人王某品和王某强等人非法剥夺被害人方某某人身自由，并对其殴打、威胁，事实清楚、证据确实，其行为均已构成非法拘禁罪，属共同犯罪；在非法拘禁犯罪过程中，王某品在他人不知情的情况下，以非法占有为目的，超出委托人债务范围向自己的账户转账 47 500 元，其行为已经超出实施非法拘禁共同犯罪的故意，故其行为构成抢劫罪。王某品一人犯数罪，应数罪并罚。一审宣判后，被告人王某品提出上诉，二审法院驳回上诉，维持原判。

【主要法律问题】

（1）索债型非法拘禁和抢劫罪的界限该如何区分？

（2）本案中王某品与王某强等人是否构成非法拘禁的共同犯罪？王某品隐瞒转走

[1] 案例来源：（2019）豫 11 刑终 189 号。

被害人 47 500 元的行为是否触犯《刑法》第 263 条抢劫罪和第 264 条盗窃罪，该如何定罪处罚？

【主要法律依据】

1.《中华人民共和国刑法》

第 25 条　共同犯罪是指二人以上共同故意犯罪。

二人以上共同过失犯罪，不以共同犯罪论处；应当负刑事责任的，按照他们所犯的罪分别处罚。

第 238 条　非法拘禁他人或者以其他方法非法剥夺他人人身自由的，处三年以下有期徒刑、拘役、管制或者剥夺政治权利。具有殴打、侮辱情节的，从重处罚。

犯前款罪，致人重伤的，处三年以上十年以下有期徒刑；致人死亡的，处十年以上有期徒刑。使用暴力致人伤残、死亡的，依照本法第 234 条、第 232 条的规定定罪处罚。

为索取债务非法扣押、拘禁他人的，依照前两款的规定处罚。

国家机关工作人员利用职权犯前三款罪的，依照前三款的规定从重处罚。

第 263 条　以暴力、胁迫或者其他方法抢劫公私财物的，处三年以上十年以下有期徒刑，并处罚金。有下列情形之一的，处十年以上有期徒刑、无期徒刑或者死刑，并处罚金或者没收财产：

（一）入户抢劫的；

（二）在公共交通工具上抢劫的；

（三）抢劫银行或者其他金融机构的；

（四）多次抢劫或者抢劫数额巨大；

（五）抢劫致人重伤、死亡的；

（六）冒充军警人员抢劫的；

（七）持枪抢劫的；

（八）抢劫军用物资或者抢险、救灾、救济物资的。

第 264 条　盗窃公私财物，数额较大的，或者多次盗窃、入户盗窃、携带凶器盗窃、扒窃的，处三年以下有期徒刑、拘役或者管制，并处或者单处罚金；数额巨大或者有其他严重情节的，处三年以上十年以下有期徒刑，并处罚金；数额特别巨大或者有其他特别严重情节的，处十年以上有期徒刑或者无期徒刑，并处罚金或者没收财产。

2.《最高人民法院关于对为索取法律不予保护的债务，非法拘禁他人行为如何定罪问题的解释》

行为人为索取高利贷、赌债等法律不予保护的债务，非法扣押、拘禁他人的，依照刑法第 238 条的规定定罪处罚。

【理论分析】

1. 抢劫罪概述

抢劫罪是指以非法占有为目的，以暴力、胁迫或者其他方法，当场强行劫取公私财物的行为。

（1）本罪的构成要件。

本罪的客体是复杂客体，即同时侵犯公私财产权利和他人人身权利。本罪规定在侵犯财产犯罪中，表明财产权利是抢劫罪保护的主要客体。本罪的行为对象有两个，一是人身，二是公私财物。财物，可以分为有体物和无体物、动产和不动产等。从司法实践来看，抢劫对象多为有形动产，至于不动产和无体物能否构成抢劫罪的对象，理论上存在较大争议。主要争议在于抢劫罪的特点是当场占有公私财物，而不动产和无体物很难确定当场占有的时间和条件。我国刑法虽未作规定，但从有利于保护公私财产和人身安全的角度，也不应将不动产和无体物一概排除在抢劫罪的对象之外。

本罪在客观方面表现为采用暴力、胁迫或者其他方法，当场强行劫取公私财物的行为。

其一，暴力方法。抢劫罪的暴力，主要是指对人身实施强烈的打击或强制，包括殴打、捆绑、伤害等，使被害人处于不知反抗、不能反抗的状态。抢劫罪的暴力方法，是行为人为了压制或者排除被害人的反抗以便当场非法占有财物而采取的方法。暴力的对象包括财物的所有人、持有人和管理人，也包括与其有密切关系的人。至于暴力的程度，一般认为只要行为人有抢劫的意图，并且为了非法占有财物而对被害人施加暴力，就应认定为抢劫罪。司法实践中，还要具体问题具体分析。对于未成年人使用轻微暴力强抢少量财物的行为，一般不宜以抢劫罪定罪处罚。

其二，胁迫方法。又称为“精神强制”，是指对不服从索财要求的被害人，当场以实施暴力相威胁，使被害人内心恐惧，陷于不知反抗、不敢反抗的境地而当场劫取财物。本罪的胁迫一般限于“以暴力”相威胁、胁迫的方式，可以是语言，也可以是某种动作。本罪中胁迫的认定需要满足两点：一是行为人必须以立即实施暴力侵害行为相威胁，二是胁迫的目的必须是当场劫取财物或者迫使被害人当场交付财物。如果胁迫的内容是以将来实施暴力相威胁，或者要求被害人答应日后交付财物，则不属于抢劫罪的胁迫。

其三，其他方法。是指为了当场非法占有财物，以暴力、胁迫以外对被害人人身施加的某种强制行为，使被害人处于不知反抗、不能反抗或不敢反抗的状态的方法。例如，用药物麻醉、用酒灌醉等。被害人不知反抗或失去反抗能力，必须是行为人施加于被害人人身而造成的。如果被害人是由于自己的原因而处于不知、不能反抗的状态，行为人利用这种状态而乘机掠走财物的，则不属于抢劫罪的其他手段，这是一种秘密窃取的行为，即使构成犯罪，只能以盗窃罪论处。

本罪的主体是自然人，为一般主体。年满 14 周岁，具有刑事责任能力的自然人犯本罪，应当负刑事责任。

本罪在主观上只能是直接故意，即主观上具有以强制手段非法占有他人财物的目的。不具有“以强制性手段”的意思，不构成抢劫罪。同时，不具有非法占有他人财物目的的，也不构成抢劫罪。

（2）转化型抢劫。

《刑法》第 269 条规定：“犯盗窃、诈骗、抢夺罪，为窝藏赃物、抗拒抓捕或者毁灭罪证而当场使用暴力或者以暴力相威胁的，依照本法第二百六十三条的规定定罪处罚”。

首先，行为人必须先“犯盗窃、诈骗、抢夺罪”，这是转化的前提条件。根据《最高人民法院关于审理抢劫、抢夺刑事案件适用法律的若干问题的意见》（以下简称《抢劫、抢夺意见》）第 5 条，行为人实施盗窃、诈骗、抢夺行为，未达到“数额较大”，为窝藏赃物、抗拒抓捕或者毁灭罪证而当场使用暴力或以暴力相威胁，情节较轻、危害不大的，一般不以犯罪论处；但具有下列情节之一的，可依照《刑法》第 269 条的规定，以抢劫罪定罪处罚：盗窃、诈骗、抢夺接近“数额较大”标准的；入户或在公共交通工具上盗窃、诈骗、抢夺后在户外或交通工具外实施上述行为的；使用暴力致人轻微伤以上后果的；使用凶器或以凶器相威胁的；具有其他严重情节的。

其次，必须当场使用暴力或暴力威胁，这是转化的客观条件。当场包括实施盗窃、诈骗、抢夺行为的现场，也包括行为人刚一离开现场就被人及时发现而立即追捕的场所。这里实施的暴力或者以暴力相威胁必须是实施盗窃、诈骗、抢夺行为之后。如果是在过程中实施，则直接以《刑法》第 263 条定罪处罚，同时这种暴力必须是故意实施的，如果是在逃跑过程中过失致他人伤亡，不适用本条规定。

最后，行为人的目的是窝藏赃物、抗拒抓捕或毁灭罪证，这是转化的主观条件。窝藏赃物，是指行为人意图将已拿到手的或者已处于自己控制之下的赃物护住，不让被害人或其他人当场夺回去，而不是指为了把赃物藏匿起来而实施暴力或以暴力相威胁；抗拒抓捕，是指抗拒包括被害人司法工作人员和见义勇为的一般公民对行为人的抓捕行为；毁灭罪证，是指行为人为了逃避打击，意图毁灭实施盗窃、诈骗、抢夺的现场犯罪的痕迹或其他物证，在受到他人阻止时，当场对他人实施暴力或暴力威胁。

具备以上三个条件，才能认定为转化型抢劫。此外，《最高人民法院关于审理未成年人刑事案件具体应用法律若干问题的解释》第 10 条第 1 款规定，已满 14 周岁不满 16 周岁的人盗窃、诈骗、抢夺他人财物，为窝藏赃物、抗拒抓捕或者毁灭罪证，当场使用暴力，故意伤害致人重伤或者死亡，或者故意杀人的，应当分别以故意伤害罪或者故意杀人罪定罪处罚。

2. 对本案的分析

对于采用暴力方法当场获取被害人财物的行为，是否具有非法占有目的是认定抢劫罪是否成立的关键。本案中被告人王某品和王某强等人具有共同的非法拘禁被害人进行索债这一目的，但其向同案犯隐瞒多划走被害人 47 500 元，对此超出共同犯罪的故意。对于王某品向被害人隐瞒这多划出的 47 500 元是否构成盗窃罪，在审理过程中，法院结合被告的行为手段、行为方式进行了综合认定。对于非法拘禁罪，被告人王某品并无异议，而对抢劫罪的认定提起上诉，在一审和二审中，结合被告人的主观目的，以及索债型非法拘禁与抢劫罪的界限进行了审理说明。

（1）共同犯罪的认定。

共同犯罪是指二人以上共同故意犯罪。共同犯罪的成立条件：其一，犯罪主体必须是两人以上。若是自然人，必须都达到刑事责任年龄且具有刑事责任能力。其二，必须具有共同的犯罪故意，但不要求故意的形式与具体内容完全相同，只要是同一犯罪的故意即可。这要求成立共同犯罪，共同犯罪人之间必须具有意思联络，认识到他们共同的犯罪行为以及会发生的危害结果，并且希望或者放任这种结果发生。其三，必须具有共同的犯罪行为，指各个行为人的行为都必须指向同一犯罪，互相联系，互相配合，形成一个统一的犯罪活动整体。各行为人所实施的行为必须是犯罪行为，包括作为和不作为，每一个共同犯罪人的行为与危害结果之间都具有因果关系。

本案中被告人王某品与同案犯王某强等人具有共同的犯罪故意，共谋向被害人索债，为索取债务，共同采用限制被害人方某某人身自由的方式，对其进行殴打、威胁，非法扣押方某某，其行为已构成非法拘禁罪的共同犯罪，属于《刑法》第 238 条第 3 款的规定的索债型非法拘禁。

（2）单个共犯人实施超出共同犯罪故意的过限行为，其他共犯人对此行为不承担责任。

根据《刑法》第 25 条的规定，共同犯罪是指共同犯罪人基于共同的犯罪故意实施的犯罪行为。也就是说行为人只有就危害行为和危害结果与同案犯具有主观上的意思联络，才能构成共同犯罪。若某个行为人在同案犯不知情的情况下，超出了共同犯罪的故意范围，单独实施其他犯罪行为，没有与同案犯进行意思联络，则不属于共同故意的范围。此即，过限行为不属于共同犯罪，其他行为人对此过限行为不负刑事责任。

本案中，共同犯罪的主观意图是“在王某强的组织下，向被害人讨债”，但王某品在共同犯罪过程中，采用胁迫手段，隐瞒部分犯罪所得并据为己有，属于在犯罪过程中产生了新的犯意并且施行的形态。其他同案犯没有事先与王某品预谋多向被害人要钱，始终对王某品隐瞒其多转出被害人的钱这一事实不知情，也并不属于知情但未参与、未制止的放任情形，且事后未从王某品处分到这笔赃款，证明与王某品的行为不具有意思联络。该行为已经超出了“受债权人委托，索要债务”这一事实范围，不具有索债的性质，属于共同犯罪中的实行过限行为，其他同案犯对此过限行为不承担刑事责任。

（3）对于王某品多划转的 47 500 元行为性质的认定。

盗窃罪和抢劫罪都是具有非法占有目的，侵犯公私财产权利的犯罪。本案中由于被害人方某某是事后才知道被告人王某品多转走其银行卡内的47 500元，针对被告人王某品的行为是否具有“秘密性”，是否同时触犯了盗窃罪和抢劫罪，有两种观点：一种观点认为，王某品强行划转账户资金是当着被害人的面进行的，尽管对转账真实数额说谎了，但仍然不具备秘密获取他人钱财的性质，且又使用了胁迫手段，对被害人人身侵害达到了使其不能反抗的程度，亦系当场取得他人钱财，同时具备抢劫罪所要求的两个“当场”的条件，因此不符合盗窃犯罪秘密窃取的特征，不符合盗窃罪的构成要件，而是单独构成抢劫罪；另一种观点认为，行为人王某品在非法拘禁被害人的过程中，产生非法占有的犯意，超出索债数额多划转了被害人银行账户资金，但是行为人王某品是秘密进行的，被害人当时并不知情，因此王某品在客观上实施了足以压制被害人反抗的取财行为，其主观上所持有的是盗窃故意，依据主客观相统一的原理，应当认定其过限行为构成盗窃罪。

以上两种观点的分歧主要在于对盗窃罪“秘密性”的理解不同，盗窃罪一般是指以秘密窃取的方法，将公私财物转移到自己的控制之下，并非法占有的行为。秘密窃取是指行为人采用自认为不使他人发觉的方法占有财物，只要行为人主观上是意图非法窃取，即使客观上已被他人发觉或者注视，也不影响盗窃性质的认定。因此，我们认为，被告人王某品利用非法拘禁的状态，在被害人不知情的情况下，采用暴力手段划转被害人银行账户内47 500元资金的行为，具有非法占有目的，既构成抢劫罪，又构成盗窃罪，属于一行为触犯数罪名，系想象竞合，应当从一重罪论处，按照抢劫罪定罪处罚。

（4）索债型非法拘禁与抢劫罪的界限认定。

《刑法》第238条第3款规定了索债型非法拘禁，第263条规定了抢劫罪。在学理上，索债型非法拘禁是指通过强行限制人身自由的方法，通过殴打、威胁手段，向债务人本人索要债务，以实现自己债权的严重不法行为。抢劫罪则是以非法占有为目的，向被害人本人当场使用暴力、胁迫或其他手段，当场劫取被害人的财物。二罪的根本区别在于主观方面，非法拘禁不具有非法占有目的，抢劫具有非法占有目的。具体来说，对这两个罪名可从三个方面进行区分：

第一，索债型非法拘禁的行为人主观上认为其索要的债务债权是客观存在的，但不一定真实存在债权债务关系，自认为存在即可。实践中，为了索取合法的债务而非法拘禁他人的，属于通过非法手段维护合法权益，应当认定为非法拘禁。立法之所以如此规定，是因为实践中行为人为索取债务而非法扣押拘禁人质，往往并不具有非法占有他人财物的意图，而是由于采用过多种方式也未能收回自己的财产，无奈之下实施的违法行为。行为人主观恶性较小，客观上通常也只是以剥夺人身自由为手段逼债，不会加害于人质，不同于以非法占有为目的的财产性犯罪。若是为了索取非法债务，根据《最高人民法院关于对为索取法律不予保护的债务，非法拘禁他人行为如何定罪问题的解释》的规定，行为人为索取高利贷、赌债等法律不予保护的债务，非法扣押、拘禁他人的，以非法拘禁罪定罪处罚。此外，如果行为人明知其向被害人主张的债务不存在，以索要债务为借口，实质以非法占有他人财物为目的，采用暴力、胁迫等手段强行获取他人财物的，应认定为抢劫罪。如果索取的金额与债务金额相差悬殊，并且行为人采用暴力手段当场取走财物，应认定为抢劫罪。因此，行为人在索取债务时，对债权债务关系是否真实存在的认识对于区分行为人的主观目的至关重要。

第二，在客观方面，抢劫罪是以暴力、胁迫等方法为必备条件；索债型非法拘禁罪则不要求必须采用暴力、胁迫等方法，虽然在实施非法拘禁过程中，也可能会有捆绑、殴打被害人等行为，但对他人的健康损害一般要比抢劫罪小得多。为索债而采用暴力威胁，未将暴力变为现实的，仍然认定为非法拘禁罪。其殴打的暴力手段是非法拘禁的从重情节，如果造成重伤、死亡结果的，按照故意杀人罪、故意伤害罪进行定罪处罚。如果暴力索债的数额很小，非法拘禁的时间很短，且无轻微伤以上伤害，索要的又是合法债务，一般不宜按犯罪处理。

第三，保护法益的侧重点不同。刑法将索债型非法拘禁规定在侵犯公民人身权利罪中，可见其立法本意并不是对债权予以特殊保护，而是在保护公民的人身权利。将抢劫罪规定在侵犯财产犯罪中，表明公私财产权利是其首要的保护法益。

根据《抢劫、抢夺意见》第 9 条，行为人为索取债务，使用暴力、暴力威胁等手段的，一般不以抢劫罪定罪处罚。构成故意伤害等其他犯罪的，依照《刑法》第 234 条等规定处罚。

本案中，所谓的债权人向被害人索要“办事款”，被害人也认可这个事实，双方的确存在债务纠纷。王某强为要回“办事款”，实施了非法拘禁行为，故构成以限制他人人身自由为手段，共同讨要债务的非法拘禁罪。但王某品在此过程中采用胁迫的手段单独多划转被害人银行账户资金 47 500 元，作为他讨债的“劳务费”，这笔钱就不具有受债权人委托而索要债务的性质，主观上具有非法占有目的，其个人的过限行为符合抢劫罪的构成要件。

综上所述，本案中，行为人王某品与王某强等人采用殴打、胁迫、限制人身自由的方式对被害人索债，构成非法拘禁罪，成立共同犯罪。王某品在被害人不知反抗、不能反抗的情况下，又趁机多划转被害人银行账户资金，王某强等四人对王某品多转钱的事实均不知情，王某品对 47 500 元具有非法占有的目的，该行为超出共同犯罪的故意，王某品单独构成抢劫罪，应当数罪并罚。

【思考题】

（1）抢劫罪的暴力程度是否可以有一个客观标准？

（2）抢劫罪和敲诈勒索罪的区别？

案例六　耿某某非法拘禁、寻衅滋事案[1]

【基本案情】

2017年年底，郑州市的宗某某（在逃）委托被告人耿某某来汝州向孙某某要账，并提供了转账记录等债权凭证和孙某某的个人信息，被告人耿某某以讨债名义纠集被告人熊某看及张某某等人来汝州，租住宾馆，跟踪孙某某半月有余。2018年1月，被告人耿某某仍以讨债名义纠集被告人熊某看、何某某、张某某再次来汝州跟踪孙某某数日，伺机作案。2018年1月26日，耿某某驾车载着熊某看、张某某、何某某从孙某某公司跟踪孙某某至汝州市某小区门前，耿某某令熊某看强行将孙某某拉到自己驾驶的车上，熊某看将孙某某推拉上车，强行关车门时将孙某某右臂挤断，致其右侧肱骨粉碎性骨折，经法医学鉴定，其损伤程度属轻伤一级。四人驾车向北行驶将孙某某劫持到山上，耿某某让熊某看等三人下车，然后其以跟踪花费数十万元等为由，言语威胁向孙某某索要300万元，孙某某表示没钱，耿某某将孙某某的手提包拿走，令熊某看、张某某看守孙某某，耿某某让孙某某告知密码后拿着其银行卡伙同何某某驾车到汝州市区工商银行，经查询，孙某某的一张工行卡上仅有现金51 000元，后耿某某通过电话向宗某某汇报了情况，耿某某、何某某返回山上，众人一起回汝州市区，途中，耿某某让熊某看、张某某、何某某打车离开汝州，其将孙某某送至汝州市骨科医院。本案一审认为被告人耿某某犯抢劫罪，被告人耿某某对判决不服，提起上诉；二审中查明，上诉人耿某某等人到银行查询孙某某工行卡中的余额后，未将钱取走，后耿某某通过电话向宗某某汇报情况并返回。返回后，耿某某即告知孙某某其是替宗某某索要债务，并向孙某某出示了委托书、身份证复印件、银行流水等有关证据，后耿某某将孙某某送至汝州市骨科医院进行医治。二审经审理后改判为非法拘禁罪。

【主要法律问题】

（1）行为人在拘禁过程中另起非法占有故意的犯意，并对受害人实施了威胁的行为，但最终又放弃了该犯意，其在拘禁过程中造成被害人受伤的后果，应当认定为非法拘禁还是转化为新的犯罪？

（2）本案中二审将被告人改判为非法拘禁罪体现了什么，在审理过程中能否客观归罪？

---

[1] 案例来源：（2019）豫04刑终145号。

【主要法律依据】

1.《中华人民共和国刑法》

第36条第1款　由于犯罪行为而使被害人遭受经济损失的，对犯罪分子除依法给予刑事处罚外，并应根据情况判处赔偿经济损失。

第238条　非法拘禁他人或者以其他方法非法剥夺他人人身自由的，处三年以下有期徒刑、拘役、管制或者剥夺政治权利。具有殴打、侮辱情节的，从重处罚。

犯前款罪，致人重伤的，处三年以上十年以下有期徒刑；致人死亡的，处十年以上有期徒刑。使用暴力致人伤残、死亡的，依照本法第234条、第232条的规定定罪处罚。

为索取债务非法扣押、拘禁他人的，依照前两款的规定处罚。

第263条　以暴力、胁迫或者其他方法抢劫公私财物的，处三年以上十年以下有期徒刑，并处罚金。有下列情形之一的，处十年以上有期徒刑、无期徒刑或者死刑，并处罚金或者没收财产：

（一）入户抢劫的；

（二）在公共交通工具上抢劫的；

（三）抢劫银行或者其他金融机构的；

（四）多次抢劫或者抢劫数额巨大；

（五）抢劫致人重伤、死亡的；

（六）冒充军警人员抢劫的；

（七）持枪抢劫的；

（八）抢劫军用物资或者抢险、救灾、救济物资的。

2.《最高人民法院关于对为索取法律不予保护的债务，非法拘禁他人行为如何定罪问题的解释》

行为人为索取高利贷、赌债等法律不予保护的债务，非法扣押、拘禁他人的，依照刑法第238条的规定定罪处罚。

3.《最高人民法院关于审理抢劫、抢夺刑事案件适用法律若干问题的意见》

第9条　行为人为索取债务，使用暴力、暴力威胁等手段的，一般不以抢劫罪定罪处罚。构成故意伤害等其他犯罪的，依照刑法第234条的规定定罪处罚。

【理论分析】

抢劫罪和非法拘禁罪在危害结果上可能有相同之处，但在主观目的、行为方式、行为手段、保护法益上均有不同。在定罪量刑中认定被告人是构成非法拘禁罪还是抢劫罪要综合分析，坚持主客观相统一，全面考虑，不能以客观结果归罪。本案一审认为被告人耿某某伙同他人以要账为名，纠集被告人熊某看、何某某等人暴力劫持被害人，被告人耿某某以非法占有目的，采用暴力、威胁手段强行索要他人财物，虽无充分的证据证明被告人耿某某劫取了被害人的财产，但其暴力劫持行为致被害人轻伤，其行为已构成抢劫罪。二审根据查明的事实认定被告人耿某某受他人委托，以要债为目的采用暴力手段，非法拘禁他人，致使被害人受轻伤，但并无证据证明被告耿某某具有非法占有的故意，耿某某的行为不具有抢劫的目的，改判为非法拘禁罪。

1. 抢劫罪要求行为人主观上必须具有非法占有目的

依据《刑法》第 263 条，成立抢劫罪要求行为人主观上必须具有非法占有目的，即以强制手段非法占有他人财物的目的，否则，不构成抢劫罪。在债权债务等民事纠纷中，强行拿走或扣留对方财物的，行为人主观上没有非法占有他人财物的故意，不构成抢劫罪。行为人在拘禁过程中另起非法占有的故意，并对受害人实施了威胁行为，最终又放弃该犯意，在拘禁过程中造成了被害人受伤结果的，要看被害人受伤是发生在非法占有的犯意前还是犯意后。若是被害人受伤在前，那受伤的结果就不能归咎于行为中途临时产生的非法占有这一犯意。

抢劫犯罪的行为人通常采用暴力手段来夺取被害人的财物，具有严重的社会危害性，是刑事司法严厉打击的犯罪之一。由于抢劫罪侵犯的是复杂客体，既侵犯了公民的财产权，又侵犯了公民的人身权，所以具备劫取财物或者造成他人轻伤以上后果两者之一的，均属于抢劫罪的既遂。但抢劫罪作为传统的重罪，在认定时亦要坚持主客观相统一原则，不可单纯采取客观结果归罪。要看行为人主观上是否具有非法占有他人财物的目的，客观上是否采取了暴力、胁迫或者其他方法致使被害人不能反抗、不敢反抗，从而夺取被害人财物的行为。否则即使造成他人重伤后果，也不应以抢劫罪定罪处罚。

本案中，被告人耿某某虽然采用暴力手段非法拘禁他人，造成被害人轻伤的后果，但耿某某是受他人委托。委托人提供的委托书、身份证、借条、银行流水等可以证明委托人与被害人之间存在真实的债权债务关系，耿某某与张某某、何某某等在被害人居住地多次预谋、踩点，是为了向被害人索要债务。根据《最高人民法院关于对为索取法律不予保护的债务，非法拘禁他人行为如何定罪问题的解释》，行为人为索取高利贷、赌债等法律不予保护的债务，非法扣押、拘禁他人的，依照《刑法》第 238 条的规定定罪处罚。据此，行为人为索要债务非法拘禁他人的，以非法拘禁罪定罪处罚，这一观点在司法实践中已达成共识。

本案被害人陈述其在被被告人耿某某非法拘禁的过程中，被索要债务以外的财物，且对其使用了威胁、恐吓等手段。一审法院审理后认为，被告人在非法拘禁、索要债务过程中，使用暴力威胁手段向被害人索要债务以外的财物，具有非法占有目的，客观上造成了被害人轻伤的后果，故其行为应当以抢劫罪定罪处罚。一审法院没有考虑到被害人受伤在前，且该受伤是采用暴力手段限制被害人人身自由所致，而不是在非法拘禁过程中产生非法占有目的后，且被告人耿某某最终没有非法占有被害人的财物。因此，二审法院审理后认为，被告人是基于向被害人索要债务的目的将被害人强行拉上车，因被害人反抗，被告人的同伙在关车门的同时造成了被害人右侧手臂骨折。该损伤后果并非系被告人及其同伙刻意追求。同时，在拘禁的7个小时内，耿某某查看了被害人随身携带的背包，背包内有4000余元现金及银行卡。在得知被害人银行卡密码且在自动取款机里查询了余额，发现卡内有5万余元的余额后，耿某某并未将其包内的现金及卡内余额取走据为己有。后因被害人疼痛难忍，耿某某还将被害人送往医院，并用被害人包内的现金为其支付医药费，通知被害人的家属到医院照看被害人后离开医院，通过这些信息可以看出被告人并无伤害被害人的主观故意。被害人陈述耿某某在拘禁其过程中存在威胁、恐吓的行为，耿某某在庭审中予以否认，对此亦无其他证据可以证明。根据主客观相一致的原则，该案应当认定为非法拘禁罪。

2. 主客观相统一的认定原则

犯罪的成立要求主观故意与客观行为并存，在认定行为人触犯的罪名时，要从刑法基本原则与相关立法精神角度审视案件，遵循主客观相统一原则。即对犯罪嫌疑人、被告人追究刑事责任，必须同时具备主观和客观两个方面要件。不仅要求犯罪人的行为对刑法所保护的社会关系造成相当严重的危害或威胁，而且要求犯罪人有刑事责任能力和主观罪过。在司法实践中可以结合案件造成的危害后果来衡量，但不能直接从结果来推定行为人的主观目的，不能与司法解释背后的立法精神相悖。

抢劫罪是严重危害人身、财产安全的犯罪，主观上具有非法占有目的，客观方面表现为采用暴力、胁迫或者其他方法非法占有公私财物。虽然抢劫罪一般会针对财物所有人实施暴力行为，但行为人以非法拘禁的故意致使被害人受伤，后虽另起犯意，因受伤在前，另起犯意在后，不可将受伤前的行为作为另起犯意后的犯罪结果。《抢劫、抢夺意见》第9条规定，行为人为索取债务，使用暴力、暴力威胁等手段的，一般不以抢劫罪定罪处罚。构成故意伤害等其他犯罪的，依照《刑法》第234条等规定处罚。其中的债务不仅包括合法债务，也包括高利贷等非法债务。本案一审法院审理后认为，被告人在索要债务过程中，使用暴力威胁手段向被害人索要债务以外的财物，客观上造成了被害人轻伤的后果，故其行为应当以抢劫罪定罪处罚。一审法院只考虑了客观结果，没有考虑行为人的主观目的，以结果归罪是不可取的。由于被告人耿某某为了向被害人索要债务，故将其强行拉上车，在被害人反抗过程中造成被害人手臂受伤，从本案证据来看，该受伤系出于过失或意外，不具有伤害的故意。不能根据其手臂受伤所发生的事后结果来反推行为人在非法拘禁中具有抢劫罪中的暴力手段，这样的定罪逻辑属于客观结果归罪，没有体现主客观相一致原则。在认定罪与非罪、此罪与彼罪时，应全面、充分考虑行为人主观故意、过失、动机等因素以及行为后果、情节等客观方面。

主客观相统一是认定犯罪过程中应当坚持的一项重要原则。要坚持主客观相统一原则，首先要正确认识这一原则。主客观相统一原则并不是指犯罪的主客观方面必须相一致，而是指在认定罪与非罪、此罪与彼罪的过程中，全面、充分地考虑行为人的主观故意、过失、动机等因素，以及行为后果、情节等客观方面情况，体现出对行为人主观恶性否定评价和对危害行为予以责难的统筹兼顾，实现定罪时主客观方面的有机统一。既不片面、过分地惩罚行为人的主观恶性和人身危险性，也不片面、简单地从行为的危害后果对行为人给予刑罚责难。具体地说，在主客观方面不一致的场合，行为人主观方面有实施犯罪的故意或过失，但客观方面缺乏与主观方面相对应匹配的行为或危害后果，应采用主客观相统一原则来限制定罪。行为在客观方面造成了危害后果，但行为人在主观方面缺失与客观行为相对应匹配的犯罪故意或过失，也应当采用主客观相统一原则来限制定罪。[1] 主客观相统一原则的贯彻依赖于作为定罪根据的四个犯罪构成要件的有机统一，这决定行为是否构成犯罪以及构成何罪。

在本案中，被告人耿某某接受委托，为索要债务，而与他人共谋非法拘禁被害人。在拘禁过程中，被告人耿某某曾向被害人索要额外财产，产生了非法占有目的。但被告人耿某某在翻看被害人的钱包后，并没有非法占有被害人的财产，且对被害人说明了拘禁他的缘由，说明被告人非法占有的犯意已经消失，不能由于中途短暂产生犯意而主观归罪，也不能因被害人最后的轻伤结果而想当然地客观归责。

3. 抢劫罪与非法拘禁罪的区别

《刑法》第 238 条规定了非法拘禁罪，第 263 条规定了抢劫罪，前者规定在侵犯人身权利犯罪中，后者规定在侵犯财产犯罪中。抢劫罪侵犯的主要是财产利益，非法拘禁罪主要侵犯的是人身利益。根据罪刑法定原则，要明确法律明文规定的各种犯罪构成，用以区分罪与非罪、此罪与彼罪。

非法拘禁罪的构成要件包含四个方面：（1）客体是他人的人身自由权利，即他人根据自己的意愿自由支配自己身体活动的权利；（2）客观方面表现为行为人必须具有以拘禁或者其他强制方法，非法剥夺他人人身自由的行为；（3）主体为一般主体，年满 16 周岁，具有刑事责任能力的人均可构成；（4）主观方面是故意，具有非法剥夺他人人身自由的目的。

抢劫罪的构成要件包含四个方面：（1）客体是复杂客体，即公私财产权利和他人人身权利；（2）客观方面表现为采用暴力、胁迫或者其他方法，当场强行劫取公私财物的行为；（3）主体是自然人，即一般主体；（4）主观方面只能是直接故意，即主观上具有以强制手段非法占有他人财物的目的。

《抢劫、抢夺意见》第 9 条规定：“行为人为索取债务，使用暴力、暴力威胁等手段的，一般不以抢劫罪定罪处罚。”

---

[1] 熊红文．故意伤害案件中如何贯彻主客观相统一原则［J］．人民检察，2016 年（Z1）：143-145.

综上所述，本案被告人耿某某为了帮助宗某某向被害人孙某某索债，伙同他人非法拘禁被害人，并在拘禁中过失致被害人受伤，侵犯了被害人的人身自由权利。根据被告人耿某某为了索债多次跟踪被害人，以及强行带走被害人等情节，可以认定其主观上具有侵害被害人人身自由权利的故意，符合非法拘禁罪的犯罪构成。至于一审中所认定的抢劫罪，属于法律适用错误，二审改判正确。

【思考题】

请论述抢劫罪的成立和抢劫罪的既遂。

CHAPTER 9 第九章

社会管理秩序犯罪

本章知识要点

（1）走私、贩卖、运输、制造毒品罪案例；（2）寻衅滋事罪案例。妨害社会管理秩序犯罪，指的是故意或者过失妨害国家机关对社会的管理活动，破坏社会秩序，情节严重的行为。社会管理秩序类犯罪侵犯的客体为社会管理秩序。所谓社会管理秩序，即人们在社会活动中必须遵守的行为规则、法律规章，以维持动态、有序、平衡的社会状态。该类罪的客观方面表现为违反国家的秩序管理法规，妨害国家对社会的管理活动，破坏社会秩序，并且情节严重的行为。该类罪的主观方面主要为故意，并且有些犯罪要求行为人出于特定目的。少数犯罪的主观方面为过失。该类罪的主体，多数犯罪为一般主体，少数犯罪为特殊主体，其中一些犯罪的主体既可以是自然人，也可以是单位。本章主要对走私、贩卖、运输、制造毒品罪，寻衅滋事罪展开讨论分析。

第一节　走私、贩卖、运输、制造毒品罪

本节通过分析案例，并结合相关法律，对走私、贩卖、运输、制造毒品罪的构成要件，共同犯罪问题以及选择性罪名的处理等进行讲解，明确该罪在我国司法实践中的适用。

案例一　蔡某富走私、贩卖、运输、制造毒品案[1]

【基本案情】

2016年3月，被告人蔡某富、马某伟（另案处理）通过“胖子”（身份不详）介

[1] 案例来源：（2020）新刑终102号。

绍与马某3（另案处理，已判刑）在吉林省长春市见面，商定以每千克1500元的价格向马某3贩卖毒品大麻烟。2016年3月至11月期间，蔡某富、马某伟按照马某3的电话安排，从吉林省榆树市通过快递公司托运大麻烟到新疆维吾尔自治区库车市，先后向马某3贩卖大麻烟10批次26个包装箱，共计542.37千克。马某3安排苏某栋（另案处理，已判刑）在库车市接"货"后贩卖。据此，原判认定被告人蔡某富犯贩卖、运输毒品罪，判处无期徒刑，剥夺政治权利终身，并处没收个人全部财产。

经二审法院审理认为，上诉人蔡某富伙同他人贩卖、运输毒品大麻烟542.37千克，其行为已构成贩卖、运输毒品罪。关于蔡某富及其指定辩护人所提"蔡某富受马某伟雇佣，系从犯"的上诉理由及辩护意见，经查，蔡某富受马某伟雇佣参与犯罪仅有蔡某富本人供述，在案其他证据证实，蔡某富联系买家、参与称装、寄运毒品、收取毒资，行为积极主动，作用突出，该上诉理由及辩护意见与查明的事实不符，法院不予采纳。蔡某富贩卖、运输毒品数量大，应依法惩处。原判认定数量有误，撤销原判，判决上诉人蔡某富犯贩卖、运输毒品罪，判处有期徒刑15年，剥夺政治权利5年，并处没收个人财产人民币10万元。

【主要法律问题】

蔡某富在本案中是否属于从犯，应当从轻、减轻或者免除处罚？

【主要法律依据】

1.《中华人民共和国刑法》

第347条第2款　走私、贩卖、运输、制造毒品，有下列情形之一的，处十五年有期徒刑、无期徒刑或者死刑，并处没收财产：

（一）走私、贩卖、运输、制造鸦片一千克以上、海洛因或者甲基苯丙胺五十克以上或者其他毒品数量大的；

（二）走私、贩卖、运输、制造毒品集团的首要分子；

（三）武装掩护走私、贩卖、运输、制造毒品的；

（四）以暴力抗拒检查、拘留、逮捕，情节严重的；

（五）参与有组织的国际贩毒活动的。

2.《最高人民法院关于审理毒品犯罪案件适用法律若干问题的解释》

第1条　走私、贩卖、运输、制造、非法持有下列毒品，应当认定为刑法第347条第2款第1项、第348条规定的"其他毒品数量大"：

（十）大麻油五千克、大麻脂十千克、大麻叶及大麻烟一百五十千克以上。

【理论分析】

1. 走私、贩卖、运输、制造毒品罪概述

走私、贩卖、运输、制造毒品罪，具体规定在我国《刑法》第347条，是指故意走私、贩卖、运输、制造毒品的行为。本罪构成要件如下：

第一，客体要件。走私、贩卖、运输、制造毒品罪侵犯的客体是国家对毒品的管理制度。走私、贩卖、运输、制造毒品罪的对象是毒品。所谓毒品，是指鸦片、海洛因、甲基苯丙胺、吗啡、大麻、可卡因以及国务院规定管制的其他能够使人形成瘾症的麻醉药品和精神药品。

第二，客观方面。走私、贩卖、运输、制造毒品罪在客观方面表现为走私、贩卖、运输、制造毒品的行为。走私毒品，是指违反毒品管理法规和海关法规，逃避海关监管，非法运携带、邮寄毒品进出国（边）境的行为。所谓“贩卖毒品”，应理解为一种有偿转让。将毒品买入后又转手卖出，从中牟利，即转手倒卖，是贩卖毒品。这种形式比较典型。购买毒品仅供自己吸食的，即自购自食的，不属于贩卖。根据《刑法》第355条规定，下面两种情况也属于贩卖毒品行为：其一，依法从事生产、运输、管理、使用国家管制的麻醉药品、精神药品的单位和人员明知对方是走私、贩卖毒品的犯罪分子，而向其提供国家规定管制的麻醉药品、精神药品的。其二，依法从事生产、运输、管理、使用国家管制的麻醉药品、精神药品的单位和人员，违反国家规定，以牟利为目的，向吸食、注射毒品的人提供国家规定管制的麻醉药品、精神药品的。运输毒品，是指在我国境内携带、邮寄或以其他方式转移毒品的行为。制造毒品，是指对毒品或毒品原植物进行加工、提炼、配制，或者利用化学原料合成毒品的行为。用以制造毒品的原料，可以是毒品原植物，如罂粟、大麻等；也可以是初级毒品，如生鸦片、熟鸦片等；对初级毒品的进一步加工，也应认为是制造毒品的行为。制造的方法多种多样，可以是简单的割浆晒制行为，也可以是复杂的化学方法配制与合成。

第三，主体要件。走私、运输、制造毒品罪的主体包括单位和个人。同时对于贩卖毒品罪，犯罪主体可以由已满14周岁不满16周岁的未成年人构成。

第四，主观方面。本罪在主观方面表现为故意，即行为人明知是毒品而走私、贩卖、运输、制造。

2. 对本案的分析

（1）对毒品案件的共同犯罪问题的分析。

《全国部分法院审理毒品犯罪案件工作座谈会纪要》第9条指出：毒品犯罪中，部分共同犯罪人未到案，如现有证据能够认定已到案被告人为共同犯罪，或者能够认定为主犯或者从犯的，应当依法认定。没有实施毒品犯罪的共同故意，仅在客观上为相互关联的毒品犯罪上下家，不构成共同犯罪，但为了诉讼便利可并案审理。

审理毒品共同犯罪案件应当注意以下几个方面的问题：一是要正确区分主犯和从犯。区分主犯和从犯，应当以各共同犯罪人在毒品共同犯罪中的地位和作用为根据。要从犯意提起、具体行为分工、出资和实际分得毒赃多少以及共犯之间相互关系等方面，比较各个共同犯罪人在共同犯罪中的地位和作用。在毒品共同犯罪中，主出资者、毒品所有者或者起意、策划、纠集、组织、雇佣、指使他人参与犯罪以及其他起主要作用的是主犯；起次要或者辅助作用的是从犯。受雇佣、受指使实施毒品犯罪的，应根据其在犯罪中实际发挥的作用具体认定为主犯或者从犯。对于确有证据证明在共同犯罪中起次要或者辅助作用的，不能因为其他共同犯罪人未到案而不认定为从犯，甚至将其认定为主犯或者按主犯处罚。只要认定为从犯，无论主犯是否到案，均应依照刑法关于从犯的规定从轻、减轻或者免除处罚。二是要正确认定共同犯罪案件中主犯和从犯的毒品犯罪数量。对于毒品犯罪集团的首要分子，应按集团毒品犯罪的总数量处罚；对于一般共同犯罪的主犯，应按其所参与的或者组织、指挥的毒品犯罪数量处罚；对于从犯，应当按照其所参与的毒品犯罪的数量处罚。三是要根据行为人在共同犯罪中的作用和罪责大小确定刑罚。不同案件不能简单类比，一个案件的从犯参与犯罪的毒品数量可能比另一案件的主犯参与犯罪的毒品数量大，但对这一案件从犯的处罚不是必然重于另一案件的主犯。共同犯罪中能分清主从犯的，不能因为涉案的毒品数量特别巨大，就不分主从犯而一律将被告人认定为主犯或者实际上都按主犯处罚，一律判处重刑甚至死刑。对于共同犯罪中有多个主犯或者共同犯罪人的，处罚上也应做到区别对待。应当全面考察各主犯或者共同犯罪人在共同犯罪中实际发挥作用的差别、主观恶性和人身危险性方面的差异，对罪责或者人身危险性更大的主犯或者共同犯罪人依法判处更重的刑罚。

在本案中，蔡某富虽受马某伟雇佣，但不能直接认定其为从犯，所谓从犯是指在共同犯罪中起次要或者辅助作用的行为人。具体到毒品案件中，应当以各共同犯罪人在毒品共同犯罪中的地位和作用为根据。本案被告人蔡某富联系买家、参与称装、寄运毒品、收取毒资，行为积极主动，作用突出，应当认定为主犯，不得从轻、减轻或者免除处罚。

（2）毒品案件中数量与刑罚关系的分析。

根据《刑法》第 347 条的规定，本罪可以分为三个量刑档次：第一个档次是走私、贩卖、运输、制造毒品，有下列情形之一的，处十五年有期徒刑、无期徒刑或者死刑，并处没收财产：①走私、贩卖、运输、制造鸦片一千克以上、海洛因或者甲基苯丙胺五十克以上或者其他毒品数量大的；②走私、贩卖、运输、制造毒品集团的首要分子；③武装掩护走私、贩卖、运输、制造毒品的；④以暴力抗拒检查、拘留、逮捕，情节严重的；⑤参与有组织的国际贩毒活动的。第二个档次是走私、贩卖、运输、制造鸦片二百克以上不满一千克、海洛因或者甲基苯丙胺十克以上不满五十克或者其他毒品数量较大的，处七年以上有期徒刑，并处罚金。第三个档次是走私、贩卖、运输、制造鸦片不满二百克、海洛因或者甲基苯丙胺不满十克或者其他少量毒品的，处三年以下有期徒刑、拘役或者管制，并处罚金；情节严重的，处三年以上七年以下有期徒刑，并处罚金。可见毒品案件中刑罚的轻重，除了第一档次可以由其他严重情节决定外，主要取决于走私、贩卖、运输、制造毒品的数量额。

可以看出，在毒品犯罪案件中，毒品数量的多少与犯罪行为的社会危害性成正比。仅仅就走私、贩卖、运输、制造毒品罪而言，根据《刑法》第347条的规定，只要行为人实施了走私、贩卖、运输、制造毒品的行为，无论数量多少，原则上都应定罪处罚，但是，毒品数量的多少却是对行为人量刑的最重要的依据；对于其他毒品犯罪而言，毒品数量的多少不仅是量刑的最重要的依据，也是定罪的最主要依据。因此，对于任何毒品犯罪来说，毒品数量的计算都是一个至关重要的问题。《刑法》第357条第2款明确规定："毒品的数量以查证属实的走私、贩卖、运输、制造、非法持有毒品的数量计算，不以纯度折算。"对于毒品数量的计算，原则上不以纯度折算。毒品犯罪分子为了牟取暴利，往往采取各种手段在纯度掺以面粉、淀粉、药粉等杂质加重分量，或者将精制毒品稀释后贩卖，致使司法实践中所查获的毒品纯度不一，有的甚至相差几十倍。为了严厉惩治毒品犯罪，在计算毒品数量的时候，不论毒品中含有多少杂质，其纯度是否高低，一般不以纯度进行折算，而以毒品的实际重量进行计算。

在本案中，被告人蔡某富共计贩卖542.37千克大麻烟，毒品之间的换算，以海洛因为基准，海洛因与大麻烟的换算标准为1克海洛因等于3000克大麻烟。按照此标准，被告人已符合走私、贩卖、运输、制造海洛因或者甲基苯丙胺50克以上这一标准，应被判处十五年有期徒刑、无期徒刑或者死刑，并处没收财产，因此，法院判决合理。

【思考题】

走私、贩卖、运输、制造、非法持有两种以上毒品的，应如何认定毒品数量？

案例二　刘某走私、贩卖、运输、制造毒品案[1]

【基本案情】

2018年1月30日13时许，温某1通过微信联系被告人刘某向其购买毒品甲基苯丙胺（冰毒），双方商定了交易价格、数量、交付方式。当天下午2时许，刘某将其随身携带的一小包毒品甲基苯丙胺用黑色胶带粘在一件短袖T恤衫前端领口内侧处，随后前往某快递站，给快递员朱某，在朱某检查完毕办好收件手续后，将该藏有甲基苯丙胺的衣服交给快递员朱某寄往位于深圳的温某1处。之后，刘某通过微信向温某1收取了毒资人民币140元。当日下午6时许，朱某在检查刘某交寄的衣服时发现衣服内有一包疑似毒品白色晶状物，遂向公安机关报案。经公安司法鉴定中心检验，在被告

[1] 案例来源：（2018）粤0203刑初120号。

人刘某交寄的衣服内查获的 1 包疑似毒品白色晶状物，净重 0.28 克，检出甲基苯丙胺成分。2018 年 1 月 31 日，刘某被公安机关传唤到案。法院经审理，认为被告人刘某无视国法，向他人贩卖毒品甲基苯丙胺，其行为构成贩卖毒品罪。

【主要法律问题】

本案中被告人刘某的行为是否属于犯罪未遂?

【主要法律依据】

《中华人民共和国刑法》

第 67 条第 3 款　犯罪嫌疑人虽不具有前两款规定的自首情节，但是如实供述自己罪行的，可以从轻处罚；因其如实供述自己罪行，避免特别严重后果发生的，可以减轻处罚。

第 347 条第 1 款和第 2 款　走私、贩卖、运输、制造毒品，无论数量多少，都应当追究刑事责任，予以刑事处罚。

走私、贩卖、运输、制造毒品，有下列情形之一的，处十五年有期徒刑、无期徒刑或者死刑，并处没收财产：

（一）走私、贩卖、运输、制造鸦片一千克以上、海洛因或者甲基苯丙胺五十克以上或者其他毒品数量大的；

（二）走私、贩卖、运输、制造毒品集团的首要分子；

（三）武装掩护走私、贩卖、运输、制造毒品的；

（四）以暴力抗拒检查、拘留、逮捕，情节严重的；

（五）参与有组织的国际贩毒活动的。

【理论分析】

1. 选择性罪名的处理

在本案中，公诉机关最初认为被告人刘某违反毒品管理法规，其明知甲基苯丙胺是毒品而予以销售、运输的行为已构成贩卖、运输毒品罪，应当以贩卖、运输毒品罪追究其刑事责任。而被告人辩解其行为应单独构成贩卖毒品罪。走私、贩卖、运输、制造毒品罪中，走私、贩卖、运输、制造毒品四种行为，是选择性行为，可能分别独立存在，也可能结合在一起。行为人只要实施上述行为中的一种，就构成本罪。行为人实施上述行为中的多种行为也只以本罪论处。

《全国部分法院审理毒品犯罪案件工作座谈会纪要》也指出，《刑法》第 347 条规定的走私、贩卖、运输、制造毒品罪是选择性罪名，对同一宗毒品实施了两种以上犯罪行为并有相应确凿证据的，应当按照所实施的犯罪行为的性质并列确定罪名，毒品数量不重复计算，不实行数罪并罚。对同一宗毒品可能实施了两种以上犯罪行为，但相应证据只能认定其中一种或者几种行为，认定其他行为的证据不够确实充分的，则只按照依法能够认定的行为的性质定罪。如涉嫌为贩卖而运输毒品，认定贩卖的证据不够确实充分的，则只定运输毒品罪。对不同宗毒品分别实施了不同种犯罪行为的，应对不同行为并列确定罪名，累计毒品数量，不实行数罪并罚。对被告人一人走私、贩卖、运输、制造两种以上毒品的，不实行数罪并罚，量刑时可综合考虑毒品的种类、数量及危害，依法处理。罪名不以行为实施的先后、毒品数量或者危害大小排列，一律以刑法条文规定的顺序表述。如对同一宗毒品制造后又走私的，以走私、制造毒品罪定罪。下级法院在判决中确定罪名不准确的，上级法院可以减少选择性罪名中的部分罪名或者改动罪名顺序，在不加重原判刑罚的情况下，也可以改变罪名，但不得增加罪名。本案中被告人刘某欲通过快递的方式将毒品甲基苯丙胺寄给温某1，其主观上是以贩卖毒品为目的，客观上也只实施了贩卖行为，并没有实施运输毒品的行为，因此法院最后处以贩卖毒品罪较为合适。

2. 既遂与未遂

关于如何认定贩卖毒品罪的既遂与未遂，一种观点认为，当贩卖毒品的买卖双方意思达成一致，也即双方达成毒品买卖契约的，就应当认为构成既遂。[1] 依照这种观点，无论行为人是否已经向购毒人交货或者已经付费都不影响犯罪的成立。另一种观点认为，贩卖毒品罪以毒品实际上转移给买方为既遂。[2] 在第二种观点中，学者的表述也不尽一致。有的认为，贩卖毒品罪以毒品实际上转移给买方为既遂，至于转移毒品后行为人是否已获取了利益，并不影响既遂的成立。有的认为，贩卖毒品罪的既遂较容易认定，只要实施了贩卖毒品的行为，就应视为完成犯罪过程，是犯罪既遂。未遂则比较复杂，通常以下几种情况可以看作是贩卖毒品未遂：第一，贩毒分子贩卖的毒品未到手就被查获的；第二，对盗窃、拾捡、他人赠留、祖传的毒品，产生出卖牟利的故意，并着手实施卖毒行为，但尚未卖出就被查获的；第三，不知道是假毒品而当作毒品贩卖的等。有的认为，贩卖毒品罪的既遂与否，应以毒品是否卖出交付为准。犯罪分子寻找到买主着手实施贩毒行为，但未售出毒品即被抓获归案，以未遂论，犯罪分子已经将毒品销售出手的，应以既遂论。我们认为，贩卖毒品罪的既遂标准是卖掉毒品，不要求收到货款。本案中被告人将藏有毒品甲基苯丙胺的衣服交给快递员且通过微信向温某1收取了140元毒资的事实，说明其已经完成了交付并且收受货款，贩卖毒品的行为已完成，最终该毒品未被寄出，并不影响既遂的认定。

【思考题】

（1）贩卖毒品罪是否要求行为人“以牟利为目的”？

---

[1] 于志刚. 毒品犯罪及相关犯罪认定处理［M］. 北京：中国方正出版社，1999：130.

[2] 王作富. 刑法分则实务研究（下）［M］. 北京：中国方正出版社，2007：1625.

（2）为吸食毒品而在运输毒品的过程中被查获，又无其他确切的犯罪目的的，构成何种犯罪？

第二节　寻衅滋事罪

本节通过分析案例并结合相关法律，对寻衅滋事罪的行为类型、罪与非罪的界限等进行讲解，明确该罪在我国司法实践中的适用。

案例三　刘某龙、郭某冬等寻衅滋事、非法拘禁案[1]

【基本案情】

以被告人刘某龙为首，以被告人郭某冬、汤某雅、代某、马某源、尚某栋等人为成员的恶势力犯罪集团，自2016年以来用暴力、威胁等手段，以帮助他人要账等为由，多次实施违法犯罪行为，扰乱经济、社会生活秩序。具体如下：

1. 寻衅滋事事实

（1）2016年，林某甲让被告人刘某龙等人帮其到某公司要账，被告人刘某龙纠集马某源、汤某雅、代某、郭某冬等人对被害人叶某、侯某进行殴打，致叶某受伤。经鉴定，叶某构成轻伤二级。

（2）2016年，被告人刘某龙纠集汤某雅、代某等人到某宾馆采用拉横幅等行为帮孔某要账。

（3）2017年，被告人马某源伙同苏某飞（另案处理）等人用大粪泼在孙某伍家的大门及墙上。

2. 非法拘禁事实

2017年4月20日，被告人孟某龙让刘某龙帮其向被害人张某要账。刘某龙纠集代某、汤某雅、尚某栋等人与孟某龙一起，将张某拘禁在一茶社内。当晚又将张某拘禁在洗浴会所房间内。次日刘某龙又将张某带到先前茶社至下午3时左右，后将张某带至宋某办公室。宋某承诺帮张某还账后，刘某龙才让张某离开。

3. 故意伤害事实

被害人黄某因购买某房地产公司的房屋与该公司产生纠纷，胡某宪让刘某龙殴打

[1] 案例来源：（2019）豫04刑终180号。

黄某。2017 年 6 月 28 日，刘某龙让汤某雅开车载着他和尚某栋、刘某甲（在逃）到黄某的住处附近。刘某龙看到黄某后，向尚某栋、刘某甲指认，二人对黄某实施殴打。经鉴定，黄某构成轻伤二级。

法院经过审理认为：被告人刘某龙、汤某雅犯寻衅滋事罪、故意伤害罪、非法拘禁罪；被告人郭某冬犯寻衅滋事罪；被告人尚某栋犯故意伤害罪、非法拘禁罪；被告人代某犯寻衅滋事罪、非法拘禁罪；被告人马某源犯寻衅滋事罪；被告人胡某宪犯故意伤害罪；被告人孟某龙犯非法拘禁罪。本案经过二审，二审法院驳回上诉，维持原判。

【主要法律问题】

本案是否符合黑恶势力软暴力犯罪？

【主要法律依据】

《中华人民共和国刑法》

第 293 条　有下列寻衅滋事行为之一，破坏社会秩序的，处五年以下有期徒刑、拘役或者管制：

（一）随意殴打他人，情节恶劣的；

（二）追逐、拦截、辱骂、恐吓他人，情节恶劣的；

（三）强拿硬要或者任意损毁、占用公私财物，情节严重的；

（四）在公共场所起哄闹事，造成公共场所秩序严重混乱的。

纠集他人多次实施前款行为，严重破坏社会秩序的，处五年以上十年以下有期徒刑，可以并处罚金。

第 234 条第 1 款　故意伤害他人身体的，处三年以下有期徒刑、拘役或者管制。

第 238 条　非法拘禁他人或者以其他方法非法剥夺他人人身自由的，处三年以下有期徒刑、拘役、管制或者剥夺政治权利。具有殴打、侮辱情节的，从重处罚。

犯前款罪，致人重伤的，处三年以上十年以下有期徒刑；致人死亡的，处十年以上有期徒刑。使用暴力致人伤残、死亡的，依照本法第 234 条、第 232 条的规定定罪处罚。

为索取债务非法扣押、拘禁他人的，依照前两款的规定处罚。

国家机关工作人员利用职权犯前三款罪的，依照前三款的规定从重处罚。

【理论分析】

1. 寻衅滋事罪的概述

寻衅滋事罪具体规定在《刑法》第 293 条，是指寻衅滋事、破坏社会秩序的行为。对寻衅滋事罪的界定如下。

（1）行为类型。

根据刑法的规定，寻衅滋事罪主要有以下四种形式：第一，随意殴打他人，情节恶劣的。其中，殴打是指直接对他人身体实施的有形力的行为。随意意味着殴打的理由、对象或者方式等明显异常。第二，追逐、拦截、辱骂、恐吓他人，情节恶劣的。追逐是指妨碍他人停留在一定场所的行为。拦截指阻碍他人转移场所的行为。辱骂指用言语对他人进行否定性评价的行为。恐吓是指以加害人权益或公共利益等事项威胁他人，使他人感到畏惧恐慌的行为。第三，强拿硬要或者任意损毁、占用公私财物，情节严重的。强拿硬要指违背他人意愿强行取得他人财物的行为。第四，在公共场所起哄闹事，造成公共场所秩序严重混乱的。其中，关于第四种行为类型，《最高人民法院、最高人民检察院关于办理利用信息网络实施诽谤等刑事案件适用法律若干问题的解释》第 5 条第 2 款规定，编造虚假信息，或者明知是编造的虚假信息，在信息网络上散布，或者组织、指使人员在信息网络上散布，起哄闹事，造成公共秩序严重混乱的，依照刑法第 293 条第 1 款第（四）项的规定，以寻衅滋事罪定罪处罚。

（2）罪与非罪的区分。

司法实践中，寻衅滋事罪中的强拿硬要公私财物常与抢劫罪的行为特征相似。而这种强拿硬要的行为与抢劫罪的区别在于：前者行为人主观上还具有逞强好胜和通过强拿硬要来填补其精神空虚等目的，后者行为人一般只具有非法占有他人财物的目的；前者行为人客观上一般不以严重侵犯他人人身权利的方法强拿硬要财物，而后者行为人则以暴力、胁迫等方式作为劫取他人财物的手段。由于寻衅滋事罪的多种行为类型与他罪有相似之处，实践中寻衅滋事罪与故意伤害、抢劫、敲诈勒索、故意毁坏财物等罪的关系一直存在困扰之处，我们认为刑事实务中不应当过于强调此罪与彼罪非此即彼的关系，而应当注意二者之间的想象竞合关系，根据此原则从一重而处罚。

2. 对本案的分析

为深入贯彻落实中央关于开展扫黑除恶专项斗争的决策部署，正确理解和适用最高人民法院、最高人民检察院、公安部、司法部《关于办理黑恶势力犯罪案件若干问题的指导意见》（以下简称《指导意见》）中关于对依法惩处采用“软暴力”实施犯罪的规定，最高人民法院、最高人民检察院、公安部、司法部联合发布《关于办理实施“软暴力”的刑事案件若干问题的意见》（以下简称《意见》），其中对采用“软暴力”实施犯罪问题进行了明确规定。其中，对“软暴力”的定义为：行为人为谋取不法利益或形成非法影响，对他人或者在有关场所进行滋扰、纠缠、哄闹、聚众造势等，足以使他人产生恐惧、恐慌进而形成心理强制，或者足以影响、限制人身自由、危及人身财产安全，影响正常生活、工作、生产、经营的违法犯罪手段。本案中，法院认为被告人刘某龙等六人构成黑恶势力集团，采用软暴力犯罪的形式为他人要债。但是黑恶势力软暴力具体构成要件如何，法律并未有详细的规定，为了司法审判的现实需要，可以从以下几个方面对其构成要件予以分析。

（1）主观方面：为谋取非法利益或形成非法影响。

软暴力手段的主观特征并非是指故意或过失等犯罪构成的主观方面，而是指在司法解释或者规范性文件中明文规定的主观违法要素，也可以称为目的要素或者是犯罪动机，是指“行为人通过实施犯罪行为达到的某种危害结果的希望或追求”。通说认为，成立犯罪必须具备构成要件的该当性、违法性与有责性，而目的要素就是判断违法性存在的根据。

就黑恶势力来说，追求巨大的经济利益是其最终的目的，虽然对于黑恶势力来讲，在发展初期可能并非或不单单为了获取经济利益，同时也有在社会上“争强好胜”“扬名立万”的意图，但是随着其不断地壮大组织力量，朝着黑恶社会性质组织发展时，最终还是要回归到追求经济利益、实现非法控制的终极目标上。因此，为谋取不法利益或形成非法影响，就是黑恶势力实施犯罪的目的要素，也就是黑恶势力软暴力入罪的主观要件。在本案中，刘某龙纠集汤某雅、代某、尚某栋、马某源、郭某冬等人以暴力、威胁等手段，以帮助他人要账等为由，多次实施违法犯罪行为，谋取非法利益或形成非法影响，符合黑恶势力软暴力犯罪的主观特征。

（2）行为特征：以暴力或暴力威胁为基础。

行为特征作为认定黑恶势力犯罪的本质特征之一，在诸多法律和司法文件中都有体现，比如根据《刑法》第294条的规定，黑社会性质组织的行为特征即以暴力、威胁或者其他手段，有组织地多次进行违法犯罪活动，为非作恶，欺压、残害群众。2015年最高人民法院《全国部分法院审理黑社会性质组织犯罪案件工作座谈会纪要》中规定，黑社会性质组织实施的违法犯罪活动包括非暴力性的违法犯罪活动的基本手段，并随时可能付诸实施，因此，在黑社会性质组织所实施的违法犯罪活动中，一般应有一部分能够较明显地体现出暴力或以暴力相威胁的基本特征。不难看出，暴力性是黑社会性质组织行为特征中的必备特征，即便是黑社会性质组织的非暴力行为，也是以暴力或以暴力威胁为后盾的，其之所以能够实现对人民群众的心理强制或者威慑，进而实现非法控制，依靠的正是暴力血腥的违法犯罪手段。基于此，对于软暴力在黑社会性质组织犯罪中的入罪，是否具备以暴力或以暴力相威胁这一行为特征，是软暴力入罪是否准确的基准石，这一观点在《意见》中也有体现。值得一提的是，立法及司法解释、规范性文件对以暴力为基础的规定，均是针对黑社会性质组织。那么黑恶势力利用软暴力实施犯罪，是否也应当以暴力作为后盾呢？由于立法上存在空白，在既要“打早打小”，又要“打准打实”的刑事政策指导下，有一种观点认为，“单独使用软暴力实施的违法犯罪行为，也可以形成一股恶势力，认定恶势力利用软暴力实施犯罪，无须以暴力或暴力相威胁作为后盾，更无须以暴力随时付诸实施为条件”[1]。对此，应当持怀疑态度。首先，《指导意见》对恶势力的定义为：经常纠集在一起，以暴力、威胁或者其他手段，在一定区域或者行业内多次实施违法犯罪活动，为非作恶，欺压百姓，扰乱经济、社会生活秩序，造成较为恶劣的社会影响，但尚未形成黑社会

---

[1] 黄京平．黑恶势力利用“软暴力”犯罪的若干问题［J］．北京联合大学学报（人文社会科学版），2018，16（2）：1-12+23.

性质组织的违法犯罪组织。可见，恶势力与黑社会性质组织的行为特征并无区别，恶势力是黑社会性质组织发展的初级阶段，黑社会性质组织是恶势力发展的高级形态。也就是说，一旦恶势力开始有意识、有计划、有组织地通过犯罪活动试图在正常社会里建立非法秩序，实现非法控制，那么其就跨越了向黑社会性质组织升级转型的鸿沟，剩下的只需要完成量的积累。因此，恶势力的犯罪特征从形式上来讲，与黑社会性质组织是一致的，只是还没有完成“量变”到“质变”的转变而已，因此在讨论黑恶势力的软暴力入罪标准时，无论是“黑”还是“恶”，均应当以暴力或暴力威胁作为基础。其次，从宽严相济的刑事政策的角度出发，在认定恶势力利用软暴力实施犯罪时，如不考虑是否以暴力作为基础和后盾，那么势必将导致恶势力认定标准的降低。如此一来，不仅在立法上缺失规范依据，违背了罪刑法定原则，同时也会使刑事政策调控功能出现失调，造成黑恶势力打击泛化。因此，以暴力和暴力相威胁为基础，作为黑恶势力软暴力入罪的门槛，既符合罪刑法定原则，也满足刑事政策的要求。

在本案中，刘某龙纠集汤某雅、代某、尚某栋、马某源、郭某冬等人，自 2016 年以来以帮助他人要账等为由，多次对他人实施殴打、非法拘禁等暴力、威胁犯罪行为，实现了以暴力或暴力相威胁来达到其目的的意图。

（3）组织特征：符合有组织犯罪的基本特点。

组织特征是黑恶势力的特有特征，也正是由于该特征，有组织犯罪才比普通的共同犯罪和犯罪集团具有更大的社会危害性。实践中，对于黑恶势力组织特征的把握往往存在较大争议。在此，我们要讨论的组织特征，不是指黑恶势力组织的形成时间、严密程度、组织形式和帮规纪律等，而是指黑恶势力利用软暴力实施犯罪时是不是“有组织地”，即是否有明确的组织者、领导者和纠集者，组织者、领导者和纠集者是否相对固定，组织成员分工是否明确，手段、目标是否一致等问题。这不仅是罪刑法定的要求，也是刑事政策和司法处理技巧的要求。

在本案中，形成了以刘某龙为首，汤某雅、代某、尚某栋、马某源、郭某冬为成员的较为固定的犯罪组织，他们以帮人要账为由，有组织地实施犯罪，应认定为有组织地实施软暴力犯罪行为。

（4）精神强制特征：以受害人感受为主，以法益侵害和一般人的认知为辅。

黑恶势力利用软暴力实施犯罪，主要是想对被害人实施精神强制，从而实现其不法目的。精神强制是一个主观性很强的判断状态，在实际案件审理过程中，如何对精神强制进行判断，精神强制的程度要达到刑法规制的范畴的标准应该如何界定，尤其考验法官的智慧。

软暴力的本质要素是精神强制，这是软暴力与暴力、威胁的根本区别。所谓精神强制，是行为人通过某种行为，追求对受害人造成恐惧、屈服等心理影响。在理论上判断精神强制的程度有三种观点：第一种观点主张以受害人是否因软暴力行为而丧失其自由意志为标准，也就是根据被害人主观上的反应、感受为标准。第二种观点主张以被害人所遭受的不法行为，相对于一般人是否会因此丧失自由意志为标准。第三种观点主张以使社会一般人产生心理恐惧、从而不敢反抗为标准。我们认为，前两种观点主张以被害人的主观感受作为判断的标准是值得商榷的。这两种观点主张会导致受害人在向法官陈述主观感受时，刻意夸大心理恐惧的程度，将行为人置于不公平的境地，导致软暴力入罪标准的人为降低，不符合刑法的谦抑性原则。而第三种观点以一般人的心理感受作为衡量受害人是否受到心理强制的程度，实际上也是值得商榷的。因为每个人的心理承受程度会因自身原因而存在较大的差异，如学历的高低、年龄大小、社会阅历的深浅、对法律的熟悉程度及个人价值观的不同等，而软暴力行为针对的是具体受害人，主张以一般人的心理感受来判断受害人的精神强制程度，对受害人来说也是不公平的，因为有些行为对于一般人来说可能不会造成精神强制，但对于受害人来说，可能已经突破其心理承受的底线了，比如残疾人、老年人、孕妇、受过心理创伤的人等。结合司法中实际遇到的问题，应当认为可以从以下三个方面对精神强制程度进行分析：①受害人是否因心理恐惧丧失了自主表达意志的自由，导致不能反抗、不敢反抗；②受害人是否基于心理恐惧处分了自己的合法权益，导致法益受到侵害，而该法益的侵害与心理恐惧之间具有刑法上的因果关系；③该精神强制程度符合一般人的社会认知。也就是说，应当以受害人的主观感受为标准，在法益受到侵害的情况下，结合社会大众的一般性认知作出合理判断。本案中，刘某龙纠集郭某冬、汤某雅、代某、马某源等人随意殴打和非法拘禁他人、拉横幅讨债等，给被害人造成严重的精神强制，导致他们因为精神上的恐惧不得不偿还债务，这种以暴力和暴力相威胁所产生的强制程度符合一般人的社会认知。

综上所述，在对黑恶势力软暴力犯罪进行认定的时候，只有在法律规定的层面上对软暴力犯罪要件进行分析，明确其基本特点和本质属性，才能在司法实践中准确判断软暴力，真正做到精准打击、罚当其罪。

【思考题】

如何认定寻衅滋事行为人构成恶势力犯罪集团？

CHAPTER 10 第十章

职务犯罪

本章知识要点

（1）贪污罪案例；（2）挪用公款罪案例；（3）受贿罪案例；（4）滥用职权罪案例；（5）玩忽职守罪案例。职务犯罪，是具有国家工作人员身份的人员实施的与自身职务有关的犯罪行为的总称。大体而言，职务犯罪是指国家机关、国有公司、企业事业单位、人民团体工作人员利用职务之便贪污、贿赂、徇私舞弊、滥用职权、玩忽职守等，不履行法定义务，违反国家对公务活动的规章规范，依照刑法应当予以刑事处罚的行为。本章通过对具体罪名的相关案例进行论证，进一步明确相关罪名的构成要件。

第一节　贪污罪

贪污罪，具体规定在我国《刑法》第382条，是指国家工作人员利用职务上的便利，侵吞、窃取、骗取或者以其他手段非法占有公共财物的行为。

案例一　张某良贪污案[1]

【基本案情】

2015年上半年，被告人张某良伙同卢某（已判刑），利用卢某担任街道建设管理办公室副主任，负责房屋、附着物拆迁安置补偿及处理利港范围内拆迁遗留问题的职务便利，以被告人张某良的名义伪造补偿款为人民币100 198元的集体土地附着物补偿协议，卢某又指使他人伪造了房屋拆迁其他附着物补偿作价表，并由卢某持上述材料

[1] 案例来源：（2021）苏0281刑初42号。

办理了拆迁资金拨付申请手续。2015 年 6 月 19 日，上述补偿款支付至被告人张某良银行卡上，被被告人张某良个人非法占有。被告人张某良从中得到人民币 100 198 元。法院经审理认为，被告人张某良伙同国家工作人员，利用国家工作人员职务上的便利，采用伪造协议等手段非法占有公共财物，数额较大，其行为确已构成贪污罪，系共同犯罪。

【主要法律问题】

（1）如何认定张某良具有“非法占有目的”？

（2）张某良与卢某是否构成贪污罪的共同犯罪？

【主要法律依据】

《中华人民共和国刑法》

第 382 条　国家工作人员利用职务上的便利，侵吞、窃取、骗取或者以其他手段非法占有公共财物的，是贪污罪。

受国家机关、国有公司、企业、事业单位、人民团体委托管理、经营国有财产的人员，利用职务上的便利，侵吞、窃取、骗取或者以其他手段非法占有国有财物的，以贪污论。

与前两款所列人员勾结，伙同贪污的，以共犯论处。

第 383 条　对犯贪污罪的，根据情节轻重，分别依照下列规定处罚：

（一）贪污数额较大或者有其他较重情节的，处三年以下有期徒刑或者拘役，并处罚金。

（二）贪污数额巨大或者有其他严重情节的，处三年以上十年以下有期徒刑，并处罚金或者没收财产。

（三）贪污数额特别巨大或者有其他特别严重情节的，处十年以上有期徒刑或者无期徒刑，并处罚金或者没收财产；数额特别巨大，并使国家和人民利益遭受特别重大损失的，处无期徒刑或者死刑，并处没收财产。

对多次贪污未经处理的，按照累计贪污数额处罚。

犯第一款罪，在提起公诉前如实供述自己罪行、真诚悔罪、积极退赃，避免、减少损害结果的发生，有第一项规定情形的，可以从轻、减轻或者免除处罚；有第二项、第三项规定情形的，可以从轻处罚。

犯第一款罪，有第三项规定情形被判处死刑缓期执行的，人民法院根据犯罪情节等情况可以同时决定在其死刑缓期执行二年期满依法减为无期徒刑后，终身监禁，不得减刑、假释。

【理论分析】

1. 基础理论

（1）职务犯罪的认定。

在对职务犯罪进行认定时，要注意以下几个具有共通性的重要问题。

首先，正确界定国家工作人员的范围。职务犯罪作为一类特殊主体犯罪，其主体仅限于国家工作人员。具体而言，主要包括以下几类：国家机关中从事公务的人员；国有公司、企业、事业单位、人民团体中从事公务的人员；国家机关、国有公司、企业、事业单位委派到非国有公司、企业、事业单位、社会团体从事公务的人员；其他依照法律从事公务的人员。

其次，正确理解从事公务。职务犯罪的各类国家工作人员必须是从事公务的人员，那么应当如何理解从事公务呢？我们认为，构成依法从事公务，必须同时具有以下几个条件：其一，行为人所从事的活动的性质和内容必须是公务活动，即属于国家管理性质的活动。其二，依法从事公务活动的行为人或组织必须是依照法律产生、存在的。其三，从事公务活动的行为人或组织必须具有从事特定公务活动的资格和条件。其四，行为人或组织依法从事公务活动必须是依照法定程序进行的。依照法律从事公务活动，必须同时具备以上条件，缺一不可。

最后，正确理解利用职务之便。利用职务之便是职务犯罪的重要构成要件，必须明确的是，该职务之便必须实质地利用到行为人的职权。这里的“职权”要求具有一定的管理性，并不包括单纯的体力劳动。这里的“利用”要求实质利用，即利用职权发挥了实际影响力，并不包括形式利用，即因工作关系熟悉环境或者因工作关系便于接近作案目标、容易进入作案场所。

（2）贪污罪的构成要件。

一是本罪行为主体应为国家工作人员。根据《刑法》第 93 条的规定，国家工作人员是指国家机关中从事公务的人员；国有公司、企业、事业单位、人民团体中从事公务的人员；国家机关、国有公司、企业、事业单位委派到非国有公司、企业、事业单位、社会团体从事公务的人员；其他依照法律从事公务的人员，以国家工作人员论。同时，根据《刑法》第 382 条第 2 款的规定，受国家机关、国有公司、企业、事业单位、人民团体委托管理、经营国有财产的人员，可以成为本罪的主体。这类人本不属于国家工作人员，但是《刑法》第 382 条第 2 款将他们拟制为国家工作人员。由于挪用公款罪中没有类似法律拟制，因此当这类人不属于挪用公款罪的“国家工作人员”，但可以构成挪用资金罪。

二是本罪保护法益及行为对象。贪污罪的保护法益有两个，一是公共财物的所有权，二是职务的廉洁性。本罪的行为对象是公共财物，不仅包括国有财物，也包括其他公共财物，但不包括私人财物。同时，该公共财物包括财产性利益。

三是客观行为与结果行为，即利用职务上的便利，侵吞、窃取、骗取或者以其他手段非法占有公共财物。首先，必须利用职务上的便利。利用职务上的便利，是指利用职务上主管、管理、经营、经手公共财物的权利及方便条件。此外，利用职务上的便利既包括利用本人职务上主管、管理公共财物的职务便利，也包括利用职务上有隶属关系的其他国家工作人员的职务便利。利用职务无关仅仅因为工作关系熟悉作案环境或易于接近作案目标的，不成立贪污罪。其次，必须以侵吞、窃取、骗取或者以其他手段非法占有公共财物。这里的“侵吞”与侵占罪中的“侵占”含义相同，即将他人所有、自己占有的财物变成自己所有，在这里就是指，将单位所有、自己依职权占有的财物变成自己所有。而自己能够占有财物，是因为依照职权、职务占有财物，因此侵吞这种方式不要求额外利用职务便利。这里的“窃取”和盗窃罪的盗窃含义相同，即将他人占有的财物通过和平手段转移为自己占有。但是贪污罪的盗窃手段，要求比普通盗窃罪多一个利用职务便利。即行为人在对公共财物转移占有时，其职权、职务发挥了实际作用。最后，这里的“骗取”和诈骗罪的诈骗含义相同，即实施欺骗行为，使有处分权的人产生认识错误并处分财物，行为人因此取得财物。此处的骗取也比普通诈骗罪多一个要件，即利用职务便利。

（3）共犯与身份认定。国家工作人员与非国家工作人员内外勾结，非法侵占公共财产的，因两者在共同犯罪中的行为性质的不同，会构成不同的犯罪（详见表 10-1）。

表 10-1 内外勾结共同犯罪中的身份认定

国家工作人员（A）	非国家工作人员（B）	身份认定
实行行为	帮助行为	A 构成贪污罪（实行犯），B 构成贪污罪（帮助犯）
帮助行为	实行行为	B 构成财产犯罪（实行犯），A 构成财产犯罪（帮助犯），不构成贪污罪
实行行为	实行行为	AB 既构成贪污罪的共同犯罪，也构成财产犯罪的共同犯罪，想象竞合择一重处理

2. 观点争议

《刑法》第 382 条第 3 款规定：“与前两款所列人员勾结，伙同贪污的，以共犯论处。”从此可见立法本意是，共同故意实施贪污犯罪的，应按贪污罪共犯处理。对于内外勾结侵吞公共财产的，应一律以贪污罪共犯论处。首先，共同犯罪人都具有利用国家工作人员职务便利的共同故意，都实施了利用国家工作人员职务便利侵吞公共财产的行为；其次，依据共同犯罪的性质确定罪名，符合刑事立法精神。实践中，国家工作人员与非国家工作人员共谋，利用国家工作人员的职务便利，违规获取公共财物内外勾结骗补的行为并不鲜见。在国家工作人员虽参与共谋，但并未获利的情况下，对国家工作人员行为如何定性，较有争议，实践中主要存在贪污罪和滥用职权罪这两种不同的认定：

（1）国家工作人员构成滥用职权罪，非国家工作人员构成诈骗罪。非国家工作人员以非法占有为目的，虚构事实，骗取国家补贴款，数额巨大，应认定为诈骗罪。国家工作人员违规审核通过不符合条件的项目申请，致使公共财产遭受重大损失，由于国家工作人员实施了利用职务便利的行为，单就此而言，国家工作人员也可能成立滥用职权罪。

（2）国家工作人员与非国家工作人员共同构成贪污罪。非国家工作人员与国家工作人员勾结，利用国家工作人员职务上的便利，违规套取公共财物，数额巨大，构成贪污罪共犯。国家工作人员滥用职权导致公共财产、国家和人民利益遭受重大损失的同时，国家工作人员也不排除从中获益而成立贪污罪。[1]

针对上述的案例，司法实践中一种观点认为，这属于典型的内外勾结型贪污，张某良与卢某构成贪污罪的共犯。但是也有反对的观点认为，卢某没有非法占有任何公共财物，不应构成贪污罪，卢某实施的主要是渎职行为，应构成滥用职权罪。这也正是上述关于贪污罪与滥用职权罪两种观点争议的体现。

3. 分析结论

我们认为在本案中，第二种观点更为合理，即张某良与国家工作人员卢某构成贪污罪的共同犯罪。

从滥用职权罪的犯罪构成看，卢某在本案中确实违规造成公共财产重大损失，构成滥用职权罪。国家公职人员的贪污行为通常都会伴随着滥用职权的行为，在很多情况下，行为人本身就是通过滥用职权的行为，达到非法占有公共财物的目的。这使得在实践中滥用职权罪与贪污罪交杂在一起，难以分辨。

要解决上述观点的争议，首先必须明确贪污罪与滥用职权罪的边界所在。贪污罪是指国家工作人员和受国家机关、国有公司、企业、事业单位、人民团体委托管理、经营国有财产的人员，利用职务上的便利，侵吞、窃取、骗取或者以其他手段非法占有公共财物的行为。滥用职权罪是指国家机关工作人员故意逾越职权，违反法律决定、处理其无权决定、处理的事项，或者违反规定处理公务，致使公共财产、国家和人民利益遭受重大损失的行为。而二者最重要的区别在于行为人主观上有无非法占有的目的。从行为人的目的来看，要区分其主要目的是非法占有公共财物，还是故意逾越职权或违规处理公务。同时此处不能认为非法占有公共财物必须是国家工作人员亲自占有，国家工作人员利用职务便利，将公共财物非法占为己有后又捐助或赠送给慈善机构的，这种行为同样应当认定为属于国家工作人员非法占有了公共财物。在理解贪污罪“非法占有”的主观故意时，一定不要理解为专指非法为自己占有，而是包括本人、特定关系人、其他第三人占有或者本人与他人共同占有。只要国家工作人员对该公共

---

[1] 何荣功．内外勾结型贪污罪与滥用职权罪的区分［N］．人民法院报，2016-01-20（6）．

财物的非法取得知悉，不管是其本人、亲友或是他人占有，都可以认定该非法占有目的成立。

综上所述，单纯以国家工作人员没有获得骗补财物来认定其不构成贪污罪有失偏颇。司法机关在认定是否构成“伙同贪污”时，除了考察公共财物的最终归属之外，行为人是否存在主观上的意思联络和客观上的共同行为也是需要重点考虑的问题。如国家工作人员明知被拆迁户使用欺骗手段骗取国家征地拆迁补偿款，审核审批过程中故意不严格把关，或者徇私舞弊不把关，但与他人没有犯意沟通的，应构成滥用职权罪。因为没有共谋，就不符合共同犯罪的构成要件。同时，该单方面的帮助行为无需生硬套用片面共犯的理论，因为该行为通过滥用职权等犯罪就可以得到充分的评价。[1]

在本案中，卢某作为国家工作人员，利用职务上主管拆迁项目审批的职务便利，与张某良一同伪造材料，骗取补偿款，在后者实施犯罪行为中给予帮助，最终通过违规办理其明知不符合条件的项目申请的方式，侵吞公共财产，致使公共财产遭受损失，符合贪污罪的构成要件。张某良与卢某内外勾结，虚构拆迁情况，利用卢某作为国家工作人员的职务便利，违规获得审批，侵吞公共财产，应以贪污罪共犯论处。认定贪污罪既全面评价了卢某的行为，也实现了对张某良的定罪处罚。卢某滥用职权的行为完全可以被贪污罪构成要件吸收，认定贪污罪可以实现对他的处罚。按照共同贪污处理后，也能够实现对张某良的有效定罪处罚。补偿款虽由张某良占有，并非由国家工作人员卢某亲自占有，但是卢某未分得赃款并不影响其构成贪污罪。贪污罪侵犯的法益是国家工作人员的职务廉洁性和公共财产所有权。同时卢某对张某良的非法占有知悉且提供帮助，同时二人具有共同犯罪的故意和共同犯罪的行为，应当认定为二者构成贪污罪的共同犯罪。

【思考题】

非国家工作人员和国家工作人员是否可以构成贪污罪的共同犯罪？

案例二　崔某恩贪污案[2]

【基本案情】

2002 年 4 月至 2011 年 12 月份，被告人崔某恩任某区民政局党组书记、局长，负责该局全面工作。在其妻子吴某申请革命伤残人员资格过程中，崔某恩通过协调关系，伪造了吴某系老干部局职工，及吴某在 2002 年 10 月 13 日老干部局组织的庆祝老人节活动中因舞台倒塌致股骨头粉碎性骨折等虚假证明材料，并安排民政局优抚股工作人

[1] 孙国祥. 内外勾结骗补行为的定性研究 [J]. 人民检察，2017（15）：7.

[2] 案例来源：（2017）豫 09 刑终 125 号。

员依据虚假材料出具《民政局对吴某评残一案受理过程调查报告》，使吴某取得革命伤残人员资格，自 2007 年至 2015 年 3 月骗领残疾抚恤金和生活补助共计 112 166 元。案发后，赃款未追回。

法院经审理认为，被告人崔某恩身为国家工作人员，利用职务上的便利，骗取国有财产，其行为侵犯了国有财产的所有权和国家工作人员职务行为的廉洁性，已构成贪污罪。公诉机关指控崔某恩犯贪污罪的事实清楚，证据确实、充分，指控罪名成立，应予支持。但公诉机关指控该起事实崔某恩贪污的系特定款物，应当认定为《刑法》第 383 条第 1 款规定的“其他严重情节”。法院认为，崔某恩贪污的对象并非审批下来的特定款项，而是其利用职务便利，通过伪造虚假的申报材料，经区、市、省民政部门审批，从而使不符合申请伤残抚恤金条件的吴某领取了伤残抚恤金，骗取了国家财产，其主观恶性及社会危害性与通过其他方法骗取国家财产无实质区别，其贪污对象不属于特定款物，最终宣判被告人崔某恩犯贪污罪，判处有期徒刑一年六个月，并处罚金人民币 15 万元。一审宣判后，被告人崔某恩提出上诉，二审法院驳回上诉，维持原判。

【主要法律问题】

本案中崔某的贪污对象是否属于特定款物？

【主要法律依据】

1.《中华人民共和国刑法》

第 382 条第 1 款　国家工作人员利用职务上的便利，侵吞、窃取、骗取或者以其他手段非法占有公共财物的，是贪污罪。

第 383 条　对犯贪污罪的，根据情节轻重，分别依照下列规定处罚：

（一）贪污数额较大或者有其他较重情节的，处三年以下有期徒刑或者拘役，并处罚金。

（二）贪污数额巨大或者有其他严重情节的，处三年以上十年以下有期徒刑，并处罚金或者没收财产。

（三）贪污数额特别巨大或者有其他特别严重情节的，处十年以上有期徒刑或者无期徒刑，并处罚金或者没收财产；数额特别巨大，并使国家和人民利益遭受特别重大损失的，处无期徒刑或者死刑，并处没收财产。

对多次贪污未经处理的，按照累计贪污数额处罚。

犯第一款罪，在提起公诉前如实供述自己罪行、真诚悔罪、积极退赃，避免、减少损害结果的发生，有第一项规定情形的，可以从轻、减轻或者免除处罚；有第二项、第三项规定情形的，可以从轻处罚。

犯第一款罪，有第三项规定情形被判处死刑缓期执行的，人民法院根据犯罪情节等情况可以同时决定在其死刑缓期执行二年期满依法减为无期徒刑后，终身监禁，不得减刑、假释。

2.《最高人民法院、最高人民检察院关于办理贪污贿赂刑事案件适用法律若干问题的解释》

第 1 条第 1 款　贪污或者受贿数额在三万元以上不满二十万元的，应当认定为刑法第 383 条第 1 款规定的“数额较大”，依法判处三年以下有期徒刑或者拘役，并处罚金。

第 19 条　对贪污罪、受贿罪判处三年以下有期徒刑或者拘役的，应当并处十万元以上五十万元以下的罚金；判处三年以上十年以下有期徒刑的，应当并处二十万元以上犯罪数额二倍以下的罚金或者没收财产；判处十年以上有期徒刑或者无期徒刑的，应当并处五十万元以上犯罪数额二倍以下的罚金或者没收财产。

对刑法规定并处罚金的其他贪污贿赂犯罪，应当在十万元以上犯罪数额二倍以下判处罚金。

【理论分析】

贪污对象是否属于特定款物在对被告人的量刑中影响颇大，本案例对特定款物进行了详细的分析，认为特定款物的本质特征在于影响到特定人员应有的救济权利，并妨害了国家的救济制度，审理过程中应结合贪污款物本身的表现形式、被告人的贪污方式、主观恶性及对社会的危害程度进行综合分析。

1. 特定款物的认定对于被告人的量刑举足轻重

《最高人民法院、最高人民检察院关于办理贪污贿赂刑事案件适用法律若干问题的解释》（以下简称《解释》）将贪污罪“数额较大”的一般标准由 1979 年刑法确定的五千元调整至三万元，“数额巨大”的一般标准定为二十万元以上不满三百万元，“数额特别巨大”的一般标准定为三百万元以上。《解释》同时规定，贪污一万元以上不满三万元，同时具有特定情节的亦应追究刑事责任；数额不满“数额巨大”“数额特别巨大”，但达到起点一半，同时具有特定情节的，应认定为“严重情节”或“特别严重情节”，依法从重处罚。本解释规定的“具有贪污救灾、抢险、防汛、优抚、扶贫、移民、救济、防疫、社会捐助等特定款物的”情形，属特定情节之一。由此可见，如果贪污数额在一万元以上三万元下，贪污对象是否属于特定款物会决定罪与非罪；如果贪污数额在三万元以上，贪污对象是否属于特定款物不会影响定罪，但会影响量刑。也就是说，在贪污数额相同的情况下，贪污特定款物的量刑应当重于贪污一般款物。因此，正确认定贪污款物是否属于特定款物，涉及对被告人的定罪量刑，意义重大。

2. 特定款物的认定

贪污对象是否属于特定款物对被告人的量刑影响颇大，国家公务人员利用职务便利骗取国家发放的国家优抚款伤残抚恤金，是否属于《解释》规定中的救灾、抢险、防汛、优抚等特定款物，应进行如下思考：《解释》中所规定的特定款物，是指用于救灾、抢险、防汛、优抚、扶贫、移民、救济、防疫、社会捐助等资金和实物。“特定”就是指该类款物的审批、发放、使用和监督必须遵循严格、专用的财政管理制度，具有特定用途，即“专款专物专门使用”，专用于特定的事项或者特定的人。这是该类款物区分于一般款物的特定的本质特征。所以，认定贪污款物是否属于特定款物，不仅要看款物是否属于解释中明确规定的类型，还要透过款物表象确定款物的本质特征。如果符合条文列举的类型，当然属于特定款物。如果不符合条文列举的类型，就要通过贪污款物本身的表现形式、被告人的贪污方式、主观恶性及对社会的危害程度，综合分析贪污款物是否具备特定款物的本质特征。

3. 对本案被告人贪污对象性质的分析

本案中，被告人崔某恩利用其职务便利，通过伪造虚假的申报材料，经区、市、省民政部门审批，从而使不符合申请伤残抚恤金条件的妻子吴某领取了伤残抚恤金，骗取了国家资金。该伤残抚恤金看似属于《解释》规定的“优抚”款，但是，崔某恩的行为只是导致了财政款的流失，并未影响到其他伤残人员得到应有的救济权利，没有妨害国家的救济制度，其主观恶性及社会危害性与通过其他方法骗取国家财产并没有实质上的区别，所以不应认定为特定款物。相反，如果被告人崔某恩利用主管、审批、发放伤残抚恤金的职务便利，私自截留其他伤残人员的抚恤金，没有发放给相应的伤残人员，从而使该救济对象没有得到应有的社会救济，此时其贪污对象已具备“专款专物专门使用”的本质特征，贪污款物已转化为特定款物，应当认定为特定款物。由此看来，贪污一般款物，仅仅使国家财产遭受损失；而贪污特定款物，不仅使国家财产遭受损失，还会使特定群体不能得到相应的救济，其生活无法得到保障，因为在一般情况下，依靠政府救济，领取伤残抚恤金生活的群体，基本没有其他收入来源，伤残抚恤金有可能是其最基本的经济来源，如果被告人对这些特定款物都截留贪污，其主观恶性及社会危害性显然比贪污一般款物更大。因此，只有在贪污款物既导致国有资产流失且又妨害了国家的救济制度的情况下，才能认定该款物为特定款物。

综上所述，本案中被告人利用职务便利，通过伪造虚假的申报材料，经区、市、省民政部门审批，使不符合申请伤残抚恤金条件的人领取了伤残抚恤金，骗取了国家财产，但未影响到其他伤残人员得到应有的救济权利，未影响他们的生活保障，其主观恶性及社会危害性与通过其他方法骗取国家财产无实质区别，其贪污的款物不应认定为特定款物。

【思考题】

（1）贪污罪构成要件中“利用职权的便利”应如何认定？

（2）贪污罪和挪用特定款物罪的区别。

第二节　挪用公款罪

挪用公款罪，具体规定在我国《刑法》第 384 条。挪用公款罪是指国家工作人员利用职务上的便利，挪用公款归个人使用，进行非法活动的，或者挪用公款数额较大、进行营利活动的，或者挪用公款数额较大、超过三个月未还的行为。同时，挪用用于救灾、抢险、防汛、优抚、扶贫、移民、救济款物归个人使用的，从重处罚。

案例三　刘某栋挪用公款案[1]

【基本案情】

被告人刘某栋，原为某区财务室出纳。公诉机关指控，2019 年 6 月至 2020 年 4 月间，被告人刘某栋利用其担任出纳，负责收取、保管区土地租金、社保费等财务收入的职务便利，将收取的上述款项共计人民币 57.989 169 万元不按规定存入管理区账户而是存入其个人账户，再通过银行转账、第三方支付平台等方式将上述款项用于网络赌博活动，直至案发无力偿还。公诉机关认为，被告人刘某栋身为国有事业单位的出纳，利用职务上的便利，挪用公款 57.989 169 万元归个人用于非法活动且不退还，情节严重，其行为触犯了《中华人民共和国刑法》第 384 条，犯罪事实清楚，证据确实、充分，应当以挪用公款罪追究其刑事责任。建议判处其三年以上四年以下有期徒刑。

法院认为，被告刘某栋身为国有事业单位出纳，利用职务便利，挪用公款 57.989 169 万元用于非法活动且不退还，情节严重，其行为构成挪用公款罪，公诉机关的指控成立。被告人主动到案后能如实供述自己的罪行，系自首，愿意接受处罚，依法可减轻处罚。公诉机关的量刑建议适当。判决被告人刘某栋犯挪用公款罪，判处有期徒刑三年六个月。

【主要法律问题】

本案中刘某栋的行为是否属于“挪用公款归个人使用，进行非法活动”？

【主要法律依据】

1.《中华人民共和国刑法》

第 384 条第 1 款　国家工作人员利用职务上的便利，挪用公款归个人使用，进行非法活动的，或者挪用公款数额较大、进行营利活动的，或者挪用公款数额较大、超过

[1] 案例来源：(2020) 鄂 0222 刑初 294 号。

三个月未还的，是挪用公款罪，处五年以下有期徒刑或者拘役；情节严重的，处五年以上有期徒刑。挪用公款数额巨大不退还的，处十年以上有期徒刑或者无期徒刑。

第 67 条第 1 款　犯罪以后自动投案，如实供述自己的罪行的，是自首。对于自首的犯罪分子，可以从轻或者减轻处罚。其中，犯罪较轻的，可以免除处罚。

2.《最高人民法院、最高人民检察院关于办理贪污贿赂刑事案件适用法律若干问题的解释》

第 5 条　挪用公款归个人使用，进行非法活动，数额在三万元以上的，应当依照刑法第 384 条的规定以挪用公款罪追究刑事责任；数额在三百万元以上的，应当认定为刑法第 384 条第 1 款规定的“数额巨大”。具有下列情形之一的，应当认定为刑法第 384 条第 1 款规定的“情节严重”：

（一）挪用公款数额在一百万元以上的；

（二）挪用救灾、抢险、防汛、优抚、扶贫、移民、救济特定款物，数额在五十万元以上不满一百万元的；

（三）挪用公款不退还，数额在五十万元以上不满一百万元的；

（四）其他严重的情节。

【理论分析】

1. 基础理论

（1）挪用公款罪的客体。

对于挪用公款罪侵犯的直接客体，刑法学界曾有过激烈的争论，主要有以下几种观点：一种观点认为，本罪侵犯的客体是公共财产的所有权，应划归侵犯财产罪。第二种观点认为，本罪侵犯的客体是国家的财经管理制度，应划归破坏社会主义经济秩序罪。第三种观点认为，本罪是复杂客体，既侵犯了公共财产的所有权，又侵犯了国家的财经管理制度。但对于何者为主要客体，何者为次要客体，认识也不一致。第四种观点认为，本罪侵犯的客体是国家机关的正常活动。

我们认为，挪用公款罪客体应当是复杂客体，即公共财产所有权和国家公职人员职务行为的廉洁性。首先，本罪侵犯了公共财产所有权。根据民法原理，财产所有权包括占有权、使用权、收益权和处分权四项权能。挪用公款，显然侵犯了公款的占有权、使用权和收益权，但对于挪用公款也侵犯了公共财产的所有权，则有学者持反对态度，认为挪用公款是未经合法批准而擅自将公款移作他用的行为，仅仅侵犯了公款的占有权、使用权、收益权，并未侵犯到公款的处分权，而处分权是财产所有权的核心，既然处分权没有受到侵犯，自然也就谈不上侵犯财产所有权的问题。我们认为，这种观点有些片面。财产所有权是四项权能有机联系而形成的统一整体。在公款的占有权、使用权和收益权受到侵犯之时，公款所有人对公款的处分权是很难当即实现的，这种情况下如果还认为所有权没有受到侵犯，显然不能成立。其次，本罪还侵犯了国家公职人员职务行为的廉洁性。管理、经手公共财物的国家工作人员本应廉洁奉公，保证公款的合理使用，不得图谋私利而挪作个人使用。所以，挪用公款归个人使用，不仅侵犯了单位对公共财产的占有权、使用权、收益权，而且侵犯了国家公职人员职务行为的廉洁性。

（2）挪用公款罪的客观特征。

挪用公款罪在客观方面表现为，利用职务上的便利，挪用公款归个人使用，进行非法活动，或者挪用公款数额较大、进行营利活动，或者挪用公款数额较大、超过三个月未还的行为。可见，挪用公款罪在客观方面应当具备以下三个要素：第一，行为人实施了挪用公款的行为，即行为人未经合法批准，擅自将自己经手、管理的公款移作私用；第二，挪用公款的行为是利用职务上的便利实施的，即行为人利用了自己主管、经手、管理公款这一职权范围内的便利条件；第三，挪用的公款必须归个人（含他人）使用。上述三个要素必须同时具备，否则，不能认定为挪用公款的行为。

（3）挪用公款罪与挪用特定款物罪的界限。

根据《刑法》第273条的规定，挪用特定款物罪是指挪用用于救灾、抢险、防汛、优抚、扶贫、移民、救济款物，情节严重，致使国家和人民群众利益遭受重大损害的行为。而《刑法》第384条规定的挪用公款罪，其第2款中的规定是：挪用用于救灾、抢险、防汛、优抚、扶贫、移民、救济款物归个人使用的，从重处罚。由此可见，第384条第2款规定的从重处罚的挪用公款犯罪行为，与第273条规定的挪用特定款物罪，在罪状表述方面十分相像，犯罪对象完全相同，但两罪的性质不同。

具体说，两罪的区别主要在于：

首先，犯罪对象不同。挪用特定款物罪的犯罪对象只能是特定款物，即用于救灾、抢险、防汛、优抚、扶贫、移民、救济款物，既包括特定的款项，也包括特定的物品；而挪用公款罪的犯罪对象一般是公款，只有国家工作人员挪用了用于救灾、抢险、防汛、优抚、扶贫、移民、救济的特定款物归个人使用的情况下，才包括特定的物品。

其次，挪用的含义不同。挪用公款罪的挪用是一种私自借用，是以拟归还为前提的，不能归还属意外情况；而挪用特定款物罪的挪用是违反专款专物专用的原则，将特定款物挪作他用，一般是挪用后被消耗或者生成、置换成仍归单位所有的其他动产或者不动产。

再次，挪用款物的用途不同。挪用用于救灾、抢险、防汛、优抚、扶贫、移民救济款物而成立的挪用公款罪，要求挪用这些款物是归个人使用；而挪用特定款物罪虽然挪用的也是用于救灾、抢险、防汛、优抚、扶贫、移民、救济款物，但不是挪归个人使用，而是违反专款专用的财经制度，将其挪作其他公共用途。

最后，犯罪主体不同。挪用公款罪的主体是特殊主体，即国家工作人员。而挪用特定款物罪的主体却没有规定，虽然从司法实践中看，这类犯罪主体主要是由国家工作人员构成的，但也不能排除非国家工作人员实施的可能性，例如某些乡村干部、居民委员会干部或者集体企业的干部，甚至担负救灾、抢险、防汛、优抚、扶贫、移民、救济款物的管理、看守的民工挪用上述款物的行为，虽然这些人不是国家工作人员，对此也应以挪用特定款物罪惩处。

2. 观点争议

（1）对于挪用公款罪归个人使用的具体途径，《刑法》第 384 条将其归纳为三种形式，即用于非法活动、营利活动和其他个人用途。那么对于其中的“非法活动”应当作何解释？针对此问题，学者中存在着不同的理解。一种观点认为，非法活动仅限于构成犯罪的违法行为；另一种观点主张，非法活动不仅包括严重的违法活动即犯罪活动，而且包括一般的违法活动。我们认为，第二种观点是正确的。挪用公款归个人进行非法活动，既包括严重违法行为即犯罪活动，例如，挪用公款归个人进行走私犯罪、赌博犯罪、毒品犯罪等；也包括用于进行违反工商、海关、税收等经济、行政管理法律法规的一般违法行为，例如，挪用公款进行无照经营、嫖娼等。首先，把非法活动局限于犯罪活动或可能构成犯罪的活动，缺乏法律依据，不利于充分保护公款的占有权、使用权和收益权；其次，从目前有关的司法解释的规定来看，并未明确限定“非法活动”只能是犯罪活动；第三，司法实践中，有些挪用人将挪用的公款用于吸毒、嫖娼、放高利贷等一般的违法活动的现象屡见不鲜，对这种情况只有以挪用人将公款用于“非法活动”予以制裁，才能做到罚当其罪。本案中，被告刘某栋挪用公款用于网络赌博，单纯针对网络赌博来讲已经构成犯罪，显然属于法条中的“非法活动”行为。而在类似的案件中，即使有较为轻微不构成犯罪的一般违法行为，也应当认定为符合挪用公款罪的客观方面。

（2）挪用公款进行非法活动社会危害性大，因而这类挪用公款罪的成立，刑法没有挪用数额和挪用时间的限制。这是否意味着，司法实践对于挪用公款归个人使用进行非法活动的，不论数额大小一律构成犯罪呢？对此，也不无争议。一种观点认为，挪用公款归个人使用，进行非法活动，立法中没有规定数额较大，因此，只要挪用了公款，并进行了非法活动，即使数额不大，也可以作为犯罪处理；如果挪用数额虽小，但利用所挪用公款进行了严重违法活动或者犯罪活动，也应以犯罪处理。另一种观点提出，社会危害性较大的盗窃罪、诈骗罪都有数额较大的限制，而社会危害性较小的挪用公款罪反而无数额限制，这在立法上是不协调的，因而主张挪用公款归个人使用进行非法活动的，应该有数额限制，而不能不论数额大小均以犯罪论处。我们认为，后一种观点是符合挪用公款罪的实质的。挪用公款归个人进行非法活动固然反映了挪用公款罪的社会危害性，但这仅仅是其中的一个方面，实际上，挪用公款的社会危害实质主要在于行为人挪用公款的数额大小及挪用时间长短上。因而并非挪用公款归个人进行非法活动，不论挪用数额多少都构成犯罪。如果行为人挪用公款数额很小，虽然是用于非法活动，如挪用几十元或者几百元用于赌博或者行贿，根据《刑法》第 13 条“但书”的规定，其挪用行为就可不认定为犯罪。所以，对挪用公款进行非法活动的情况，尽管法律没有数额要求，但在实际认定和处理时，也要适当考虑挪用的数额。

（3）认定“非法活动”不一定必须以营利为目的。所谓“营利活动”，是指为谋取利润而进行的活动，包括生产性活动、经营性活动等，但这种营利活动必须是合法的，否则应属于“非法活动”。营利活动有非法与合法之分，非法活动有营利与不营利之别。由于挪用公款后的具体用途不同，其定罪处刑的条件也有所不同，因而正确划分营利活动与非法活动的界限，也就事关挪用公款罪的定罪处刑，甚至事关罪与非罪的界定。

我们认为，从刑法对挪用公款进行营利活动与进行非法活动成立犯罪所要求的条件的不同来看，这里的营利活动应当首先是指合法的营利活动，这样，凡是非法活动不管营利与否，一律应当按照挪用公款进行非法活动的情形处理。营利活动与非法活动的区分应当以挪用公款后的实际用途为准。如国家禁止国家干部经商，因此国家干部经商当然是非法的，但由于该干部挪用公款所办的公司从事的是合法经营，而非非法的营利活动，对此就只能以挪用公款进行营利活动的情形处理，而不能按照挪用公款进行非法活动的情形对待。这与法律禁止国家工作人员炒股，但对于国家工作人员挪用公款炒股的行为，《最高人民法院关于审理挪用公款案件具体应用法律若干问题的解释》（以下简称《解释》）明确规定为属于挪用公款进行营利活动的行为，实质上完全相同。法律要求挪用公款进行营利活动中的挪用的公款必须达到数额较大，但没有挪用时间的限制，也不要求营利目的是否达到。一般来讲，挪用公款罪中的“非法活动”仅就挪用人行为的性质而言，而不管该行为是否营利，换句话说，某种行为，不管它是不是营利的，只要是非法的，就可以认定为挪用公款罪中的非法活动。诚然，营利活动与非法活动之间的确存在着一定的交叉。

此外，实际生活中，有的挪用人将挪用的公款用于走私、合同诈骗、非法经营等非法的营利活动，而有的挪用人将挪用的公款用于纯消费的非法活动，如吸毒、嫖娼等。一般来讲，这两种犯罪行为虽然同属于挪用公款进行“非法活动”，不影响对挪用人的定罪，但具体反映出挪用人的不同的犯罪动机和不同的社会危害性，对正确量刑具有意义。

（4）挪用公款罪进行“非法活动”的罪数问题。挪用公款构成数罪，较常见的多发于“非法活动型”挪用公款罪，如挪用公款进行走私、贩卖毒品、赌博、非法经营等，对于此种情况，构成犯罪的，应当依照《解释》第 7 条第 2 款的规定，按照数罪并罚的规定处罚。

【思考题】

针对挪用公款罪的三种实行行为，能否根据法益侵害的程度进行包容评价（将非法活动包容评价为营利活动、将营利活动包容评价为一般活动）？

案例四　尉某贪污、挪用公款案[1]

【基本案情】

被告人尉某于2007年至2014年间，利用担任K公司副总经理、总经理的职务便利，采取签订虚假合同等方式将K公司公款1880万余元非法占为己有，用于为其本人及亲属、情人等购买房产、车辆，支付车辆保险、维修费用，信用卡消费等事项。同时尉某于2007年至2014年间，利用担任K公司副总经理、总经理的职务便利，将K公司公款770万余元转出，用于为其实际控制的Y公司进行股东分红、增加注册资本等经营行为或者为其本人、亲友购买房产，超过三个月未归还。案发后，上述款项尚有150万余元未归还。

法院认为，上诉人尉某身为国有事业单位委派到非国有公司从事公务的人员，利用职务上的便利，将本单位财物非法占为己有，数额特别巨大，其行为已构成贪污罪；同时其利用职务上的便利，挪用本单位资金归个人使用或者借贷给他人，进行营利活动或者超过三个月未还，数额巨大，情节严重，其行为亦构成挪用公款罪，依法应予数罪并罚。上诉人尉某虽对其主体身份存在辩解，但仍如实供述贪污罪的部分事实及挪用公款罪的全部事实，且部分涉案赃款赃物已经追缴，依法可对其所犯贪污罪、挪用公款罪从轻处罚。判决认定尉某犯贪污罪，判处有期徒刑十二年，并处罚金人民币200万元；犯挪用公款罪，判处有期徒刑五年；决定执行有期徒刑十四年，并处罚金人民币200万元。

【主要法律问题】

（1）尉某是否具有国家工作人员身份？

（2）数罪并罚后是否量刑失衡？

【主要法律依据】

1.《中华人民共和国刑法》

第93条第2款　国有公司、企业、事业单位、人民团体中从事公务的人员和国家机关、国有公司、企业、事业单位委派到非国有公司、企业、事业单位、社会团体从事公务的人员，以及其他依照法律从事公务的人员，以国家工作人员论。

第271条第2款　国有公司、企业或者其他国有单位中从事公务的人员和国有公司、企业或者其他国有单位委派到非国有公司、企业以及其他单位从事公务的人员有前款行为的，依照本法第382条、第383条的规定定罪处罚。

---

[1] 案例来源：（2019）京刑终70号。

第272条第2款 国有公司、企业或者其他国有单位中从事公务的人员和国有公司、企业或者其他国有单位委派到非国有公司、企业以及其他单位从事公务的人员有前款行为的，依照本法第384条的规定定罪处罚。

2.《最高人民法院、最高人民检察院关于办理贪污贿赂刑事案件适用法律若干问题的解释》

第3条第1款 贪污或者受贿数额在三百万元以上的，应当认定为刑法第383条第1款规定的“数额特别巨大”，依法判处十年以上有期徒刑、无期徒刑或者死刑，并处罚金或者没收财产。

第6条 挪用公款归个人使用，进行营利活动或者超过三个月未还，数额在五万元以上的，应当认定为刑法第384条第1款规定的“数额较大”；数额在五百万元以上的，应当认定为刑法第384条第1款规定的“数额巨大”。具有下列情形之一的，应当认定为刑法第384条第1款规定的“情节严重”：

（一）挪用公款数额在二百万元以上的；

（二）挪用救灾、抢险、防汛、优抚、扶贫、移民、救济特定款物，数额在一百万元以上不满二百万元的；

（三）挪用公款不退还，数额在一百万元以上不满二百万元的；

（四）其他严重的情节。

【理论分析】

1. 贪污罪、挪用公款罪的区分与数罪并罚问题

贪污罪与挪用公款罪构成要件有相似之处，因此在司法实践复杂案件中难以区分，但是应当认定二者的根本区别在于行为人主观上有无非法占有的目的。根据《最高人民法院全国法院审理经济犯罪案件工作座谈会纪要》的规定，当有以下情况时，挪用公款罪应转化为贪污罪：（1）根据《最高人民法院关于审理挪用公款案件具体应用法律若干问题的解释》（以下简称《解释》）第6条的规定，行为人“携带挪用的公款潜逃的”，对其携带挪用的公款部分，以贪污罪定罪处罚。（2）行为人挪用公款后采取虚假发票平账、销毁有关账目等手段，使所挪用的公款已难以在单位财务账目上反映出来，且没有归还行为的，应当以贪污罪定罪处罚。（3）行为人截取单位收入不入账的，应当以贪污罪定罪处罚。（4）有证据证明行为人有能力归还所挪用的公款而拒不归还，并隐瞒挪用的公款去向的，应当以贪污罪定罪处罚。

同时，行为人犯一罪和行为人犯数罪，无论在社会危害性还是在人身危险性方面都应有所区别。对于行为人犯数罪的情形，刑法规定了数罪并罚规则对行为人合并处罚，从而保障罪责刑相适应这一基本原则的实现。贪污罪、挪用公款罪均是对公共财产的犯罪，贪污罪是对公共财物所有权的侵害，挪用公款罪是对公款使用权的侵害，

故相同数额的贪污罪显然比挪用公款罪危害性更大，量刑理应更重。因此，在对同一公款来源案件中同时犯有贪污罪和挪用公款罪的行为人量刑时，有必要将并罚结果与单一犯贪污罪和单一犯挪用公款罪的结果进行比较。具体到本案，即对尉某的量刑结果应介于挪用公款相同数额和贪污相同数额之间，较为适宜。

2. “营利活动”的认定

“挪用公款数额较大、进行营利活动的”，其中的“营利活动”具体指为谋取利润而进行的活动，包括生产性活动、经营性活动等，但是，这种营利活动必须是合法的。挪用公款进行营利活动的法律要求挪用的公款必须达到数额较大，但没有挪用时间的限制，也不问营利目的是否达到。

在认定挪用公款是否进行营利活动时，对挪用公款私自存入银行取息是否属“归个人进行营利活动”这一问题存在较大争议。对此，理论界存在着三种不同的意见。第一种意见认为，就挪用公款私自存入银行取息的行为来说，虽能得利，却非经营。因为行为人只是将挪用的公款存入国库，没有对公款本身造成实际危害，且该公款未进入流通领域，所以，这种行为不应属于挪用公款归个人使用进行营利。第二种意见认为，挪用公款作为个人储蓄存入银行，挪用人的目的是占有公款利息，公款的本与息分别是公款的一部分，挪用人虽挪用的是“本”，但占有的是“息”，挪用公款是占有利息的一种手段，应以贪污罪论处。第三种意见认为，这种行为应属挪用公款进行营利活动。这实际上也是《解释》对此问题的意见。《解释》第 2 条规定：“……挪用公款存入银行、用于集资、购买股票、国债等，属于挪用公款进行营利活动。所获取的利息、收益等违法所得，应当追缴，但不计入用公款的数额。”我们认为，上述第三种观点及《解释》的意见是合理的。法律上规定的“营利活动”不能简单地理解为“经营活动”。实际上，“营利活动”的范围相当广泛，凡是生产、经营、兴办企业、入股分红等能获取各种经济利益的行为都属于营利活动。将公款存入银行取息这种行为，挪用人寻求的是由公款所产生的利息，显然应属于以获取经济利益为目的的营利性活动，因而将取息这种营利性活动排除在营利活动之外，是没有理由的。

3. 尉某的身份问题

根据案发后的相关证据证明，K 公司成立之初，由国有单位派出尉某到公司任职，由 K 公司董事会聘任尉某为副总经理。尉某长期的兼职行为显然得到了委派单位的认可或者同意，体现了国有单位的意志。《最高人民法院、最高人民检察院关于办理国家出资企业中职务犯罪案件具体应用法律若干问题的意见》第 6 条规定：“经国家机关、国有公司、企业、事业单位提名、推荐、任命、批准等，在国有控股、参股公司及其分支机构中从事公务的人员，应当认定为国家工作人员。具体的任命机构和程序，不影响国家工作人员的认定。经国家出资企业中负有管理、监督国有资产职责的组织批准或者研究决定，代表其在国有控股、参股公司及其分支机构中从事组织、领导、监督、经营、管理工作的人员，应当认定为国家工作人员。”一方面，委派在形式上可以不拘一格，如任命、指派、提名、推荐、认可、同意、批准等均可；另一方面，区分是否委派的关键不在于行为人管理职位的直接来源，而是在于其管理职位与相关国有单位的意志行为是否具有关联性和延续性。具体依照何种程序、形式取得非国有企业的管理职位，对于成立委派与否的认定不具有决定性意义。事实上，尉某之所以能够在K公司的经营管理层获得职位，与国有单位的指派密不可分。综上所述，尉某系国有单位委派到非国有公司K公司从事公务的人员，依照《刑法》第93条之规定，以国家工作人员论。

【思考题】

在司法实践中，贪污罪与挪用公款罪应如何区分？

第三节　受贿罪

受贿罪，具体规定在我国《刑法》第385条，是指国家工作人员利用职务上的便利，索取他人财物，或者非法收受他人财物，为他人谋取利益的行为。国家工作人员在经济往来中，违反国家规定，收受各种名义的回扣、手续费，归个人所有的，以受贿论处。此外，《刑法》第388条规定，国家工作人员利用本人职权或地位所形成的便利条件，通过其他国家工作人员职务上的行为，为请托人谋取不正当利益，索取请托人财物或者收受请托人财物的行为，以受贿论处。

案例五　马某红受贿案[1]

【基本案情】

2005年5月至2011年11月，被告人马某红利用担任法院执行员的职务之便，在办理民事执行案件过程中，非法收受执行案件代理人郭某民、赵某林现金共计5.5万元，实得5.3万元，并为其谋取利益。案发后，被告人马某红将本案赃款5.5万元退交到检察院。具体犯罪事实如下：

(1) 2005年5—6月，被告人马某红利用担任法院执行员的职务之便，在办理案件中，通过其同事王某永（另案处理）认识该案申请执行人的代理人郭某民（另案处理）。王某永收受郭某民送的2.5万元，其自己留下2万元，在其办公室将5000元同被告人马某红私分，马某红得3000元，王某永得2000元。马某红为郭某民在该案申请执

[1] 案例来源：(2016) 豫05刑终351号。

行过程中提供帮助。

（2）2011年11月，被告人马某红在办理借款合同纠纷某案中，在其家里收受该案申请执行人代理人郭某民2万元，并为郭某民在该案申请执行过程中提供帮助。

（3）2007年3月至7月，被告人马某红在办理申请执行的三个案件过程中，于2007年3月左右，在其办公室收受案件被执行人代理人赵某林（另案处理）现金1万元；2007年7月左右，在其办公室收受案件被执行人代理人赵某林现金2万元，并为赵某林在执行案件过程中提供帮助。

法院认为，被告人马某红身为国家工作人员，多次收受他人贿赂共计5.5万元，为他人谋取利益，其行为已构成受贿罪。判处被告人马某红有期徒刑一年一个月，并处罚金人民币10万元。

宣判后，马某红不服，提起上诉。中级人民法院审理后认为，原审判决认定事实清楚，证据确实、充分，定罪准确，量刑适当，审判程序合法。依法裁定驳回上诉，维持原判。

【主要法律问题】

（1）本案中的受贿数额应如何认定？
（2）本案中的追诉时效从何时开始计算？

【主要法律依据】

1.《中华人民共和国刑法》

第67条第3款　犯罪嫌疑人虽不具有前两款规定的自首情节，但是如实供述自己罪行的，可以从轻处罚；因其如实供述自己罪行，避免特别严重后果发生的，可以减轻处罚。

第385条第1款　国家工作人员利用职务上的便利，索取他人财物的，或者非法收受他人财物，为他人谋取利益的，是受贿罪。

2.《最高人民法院、最高人民检察院关于办理贪污贿赂刑事案件适用法律若干问题的解释》

第1条第1款　贪污或者受贿数额在三万元以上不满二十万元的，应当认定为刑法第383条第1款规定的“数额较大”，依法判处三年以下有期徒刑或者拘役，并处罚金。

第15条　对多次受贿未经处理的，累计计算受贿数额。

国家工作人员利用职务上的便利为请托人谋取利益前后多次收受请托人财物，受请托之前收受的财物数额在一万元以上的，应当一并计入受贿数额。

第19条第1款　对贪污罪、受贿罪判处三年以下有期徒刑或者拘役的，应当并处十万元以上五十万元以下的罚金；判处三年以上十年以下有期徒刑的，应当并处二十万元以上犯罪数额二倍以下的罚金或者没收财产；判处十年以上有期徒刑或者无期徒刑的，应当并处五十万元以上犯罪数额二倍以下的罚金或者没收财产。

【理论分析】

1. 基础理论

（1）受贿罪所保护的法益。

关于受贿罪所保护的法益，存在不同学说之间的争论：日本信赖说认为受贿罪所保护的法益是国民对职务行为公正性的信赖；纯洁性说认为受贿罪所保护的法益是职务行为的公正性；国家意志篡改说认为受贿罪所侵犯的法益是国家意志，即受贿罪使国家意志受到无端阻挠与违法篡改；不可收买性说认为受贿罪所保护的法益是职务行为的无报酬性、不可收买性。我们认为，受贿罪所保护的法益是国家工作人员职务行为的不可收买性，即国家工作人员职务行为与财物的不可交换性。国家工作人员职务行为的宗旨是为国民服务，由于国家工作人员的职务行为已经得到了相应的报酬，其不可再额外从其他公民或单位处收取职务行为的报酬。职务行为的合法、公正性首先取决于职务行为的不可收买性。

（2）受贿罪的行为主体。

本罪为身份犯，行为主体为国家工作人员，具体范围根据《刑法》第93条的规定确定。此外，应注意以下几种特殊主体：村民委员会等基层组织人员协助人民政府从事行政管理任务，利用职务上的便利实施本罪行为的，应以受贿罪论处；医疗机构中的工作人员，在药品、医疗器械、医用卫生材料等医药产品采购活动中，利用职务上的便利，索取销售方财物，或者非法收受销售方财物，为销售方谋取利益，构成犯罪的，以受贿罪定罪处罚；学校及其他教育机构中的国家工作人员，在教材、教具、校服或者其他物品的采购活动中，利用职务上的便利，索取销售方财物，或者非法收受销售方财物，为销售方谋取利益，构成犯罪的，以受贿罪定罪处罚。

（3）受贿罪的类型（见表10-2）。

表10-2　受贿罪的类型

事前交易型	索取贿赂：国家工作人员提出要约，不要求为他人谋取利益
	收受贿赂：请托人提出要约，国家工作人员承诺或者双方达成约定即可，不要求把事办成受贿罪即成立。国家工作人员收到财物后受贿罪既遂
事后交易型	构成受贿罪：在职期间约定好退休之后送财物
	不构成受贿罪：在职期间无约定，退休之后请托方出于感激或其他原因送财物

（4）斡旋受贿。

《刑法》第388条规定了国家工作人员利用本人职权或者地位形成的便利条件，通过其他国家工作人员职务上的行为，为请托人谋取不正当利益，索取请托人财物或者收受请托人财物的行为，以受贿论处。这实际上是一种间接利用职务之便收受贿赂的行为，因而我国刑法理论多将其称为斡旋受贿。斡旋受贿作为受贿罪的一种特殊形式，其法律特征在客体、主体和主观方面与一般的受贿罪的法律特征没有区别，不同之处主要在客观方面。斡旋受贿罪客观方面主要有以下特征：

其一，行为人索取或者收受了请托人财物，这点与一般受贿罪的客观特征相同。

其二，行为人为请托人谋取的必须是不正当利益。谋取不正当利益是构成斡旋受贿罪必须具备的条件，这与普通受贿罪中可以为他人谋取正当利益有别。

其三，行为人为请托人谋取不正当利益是通过其他国家工作人员职务上的行为实现的，行为人只在其中起到间接或斡旋的作用，这是斡旋受贿罪在客观方面的一个突出特点。

其四，行为人必须利用了本人职权或者地位所形成的便利条件。即行为人之所以能够通过其他国家工作人员职务上的行为给请托人谋取不正当利益，是因为行为人所具有的职权或者地位与其他国家工作人员存在着一定的关系。

其五，被行为人利用的第三者国家工作人员，在案件中没有与行为人共同受贿的故意和行为。如果二人相互勾结，通过后者的职务行为为请托人办事，二人共同索取或者非法收受请托人贿赂，应按普通受贿罪的共犯处理，而不属于斡旋受贿。

2. 受贿罪中的数额问题

（1）受贿罪的第一档法定刑条件是“数额较大（3 万元）”，第二档法定刑条件是“数额巨大（20 万元）”，第三档法定刑条件是“数额特别巨大（300 万元）”。由于受贿罪是故意犯罪，作为收受的对象，“数额较大（巨大、特别巨大）的财物”是一个主客观相统一的因素。常见误解是将“数额较大（巨大、特别巨大）的财物”理解成纯粹客观要素，只看客观上是否具备。因此实践中经常存在两种错误的观点：①只要客观上具备，就使用相应法定刑。②只要客观上不具备，就不适用相应法定刑。而实际上，行为人具有收受数额较大财物的故意，实施了受贿行为仅成立受贿罪；行为人收受到数额较大的财物时才是既遂。

（2）违禁品的价值数额。有人可能认为，对违禁品可以按照情节轻重来论，不需要计算价值数额。但是首先如何判断情节轻重，需要考虑价值数额；其次受贿罪的既遂标准是收受到数额较大（3 万元）的财物，为了判断是否既遂，需要衡量违禁品的价值大小。违禁品（假币、毒品、淫秽物品）具有财产价值（消极价值），在不法分子手中能够卖钱。在计算违禁品的价值数额时，可参考其非法交易的价值数额（行情价）。

（3）受贿多次均未达到数额较大的标准，应以多次受贿总额认定受贿金额。《刑法》第 383 条规定：“……对多次贪污未经处理的，按照累计贪污数额处罚。”《最高人民法院、最高人民检察院关于办理贪污贿赂刑事案件适用法律若干问题的解释》（以下简称《解释》）第15条亦明确规定："对多次受贿未经处理的，累计计算受贿数额。"马某红受贿四次金额分别为5000元、1万元、2万元和2万元，多次受贿未经处理，应按照累计受贿数额处罚，四次受贿金额共计5.5万元。

3. 立案追诉后因《解释》修改导致追诉时效发生变化的案件法律适用问题

《刑法》第89条规定："追诉期限从犯罪之日起计算；犯罪行为有连续或者继续状态的，从犯罪行为终了之日起计算。"马某红四次受贿具有连续和继续情形，故本案的追诉时效均应自2011年11月即马某红最后一次受贿起算。2017年2月13日《最高人民法院关于被告人林少钦受贿请示一案的答复》中答复"……对于法院正在审理的贪污贿赂案件，应当依据司法机关立案侦查时的法律规定认定追诉时效。依据立案侦查时的法律规定未过时效，且已经进入诉讼程序的案件，在新的法律规定生效后应当继续审理"。马某红于2015年6月17日被刑事拘留，本案在2016年4月18日实施的《解释》之前已经立案侦查，应当按照刑法规定的受贿罪量刑标准确定本案的追诉时效。《刑法》第386条、第383条规定受贿5.5万元刑期为有期徒刑五年至十年，对马某红的追诉时效应为十年。马某红被追诉时效自2011年11月起算，至2015年6月17日被立案侦查，本案不超过追诉时效。

4. 事前无请托约定，事后才给的感谢费，未为他人谋取不正当利益，构成受贿罪

根据《解释》第13条的规定："具有下列情形之一的，应当认定为'为他人谋取利益'，构成犯罪的，应当依照刑法关于受贿犯罪的规定定罪处罚：（一）实际或者承诺为他人谋取利益的；（二）明知他人有具体请托事项的；（三）履职时未被请托，但事后基于该履职事由收受他人财物的。"马某红履职时在事前与请托人没有收受财物的约定，但其明知他人有具体请托事项，并实际上利用自己担任执行员的职务便利，为他人谋取了利益，在事后因为该履职事由收受请托人的财物共计5.5万元人民币，为他人谋取的利益是否正当不影响本罪的成立，故原审认定其构成受贿罪符合法律规定。

【思考题】

受贿罪中财产性利益的数额计算，是以受贿人实际获得的财产性利益价值计算，还是以行贿人的支出的数额计算？如局长甲为乙办过事，甲装修房子，装修公司报价100万元，乙对甲说："你只需要出40万元，剩余的你不用管。"甲答应。乙对装修公司老板丙讲："我给你30万元，我以后给你介绍个大工程，剩余的30万元能不能免掉？"丙答应。甲获得的财产性利益是60万元还是30万元？

第四节　滥用职权罪

滥用职权罪，具体规定在我国《刑法》第 397 条，是指国家机关工作人员滥用职权，致使公共财产、国家和人民利益遭受重大损失的行为。滥用职权罪的犯罪客体是国家公务的正当性。滥用职权罪在客观方面表现为超越职权，违法决定、处理其无权决定、处理的事项，或者违反规定处理公务，使公共财产、国家和人民利益遭受重大损失的行为。职权，是国家机关工作人员代表国家处理公务的职责和权利。滥用，则是指胡乱过度使用。滥用职权即是指国家机关工作人员超越职权，违法决定处理其无权决定处理的事项，或者违反规定处理公务，其本质上是非正当使用职权。

案例六　罗某华、罗某添、朱某灿、罗某游滥用职权案[1]

【基本案情】

2008 年 8 月至 2009 年 12 月期间，被告人罗某华、罗某添、朱某灿、罗某游先后被某街道办事处招聘为执法队协管员。上述四名被告人的工作职责是街道城市管理协管工作，包括动态巡查，参与街道、社区日常性的城管工作；劝阻和制止并督促改正违反城市管理法规的行为；配合综合执法部门，开展集中统一整治行动等。工作任务包括坚持巡查与守点相结合，及时劝导中心城区的乱摆卖行为等。罗某华、罗某添从 2009 年 8 月至 2011 年 5 月担任协管员队长和副队长，此后由罗某添担任队长，罗某华担任副队长。协管员队长职责是负责协管员人员召集，上班路段分配和日常考勤工作；副队长职责是协助队长开展日常工作，队长不在时履行队长职责。上述四名被告人上班时，身着统一发放的迷彩服，臂上戴着写有“城市管理督导员”的红袖章，手持一根木棍。2010 年 8 月至 2011 年 9 月期间，罗某华、罗某添、朱某灿、罗某游和罗某洪（另案处理）利用职务便利，先后多次向多名无照商贩索要 12 元、10 元、5 元不等的少量现金、香烟或直接在该路段的某店买烟再让部分无照商贩结账，后放弃履行职责，允许给予其好处的无照商贩在严禁乱摆卖的地段非法占道经营。由于上述被告人的行为，导致该地段的无照商贩非法占道经营十分严重，几百档流动商贩恣意乱摆卖，严重影响了市容市貌和环境卫生，给周边商铺和住户的经营、生活、出行造成极大不便。由于执法不公，对给予钱财的商贩放任其占道经营，对其他没给好处费的无照商贩则进行驱赶或通知城管部门到场处罚，引起了群众强烈不满，城市管理执法部门执法人员在依法执行公务过程中遭遇多次暴力抗法，数名执法人员受伤住院。上述四名被告

[1] 案例来源：最高人民检察院指导案例第 6 号。

人的行为严重危害和影响了该地区的社会秩序、经济秩序、城市管理和治安管理，造成了恶劣的社会影响。

【主要法律问题】

（1）上述被告人是否属于滥用职权罪的犯罪主体？

（2）如何认定滥用职权“致使公共财产、国家和人民利益遭受重大损失”？

【主要法律依据】

《中华人民共和国刑法》

第61条　对于犯罪分子决定刑罚的时候，应当根据犯罪的事实、犯罪的性质、情节和对于社会的危害程度，依照本法的有关规定判处。

第397条第1款　国家机关工作人员滥用职权或者玩忽职守，致使公共财产、国家和人民利益遭受重大损失的，处三年以下有期徒刑或者拘役；情节特别严重的，处三年以上七年以下有期徒刑。本法另有规定的，依照规定。

【理论分析】

滥用职权罪的主体是国家机关工作人员。国家机关工作人员是指在依照法律、法规规定行使国家行政管理职权的组织中从事公务的人员，或者在受国家机关委托代表国家机关行使职权的组织中从事公务的人员，或者虽未列入国家机关人员编制但在国家机关中从事公务的人员，在代表国家机关行使职权时，有渎职行为，构成犯罪的，依照刑法关于渎职罪的规定追究刑事责任。滥用职权罪的主观方面表现为故意，包括直接故意和间接故意两种形式。行为人明知自己的行为会发生侵害国家机关公务的合法、公正、有效执行以及国民对此的信赖结果，并且希望或者放任这种结果的发生。

（1）关于滥用职权罪的犯罪主体。

滥用职权罪的犯罪主体为国家机关工作人员。由于我国行政机构的特殊性和复杂性，国家机关中工作人员身份的设置也比较复杂，因此需要进一步详细规定。2002年，第九届全国人大常委会《关于〈中华人民共和国刑法〉第九章渎职罪主体适用问题的解释》作出规定，进一步明确了渎职罪主体的适用问题，即在依照法律、法规规定行使国家行政管理职权的组织中从事公务的人员，或者在受国家机关委托代表国家机关行使职权的组织中从事公务的人员，或者虽未列入国家机关人员编制但在国家机关中从事公务的人员，在代表国家机关行使职权时，有渎职行为，构成犯罪的，依照刑法关于渎职罪的规定追究刑事责任。2003年，最高人民法院印发了《全国法院审理经济犯罪案件工作座谈会纪要》，对国家机关工作人员的认定作出如下规定：刑法所称的国家机关工作人员，是指在国家机关中从事公务的人员，包括在各级国家权力机关、行政机关、司法机关和军事机关中从事公务的人员。根据有关立法解释的规定，在依照法律、法规规定行使国家行政管理职权的组织中从事公务的人员，或者在受国家机关委托代表国家机关行使职权的组织中从事公务的人员，或者虽未列入国家机关编制但在国家机关中从事公务的人员，视为国家机关工作人员。在乡（镇）以上中国共产党机关、人民政协机关中从事公务的人员，司法实践中也应视为国家机关工作人员。

本案中，被告人系城管大队的协管员，虽未列入国家机关人员编制，但属于在国家机关中从事公务的人员，根据全国人大常委会《关于〈中华人民共和国刑法〉第九章渎职罪主体适用问题的解释》的规定，罗某华、罗某添、朱某灿、罗某游在代表国家机关行使职权时，有渎职行为，构成犯罪的，应当依照刑法关于渎职罪的规定追究刑事责任。

（2）关于"致使公共财产、国家和人民利益遭受重大损失"的判断标准。

根据2012年公布的《最高人民法院、最高人民检察院关于办理渎职刑事案件适用法律若干问题的解释（一）》第1条的规定：国家机关工作人员滥用职权或者玩忽职守，具有下列情形之一的，应当认定为《刑法》第397条规定的"致使公共财产、国家和人民利益遭受重大损失"：（1）造成死亡1人以上，或者重伤3人以上，或者轻伤9人以上，或者重伤2人、轻伤3人以上，或者重伤1人、轻伤6人以上的；（2）造成经济损失30万元以上的；（3）造成恶劣社会影响的；（4）其他致使公共财产、国家和人民利益遭受重大损失的情形。即满足上述条件之一的，即构成滥用职权罪中的"重大损失"。

在本案中，被告人罗某华、罗某添、朱某灿、罗某游长期不正确履行职权，大肆勒索辖区部分无照商贩的钱财，造成无照商贩非法占道经营十分严重，暴力抗法事件不断发生，社会影响相当恶劣。实践中，对滥用职权"造成恶劣社会影响的"，应当依法认定为"致使公共财产、国家和人民利益遭受重大损失"。滥用职权罪中的"损失"指哪些"损失"，对此，我们要明确，损失既包括物质性的损失，也包括非物质性的损失；既包括直接损失，也包括间接损失。根据"损失"是否可以用数量或者金钱的数额这一标准加以判断，滥用职权罪中的"损失"可分为物质性损失和非物质性损失。物质性损失一般是指人身伤亡和公私财物的重大损失，是确认滥用职权犯罪行为的重要依据；非物质性损失，是指滥用职权的行为严重损害了国家声誉，或者造成了恶劣的社会影响。物质性损失容易判断认定，非物质性损失则意味着只要具备了"严重损害国家声誉"或"造成恶劣社会影响"两种情形中的一种，就可以构成滥用职权罪。

【思考题】

村委会、居委会等基层组织人员能否成为滥用职权罪的主体？

案例七 施某滥用职权案[1]

【基本案情】

2010年至2013年，被告人施某在担任市海洋与渔业局渔业处处长全面负责渔业处工作期间，在参与对省级高效设施渔业项目进行中期评估和终期验收工作过程中，多次在明知相关省级高效设施渔业项目存在未按项目资金明细表及项目协议书等规定内容进行建设、投入资金不足、虚报建设面积、项目建设不符合享受财政资金补助要求等情况下，违反规定出具与事实不相符的中期评估意见和终期验收意见，给予Q公司申报的2009年度、2010年度省级高效设施渔业项目，N合作社申报的2009年度省级高效设施渔业项目，Y合作社申报的2010年度省级高效设施渔业项目，L合作社申报的2011年度省级高效设施渔业项目，M合作社申报的2011年度省级高效设施渔业项目验收通过，造成国家财政专项补助资金损失共计人民币430万元。

一审法院认为：被告人施某身为国家机关工作人员，违反规定，滥用职权，致使公共财产遭受重大损失，情节特别严重，其行为已构成滥用职权罪。本案经过二审，法院审理认为上诉人施某实则为不认真履行职责，严重不负责任，未按照省级高效设施渔业项目相关文件的规定，逐项核实核对相关项目实施单位与所在地区县级渔业主管部门签订项目协议书及省海洋与渔业局、省财政厅下达项目与资金明细表所载的建设内容，疏于审查案涉相关项目实施单位存在“包装”项目、虚报建设面积、投入资金不足，以及以往年购置或建设的设备设施冒充新建、改建、扩建的设备设施等不符合享受财政补助资金的条件，不具备验收通过的情形，出具了与事实不相符的中期评估意见和终期验收意见并给予验收通过，致使案涉相关项目实施单位骗取省级高效设施渔业项目财政专项补助资金，造成国家财政专项补助资金损失共计人民币430万元。最终认定上诉人施某身为国家机关工作人员，在履行组织、参与对省级高效设施渔业项目进行中期评估、终期验收过程中，严重不负责任，不认真履行监督检查之职，玩忽职守，致使公共财产、国家和人民的利益遭受重大损失，其行为已构成玩忽职守罪，且情节特别严重。

【主要法律问题】

（1）从工作性质讲，上诉人施某参加省级高效设施渔业项目中期评估、终期验收，是以市水产学会专家的身份提供技术性服务，还是以市海洋与渔业局渔业处处长的身份履行行政管理职责，上诉人的主体身份是否符合刑法规定渎职犯罪所应具备的国家机关工作人员的要件？

---

[1] 案例来源：（2015）通中刑二终字第00048号。

（2）在主观罪过形式上，上诉人施某是否在明知案涉项目不符合评估、验收通过的条件的情况下，故意在评估、验收意见中签字通过？

【主要法律依据】

《中华人民共和国刑法》

第 67 条　犯罪以后自动投案，如实供述自己的罪行的，是自首。对于自首的犯罪分子，可以从轻或者减轻处罚。其中，犯罪较轻的，可以免除处罚。

被采取强制措施的犯罪嫌疑人、被告人和正在服刑的罪犯，如实供述司法机关还未掌握的本人其他罪行的，以自首论。

犯罪嫌疑人虽不具有前两款规定的自首情节，但是如实供述自己罪行的，可以从轻处罚；因其如实供述自己罪行，避免特别严重后果发生的，可以减轻处罚。

第 397 条第 1 款　国家机关工作人员滥用职权或者玩忽职守，致使公共财产、国家和人民利益遭受重大损失的，处三年以下有期徒刑或者拘役；情节特别严重的，处三年以上七年以下有期徒刑。本法另有规定的，依照规定。

【理论分析】

1. 本案中行为人特殊身份的认定

国家机关工作人员是指在依照法律、法规规定行使国家行政管理职权的组织中从事公务的人员，或者在受国家机关委托代表国家机关行使职权的组织中从事公务的人员，或者虽未列入国家机关人员编制但在国家机关中从事公务的人员，在代表国家机关行使职权时，有渎职行为，构成犯罪的，依照刑法关于渎职罪的规定追究刑事责任。

在本案中，上诉人施某身为市海洋与渔业局渔业处处长，具备渎职犯罪国家机关工作人员的主体要件。根据相关文件规定，证人戚某、顾某、陆某等人的证言，另案处理的犯罪嫌疑人陈某丁以及上诉人施某本人的供述和辩解等证据，均能证明市海洋与渔业局对省级高效设施渔业项目进行中期评估、终期验收的职能部门具体是交由上诉人施某所在的渔业处履职，为此而依规成立了评估、验收组，亦即评估、验收组的评估、验收活动系该处组织实施。行政机关的组织行为当然属于行政管理活动。行政管理活动包括常务性管理工作与临时性管理工作。上诉人施某所在的渔业处所组织实施的对省级高效设施渔业项目进行中期评估、终期验收工作，即属临时性行政管理工作。上诉人施某作为主持国家机关海洋与渔业局渔业处工作的处长，当然并且实际履行了组织职责。也就是说，评估、验收组的评估、验收活动是在组织者的组织之下展开工作的，其工作成果当然需对其组织者负责，所产生的法律后果、责任亦及于组织者。在实际工作中，上诉人施某还以市水产学会技术专家的身份参与评估、验收活动。因此，上诉人施某是以渔业处处长和专家的双重身份组织、参与案涉项目的评估、验收活动的。一审判决回避上诉人在此中的专家身份并不客观，但对案涉项目进行评估、验收活动的重点方向在于真实性审查，真实性审查是任何工作的基本要求。然而，上诉人无论是作为渔业处处长的身份还是作为专家的身份，在真实性审查方面均没有认真履职、尽职，可以说上诉人在其所具有的双重身份上均有失职行为，可见，上诉人在本案中其专家身份的技术特长并没有发挥作用。

2. 涉及滥用职权罪的主观罪过方面

有人认为，滥用职权罪的主观心理状态只能是间接故意；而有人认为，滥用职权罪的主观心理状态只能是过失；还有人认为，滥用职权罪的主观心理状态既可以是过失，也可以是间接故意（也有人认为既可以是过失，也可以是直接故意与间接故意）。

我们认为，滥用职权罪的主观罪过应为故意，包括直接故意和间接故意。

（1）如果说滥用职权只能出于间接故意，那就意味着对直接故意的滥用职权行为，要么宣告无罪，要么以其他犯罪论处，这有悖于直接故意与间接故意的统一性。在我国刑法中，不可能也不应当出现间接故意时成立此罪，直接故意时无罪或者成立彼罪的现象。

（2）如果说滥用职权只能出于过失，就意味着没有故意的滥用职权罪，这并不符合事实，也不符合刑法将滥用职权罪作为与玩忽职守罪相对应的故意犯罪的精神。更为重要的是，对于过失犯罪，法律有规定的才负刑事责任，但刑法关于滥用职权的规定，没有为过失提供文理根据，即不能发现“法律有规定”。况且，正是因为旧刑法中只有过失的玩忽职守罪而无对应的故意犯罪，现行刑法才增加滥用职权罪。倘若将滥用职权罪确定为过失犯罪，就意味着完全没有必要增设滥用职权罪。

（3）认为滥用职权罪既可以是过失，也可以是间接故意的观点，似乎不可思议。其一，既然过失与间接故意都能构成，直接故意更能构成，没有理由将直接故意排除在外。其二，在不能发现“法律有规定”的文理线索的情况下，认为一种犯罪可以由过失或者间接故意构成，不符合罪刑法定原则。其三，间接故意与过失的非难可能性存在重大差异，而且刑法总则作了明确区分，将二者相提并论并不合适。其四，主张滥用职权罪可以由过失与间接故意构成的观点，大多是以生活事实取代法律规定，或者说将自己想象的案件当作刑法规范。其五，认为滥用职权罪的责任形式包括过失与故意的观点不仅存在前述部分观点的缺陷，而且试图按作为与不作为区分滥用职权罪与玩忽职守罪。可是，按作为与不作为区分此罪与彼罪，既有悖于生活事实，也不符合法律规定。

在本案中，一审认定上诉人施某明知案涉项目存在不符合享受省级财政专项补助资金的条件而违规出具与事实不相符的中期评估、终期验收意见的证据不足。事实上，案涉项目不具备验收通过的条件，固然存在项目实施单位虚假申报、虚假实施的原因，但一些区县（市）级的少数基层项目管理人员亦参与其中，帮助项目实施单位制作、修改申报文本、养殖产量测算表、项目验收申请和验收工作总结与技术总结等假材料，上诉人对这些情况并不知晓。根据相关文件规定，对案涉项目验收的主要方式，除了要求验收人员听取项目执行情况汇报、审查提交的技术文件外，还要对现场或实物进行抽查核实。但上诉人施某在组织、参与评估、验收过程中，仅仅听取项目实施单位的工作汇报，查阅提交的项目实施资料，没有至项目实施现场核实实物，其行为属于不认真履行监督管理职责，严重不负责任，应当承担玩忽职守、监督过失的法律责任。因此，上诉人施某的主观罪过形式属于过失。如前所述，滥用职权罪的主观罪过应为间接故意和直接故意这两种形式，与本案中上诉人施某的放任心态并不符合，因此二审改判其为玩忽职守罪较为恰当。

【思考题】

如何认定滥用职权罪的主观罪过？

第五节　玩忽职守罪

玩忽职守罪，具体规定在我国《刑法》第397条，是指国家机关工作人员滥用职权或者玩忽职守，致使公共财产、国家和人民利益遭受重大损失的行为。

案例八　张某敏玩忽职守案[1]

【基本案情】

2013年至2015年，被告人张某敏在任县农牧局副局长并分管农机管理股期间（农机管理股具体负责农机补贴的审核及监督管理工作），未认真履行监管职责，造成国家农机补贴资金共计人民币275.32万元（本案币种均为人民币）被套取。具体事实如下：（1）2013年，宜农公司编造虚假的农户购置省柴节煤灶的相关资料向农牧局申请农机补贴，张某敏在审批申报资料时，未核实相关情况便签字批准申报，造成国家农机补贴资金25.23万元被套取。（2）2014年，吉康农机有限公司法定代表人廖某与小辉合作社负责人秦某合谋编造虚假的购置微灌设备的相关资料，向农牧局申请农机补贴，张某敏在审批申报资料时，未核实相关情况便签字批准申报，造成国家农机补贴资金50万元被套取。（3）2014年，合力发农机有限公司法定代表人刘某与鑫花金银花种植合作社、吉园金银花种植合作社等多家合作社及农户合谋编造虚假的购置微灌设备的相关资料，向农牧局申请农机补贴，张某敏在审批申报资料时，未核实相关情况便签字批准申报，造成国家农机补贴资金200万元被套取。法院经过二审，认为上诉人张某敏身为国家机关工作人员，不正确履行职责，致使公共财产、国家和人民利益

---

[1] 案例来源：（2017）黔刑终507号。

遭受重大损失，其行为构成玩忽职守罪，且情节特别严重，应依法惩处。

【主要法律问题】

本案中被告人的行为是否符合玩忽职守罪的构成要件？

【主要法律依据】

1.《中华人民共和国刑法》

第 397 条第 1 款　国家机关工作人员滥用职权或者玩忽职守，致使公共财产、国家和人民利益遭受重大损失的，处三年以下有期徒刑或者拘役；情节特别严重的，处三年以上七年以下有期徒刑。本法另有规定的，依照规定。

2.《最高人民法院、最高人民检察院关于办理渎职刑事案件适用法律若干问题的解释（一）》

第 2 条第 2 款　国家机关工作人员滥用职权或者玩忽职守，因不具备徇私舞弊等情形，不符合刑法分则第九章第 398 条至第 419 条的规定，但依法构成第 397 条规定的犯罪的，以滥用职权罪或者玩忽职守罪定罪处罚。

【理论分析】

1. 基础理论

（1）玩忽职守罪的客体要件。玩忽职守罪本罪侵犯的客体是国家机关的正常活动。由于国家机关工作人员对本职工作严重不负责，不遵纪守法，违反规章制度，玩忽职守，不履行应尽的职责义务，致使国家机关的某项具体工作遭到破坏，给国家、集体和人民利益造成严重损害，从而危害了国家机关的正常活动。本罪侵犯的对象可以是公共财产或者公民的人身及其财产。

（2）玩忽职守罪的客观方面。本罪在客观方面表现为国家机关工作人员违反工作纪律、规章制度，擅离职守，不尽职责义务或者不认真履行职责义务，致使公共财产、国家和人民利益遭受重大损失的行为。玩忽职守的行为，包括作为和不作为。所谓玩忽职守的作为，是指国家机关工作人员不认真履行职责义务的行为。有的工作马马虎虎，草率从事，敷衍塞责，违令抗命，极不负责任。有的阳奉阴违，弄虚作假，欺上瞒下，胡作非为等。所谓玩忽职守的不作为，是指国家机关工作人员不尽职责义务的行为。即对于自己应当履行的，而且也有条件履行的职责，不尽自己应尽的职责义务。有的擅离职守，撒手不管；有的虽然未离职守，但却不尽职责，该管不管，该作不作，听之任之等。

（3）玩忽职守罪的主体要件。本罪的主体是国家机关工作人员。国家机关是指国家权力机关、各级行政机关和各级司法机关。因此，国家机关工作人员是指在各级人大及其常委会、各级人民政府、各级人民法院和人民检察院中依法从事公务的人员。

（4）玩忽职守罪的主观方面。本罪在主观方面由过失构成，故意不构成本罪，也就是说，行为人对于其行为所造成重大损失结果，在主观上并不是出于故意而是由于过失造成的。也就是他应当知道自己擅离职守或者在职守中马虎从事对待自己的职责，可能会发生一定的社会危害结果，但是他疏忽大意而没有预见，或者是虽然已经预见到可能会发生，但他凭借着自己的知识或者经验而轻信可以避免，以致发生了造成严重损失的危害结果。行为人主观上的过失是针对造成重大损失的结果而言，但并不排斥行为人可能是故意违反工作纪律和规章制度或故意作为或不作为的情形。

2. 分析结论

依据前文讲解，构成玩忽职守罪需要包含以下三个要素：一是行为主体必须是国家工作人员；二是有玩忽职守的行为；三是致使公共财产、国家和人民利益遭受重大损失。

（1）国家机关工作人员是指在依照法律、法规规定行使国家行政管理职权的组织中从事公务的人员，或者在受国家机关委托代表国家机关行使职权的组织中从事公务的人员，或者虽未列入国家机关人员编制但在国家机关中从事公务的人员，在代表国家机关行使职权时，有渎职行为，构成犯罪的，依照刑法关于渎职罪的规定追究刑事责任。在本案中，被告人张某敏身为县农牧局副局长，为国家机关工作人员，符合玩忽职守罪的主体构成要件。

（2）玩忽职守的行为，是指严重不负责任，不履行职责或者不正确履行职责的行为。不履行，是指行为人应当履行且有条件、有能力履行职责，但违背职责没有履行，其中包括擅离职守的行为；不正确履行，是指在履行职责的过程中，违反职责规定，马虎草率、粗心大意。由于不同的国家机关工作人员具有不同的职责，而且同一国家机关工作人员在不同时期、不同条件下的职责不一定相同，因此，玩忽职守行为有各种不同的具体表现。

具体到本案中，微灌设备农机经销商套取农机补贴的大体流程是：农户或农村合作社向农牧局农机管理股提出补贴发放申请并提供相关的材料，农牧局农机管理股审查后，制作结算表，被告人张某敏作为分管领导须在结算表上签字并报送县财政局，由县财政局将补贴款打至农户或农村合作社账户，再由农户或农村合作社将补贴款打给农机经销商。因此，可以认定国家机关工作人员张某敏不正确履行职责，符合玩忽职守罪的行为要件。

（3）认定是否致使公共财产、国家和人民利益遭受重大损失。《最高人民法院、最高人民检察院关于办理渎职刑事案件适用法律若干问题的解释（一）》规定："国家机关工作人员滥用职权或者玩忽职守，具有下列情形之一的，应当认定为刑法第三百九十七条规定的'致使公共财产、国家和人民利益遭受重大损失'：（一）造成死亡1人以上，或者重伤3人以上，或者轻伤9人以上，或者重伤2人、轻伤3人以上，或者重伤1人、轻伤6人以上的；（二）造成经济损失30万元以上的；（三）造成恶劣社会影响的；（四）其他致使公共财产、国家和人民利益遭受重大损失的情形。具有下列情形之一的，应当认定为刑法第三百九十七条规定的‘情节特别严重’：（一）造成伤亡达到前款第（一）项规定人数3倍以上的；（二）造成经济损失150万元以上的；（三）造成前款规定的损失后果，不报、迟报、谎报或者授意、指使、强令他人不报、迟报、谎报事故情况，致使损失后果持续、扩大或者抢救工作延误的；（四）造成特别恶劣社会影响的；（五）其他特别严重的情节。”

在本案中，被告人张某敏身为国家机关工作人员，不正确履行职责，造成国家农机补贴资金共计人民币275.32万元被套取，符合上述规定中的“造成经济损失150万元以上”，属于情节特别严重。综上所述，本案中被告人致使公共财产、国家和人民利益遭受重大损失，其行为构成玩忽职守罪，且情节特别严重，应依法惩处。

【思考题】

如何区分玩忽职守罪与一般的玩忽职守行为？

案例九 徐某鹏玩忽职守案[1]

【基本案情】

被告人徐某鹏在担任街道办事处副主任期间，于2013年3月受街道办事处委派，全面负责该街道所属某村征地普查、谈签等工作，并于2013年3月12日开始征地拆迁工作。2013年5月，普查组工作人员金某、邓某、王某等人在普查工作中发现该村南坝外河滩地地上物存在异常问题，遂停止普查并向被告人徐某鹏汇报了相关情况。被告人徐某鹏得知情况后，未经认真核查处理，就告知普查组继续正常普查，致使刘某（在逃）、杜某（另案处理）等人通过虚假承包、违规流转土地，并在征地普查开始后通过抢栽、抢种、抢建地上物等手段，获取巨额国家征地补偿款，造成国家经济损失人民币2000余万元。法院经再审认为，原审被告人徐某鹏作为国家机关工作人员，在履行职务过程中严重不负责任，致使国家利益遭受重大损失，情节特别严重，其行为已构成玩忽职守罪。

【主要法律问题】

（1）被告人徐某鹏的行为是否属于工作上的失误？

（2）被告人徐某鹏的行为是否构成滥用职权罪？

---

[1] 案例来源：（2019）辽02刑再9号。

【主要法律依据】

《中华人民共和国刑法》

第 61 条　对于犯罪分子决定刑罚的时候，应当根据犯罪的事实、犯罪的性质、情节和对于社会的危害程度，依照本法的有关规定判处。

第 67 条　犯罪以后自动投案，如实供述自己的罪行的，是自首。对于自首的犯罪分子，可以从轻或者减轻处罚。其中，犯罪较轻的，可以免除处罚。

被采取强制措施的犯罪嫌疑人、被告人和正在服刑的罪犯，如实供述司法机关还未掌握的本人其他罪行的，以自首论。

犯罪嫌疑人虽不具有前两款规定的自首情节，但是如实供述自己罪行的，可以从轻处罚；因其如实供述自己罪行，避免特别严重后果发生的，可以减轻处罚。

第 397 条第 1 款　国家机关工作人员滥用职权或者玩忽职守，致使公共财产、国家和人民利益遭受重大损失的，处三年以下有期徒刑或者拘役；情节特别严重的，处三年以上七年以下有期徒刑。本法另有规定的，依照规定。

【理论分析】

1. 玩忽职守罪与工作失误的界限

工作失误，是指行为人因为业务水平和工作能力不足，从而决策失当。工作失误与玩忽职守罪有相似之处，两者的区别在于：一是是否存在严重不负责任。本罪在主观方面出于过失，表现为严重不负责任；而工作失误的行为人在主观上虽有一定的过错，但往往不是不负责任，而仅仅只是经验不足。二是是否引发严重后果。玩忽职守罪要求造成严重后果，而一般的工作失误则不然。如果行为人由于经验、能力不足，又严重不负责任，造成严重后果的，则不是一般的工作失误，而是玩忽职守犯罪。

在本案中，被告人徐某鹏系国家工作人员，在征地拆迁补偿工作过程中，其已得知村南坝外河滩地地上物存在异常问题，但未经认真核查处理，便告知普查组继续正常普查，这并非工作能力不足的问题。因其工作行为致使国家利益遭受重大损失，已不是一般意义上的工作失误，其行为产生的后果具有社会危害性，属于渎职行为，应当进入刑法规范的领域。

2. 玩忽职守与滥用职权的界限

我国《刑法》第 397 条规定：“国家机关工作人员滥用职权或者玩忽职守，致使公共、国家和人民利益遭受重大损失的，处三年以下有期徒刑或者拘役；情节特别严重的，处三年以上七年以下有期徒刑。”最高人民法院和最高人民检察院司法解释将本条罪名定为“滥用职权”和“玩忽职守”两罪。在整个刑法分则条文中，该条规定比较有特色，如在一个条文中将两个不同罪名概括性地予以规定，罪状比较简单；两罪同为结果犯，两罪成立都要求“致使公共财产、国家和人民利益遭受重大损失”；两罪的犯罪客体、犯罪主体以及可适用的刑罚相同。这种立法方式引发了理论上对两罪主客方面的广泛争议，也导致了两罪在司法实践上往往难以区分。实践中涉案情况错综复杂，应牢牢把握住主观方面这个核心区别点，即滥用职权罪由故意构成、玩忽职守罪由过失构成。

此外，两罪在其他构成要件方面也存在区别，《最高人民检察院关于渎职侵权犯罪案件立案标准的规定》对于两个罪名的定义如下：滥用职权罪是指国家机关工作人员超越职权，违法决定、处理其无权决定、处理的事项，或者违反规定处理公务，致使公共财产、国家和人民利益遭受重大损失的行为。玩忽职守罪是指国家机关工作人员严重不负责任，不履行或者不认真履行职责，致使公共财产、国家和人民利益遭受重大损失的行为。通过对上述法条的分析得知，两个罪名除犯罪主体完全相同外，其犯罪客体、犯罪的客观方面都是有区别的。第一，二者侵犯的直接客体不同。根据刑法规定，滥用职权罪与玩忽职守罪均属于渎职罪，当然其同类客体也是“国家机关的正常管理活动”。但渎职罪中的各种具体犯罪也有其自身的特殊性。就滥用职权罪与玩忽职守罪来说，滥用职权的行为是在职务活动中不正确履行职责或处理公务过程中没有依法贯彻执行国家方针、政策，从而导致公共财产、国家和人民利益遭受重大损失，因此，滥用职权罪的直接客体是国家机关工作人员职务活动的正当性。而玩忽职守是指国家机关工作人员没有恪尽职守，不履行职责或马虎草率地履行职责，从而导致公共财产、国家和人民利益遭受重大损失，因此，玩忽职守罪的直接客体是国家机关工作人员职务活动的勤政性。第二，二者在客观方面也有区别。滥用职权罪表现为超越职权处理公务，即违法决定无权决定的事项、擅自处理无权处理的事务；或违法执行公务，即不依照政策、法规或违反法定办事程序处理公务，这是一种职权的滥用，此罪通常是作为犯罪。而玩忽职守罪则不同，它表现的是行为人对公务严重不负责任的一种行为。在具体表现方面，玩忽职守罪既可以是不履行职责，即该做的不做；也可以是不认真履行职责，即处理公务时马虎草率，敷衍了事。

在本案中，公诉机关认为，普查组工作人员金某、邓某、王某等人在普查工作中发现村南坝外河滩地地上物可能存在抢栽、抢种、抢建等问题，遂停止工作并向负责人徐某鹏汇报了相关情况。被告人徐某鹏得知情况后，滥用职权，直接授意上述拆迁组工作人员对该地块进行普查、谈签，致使刘某（在逃）、杜某（另案处理）等人通过虚假承包、违规流转该地块，并恶意抢栽、抢种、抢建地上物等手段，骗取巨额国家征地补偿款，造成国家经济损失人民币 2000 余万元。被告人徐某鹏的行为与损失后果形成法律上的因果关系，应以滥用职权罪进行处罚。但被告人徐某鹏认为自己的行为不构成犯罪，认为没有不法行使职务上的权限行为，其在拆迁过程中尽职尽责，主观上不具有滥用职权的故意，行为与损失结果之间不具有刑法上的因果关系，应依法认定无罪。我们认为公诉机关指控被告人犯滥用职权罪的定性不当。滥用职权罪是指国家机关工作人员故意逾越职权或者不履行职责，致使公共财产、国家和人民利益遭受重大损失的行为。本罪在主观方面表现为故意，即行为人明知自己滥用职权的行为会发生致使公共财产、国家和人民利益遭受重大损失的结果，并且希望或者放任这种结果发生。本案中，公诉机关没有提供证据证明被告人具有这种主观故意，没有证据证明被告人明知是抢栽、抢建地上物而予以补偿，因此，被告人不构成滥用职权罪。但被告人的行为构成玩忽职守罪，理由如下：根据我国刑法规定，玩忽职守罪，是指国家机关工作人员严重不负责任，不履行或不正确地履行自己的工作职责，致使公共财产、国家和人民利益遭受重大损失的行为。首先，犯罪的主、客体不存在问题。被告人系国家机关工作人员，侵犯的是国家机关的正常活动。其次，在主观方面，被告人对于工作中造成的重大损失的结果，根据现有证据不能证明其在主观上是出于故意，是因为过于自信的疏忽，轻信了工作人员对土地流转合同的确认。对于金某等人反映的情况没有引起高度重视，没有采取有效措施进行处理，是对工作不负责任造成的。最后，本案的关键在于犯罪的客观方面，被告人徐某鹏的行为是否符合玩忽职守罪中客观要件的特征，即表现为国家机关工作人员违反工作纪律、规章制度，不尽职责义务或者不正确履行职责义务，致使公共财产、国家和人民利益遭受重大损失的行为。被告人徐某鹏及其辩护人均认为其在此次拆迁补偿工作中尽职尽责，没有不法行使职务上的权限行为。在被告人徐某鹏从事此项工作前，拆迁工作已由拆迁办移转至街道，拆迁补偿工作已经是街道的工作职责。被告人徐某鹏作为街道办事处的副主任并负责该村的全面拆迁工作，系职务行为，被告人徐某鹏对此次的拆迁补偿工作产生的法律后果应承担相应的法律责任。在拆迁补偿工作期间，被告人作为拆迁补偿工作的主要领导，对征地拆迁补偿工作的工作流程及相关制度、规范要求均应知晓。在此后的地上物普查工作中，在普查组负责人金某向其汇报河滩地可能存在大量新建、新栽地上物时，被告人徐某鹏没有认真履行职责义务，草率处理，仅以村委会确认及没有看见抢栽、抢建为由，指令继续普查，并提出对可疑地上物报街道上会研究。但此地块的“新”地上物最终没有经过慎重研究，没有明确的结论，致使普查、谈签、领取补偿顺利进行，导致国家利益遭受损失，故被告人徐某鹏的行为符合玩忽职守罪中客观要件的法律特征。综上所述，对于徐某鹏的行为应认定为玩忽职守罪。

【思考题】

玩忽职守罪中的因果关系应当如何认定？